Civilización y cultura

FIFTH EDITION

INTERMEDIATE SPANISH

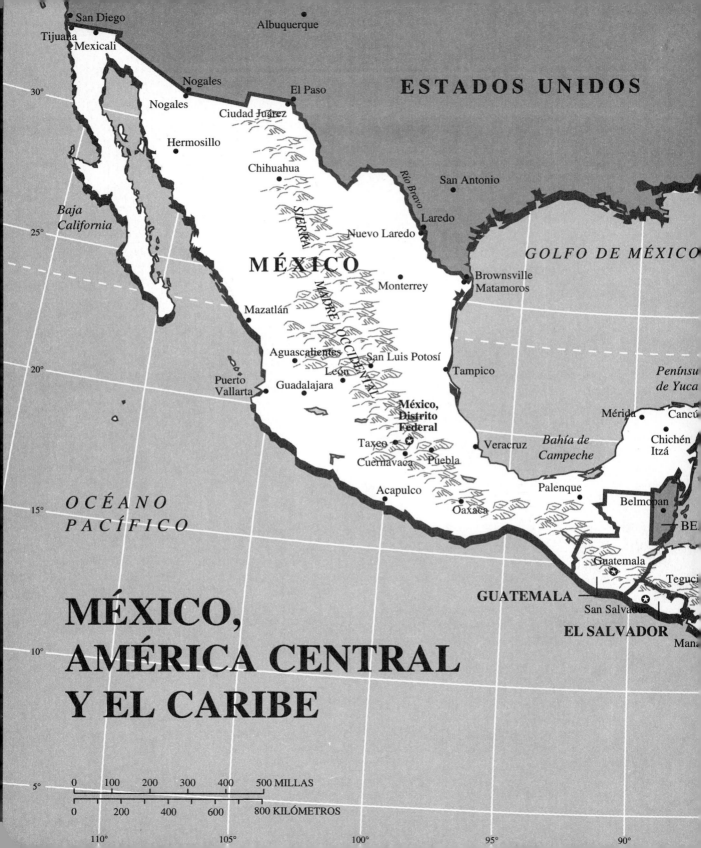

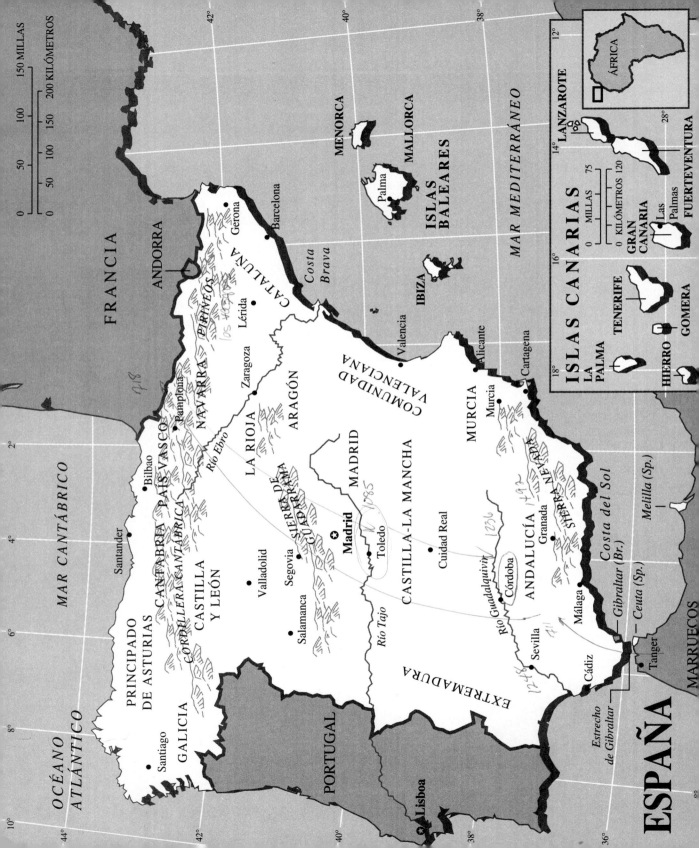

Civilización y cultura

FIFTH EDITION

INTERMEDIATE SPANISH

Civilización y cultura

FIFTH EDITION

INTERMEDIATE SPANISH

JOHN G. COPELAND
University of Colorado

RALPH KITE

LYNN SANDSTEDT
University of Northern Colorado

Holt, Rinehart and Winston
Harcourt Brace Jovanovich College Publishers

Fort Worth   Philadelphia   San Diego   New York   Orlando   Austin
San Antonio   Toronto   Montreal   London   Sydney   Tokyo

Publisher	Ted Buchholz
Senior Acquisitions Editor	Jim Harmon
Developmental Editor	Mary K. Bridges
Project Editor	Lupe Garcia Ortiz
Production Manager	Debra Jenkin
Book Designer	Melinda Huff
Photo/Permissions Editor	S. Webster
Compositor	P&M Typesetting, Inc.

Background Photo: Masaaki Kazama/Photonica

Inset Photo: Hiroshi Takahashi/Photonica

Address for Editorial Correspondence: Harcourt Brace Jovanovich, Publishers, 301 Commerce Street, Suite 3700, Fort Worth, TX 76102.

Address for Orders: Harcourt Brace Jovanovich, Publishers, 6277 Sea Harbor Drive, Orlando, FL 32887. 1-800-782-4479, or 1-800-443-0001 (in Florida).

Printed in the United States of America

Library of Congress Catalog Card Number: 92-053258

ISBN: 0-03-074992-1

3 4 5 6 039 9 8 7 6 5 4 3 2 1

Índice

Preface

With the publication of *Intermediate Spanish,* the materials available for use at the intermediate level took a step in a new direction. We had long believed that it would be desirable to have a "package" of materials, unified in content but varied in the possibilities for use in the classroom. We wanted the materials to be flexible so that the instructor could easily adapt them to his or her own teaching style and particular interests.

With this in mind, we devised the three highly successful textbooks of our intermediate-level program. *Conversación y repaso* reviews and expands upon the essential points of grammar covered in the first year. It also includes dialogues for reading practice, abundant exercises, speaking strategies, and a variety of activities intended to stimulate conversation. *Civilización y cultura* presents a variety of topics related to Hispanic culture. The approach in this reader is thematic rather than purely historical, and the topics have been chosen both for the insights they offer into Hispanic culture and for their interest to students. The exercises are designed to reinforce the development of reading and writing skills, to build vocabulary, and to stimulate class discussion. *Literature y arte* introduces the student to literary works by both Spanish and Spanish-American writers and to the rich and diverse contributions of Hispanic artists to the fine arts. The accompanying exercises also stress the development of reading and writing skills and include vocabulary-building and conversational activities.

One of the unique features of the program is the thematic unity of the books. Each unit of each book has the same theme as the corresponding unit of the others. For example, Unit 7 of the grammar textbook introduces the subject of work and the problem of migration in Hispanic culture in the dialogues and conversational activities. The same theme is examined in-depth in the essay "Aspectos económicos de Hispanoamérica" of the corresponding unit of the civilization and culture reader. It is further explored in Unit 7 of the literature and art reader in the short story "Es que somos muy pobres" and in the essay on the murals of Diego Rivera.

We have found that this thematic unity offers several advantages to the instructor and student: (1) the instructor may combine the basic grammar and conversation textbook with either or both of the readers and be assured that essentially the same cultural and linguistic information will be presented to the students; (2) the amount of material to be covered may be adjusted through the choice of one book or more, making it possible to balance the quantity of material and the amount of classroom contact available; (3) if one book is used in the classroom, another may be used as a supplement by those students who wish additional contact with the language; (4) for individualized programs, the instructor may assign only those units that are relevant to the student's particular interests. If several textbooks are used, the student will absorb a considerable amount of knowledge and vocabulary related to the theme, and by the end of their study they will have overcome, at least in part, their reluctance to express their own ideas on that topic in Spanish. We have tested this "saturation" method in our own classrooms and have found it to be quite effective. We suggest that if several textbooks are used, the grammar and initial dialogue should be studied first, followed by one or more of the other books. The conversation sections of the grammar and conversation textbook can be used for review and expansion upon the unit theme.

Like the earlier editions, this Fifth Edition of *Intermediate Spanish* contains materials that will be of interest to students of different disciplines. Throughout, our goal has been to present materials that will enable students to develop effective communicative skills in Spanish and motivate them to want to know more about the culture they are studying.

Introduction

Intermediate Spanish: Civilización y cultura is a thematic approach to Hispanic culture consisting of essays written for the third or fourth semester college course. It is designed to be used with the authors' *Intermediate Spanish: Conversación y repaso* and is linked thematically with that textbook. It is complete in itself, however, and may be used with other intermediate materials. The essays present twelve topics, both historical and contemporary, that serve to introduce the student to various aspects of Hispanic tradition, customs, and values. Most of the points apply equally to Spain and to Spanish America, although some treat one or the other exclusively. A strong emphasis is placed on culture contrast in order for the student more readily relate the material to his or her own experience.

Each unit opens with a list of "Vocabulario útil" and a short section called "Enfoque" that presents an overview of the topic. The "Anticipación" section then poses some questions that urge the student to examine his or her knowledge of the topic before reading the selection. The reading selection has marginal glosses and supplementary footnotes. The questions on the text and the personal questions at the end of each reading segment encourage the students to relate the topic to their own experience. The reading is followed by vocabulary-building exercises, cultural contrast points, a writing-skill exercise and debate, composition, and role-playing topics. Units 7 through 12 also incorporate brief journalistic articles on contemporary topics related to the reading themes. The exercise material is all designed to encourage close and repeated reading of the textbook in an effort to provide repeated contact with the structures and vocabulary.

There is some progression in difficulty and length between the first and last units. Abundant use has been made of cognates in order to maintain a mature and interesting level of content while avoiding the discouragement often experienced by students at this level when confronted with material written for native speakers of the language.

Since a variety of academic disciplines are touched upon, it should be possible to devise outside reading assignments, when desired, relating to the special academic interests of the individual student.

It is clear that any such treatment of Hispanic culture must leave many things unsaid and may at times lead to broad generalizations. It is hoped that these features will serve to stimulate class discussion and to encourage individual investigation on the part of the students using the materials. the variety of topics presented should allow the instructor to add personal material in those areas where he or she possesses special knowledge or experience.

ABOUT THE FIFTH EDITION
OF *CIVILIZACIÓN Y CULTURA*

In response to suggestions from users of the Fourth Edition, the essays have been revised to place more emphasis on the contemporary manifestations of the culture points and slightly less on the historical background. The cultural material throughout has been updated and the unit on death has been expanded to include other customs and beliefs. Additional authentic material has been included in the form of quotations within the essays and expansion of the journalistic material in the section called "Las noticias" in Units 7 through 12. The articles in this section are also entirely new in this edition. Many of the content questions have been revised so that the student is urged to formulate more original responses rather than extract the answers directly from the text of the essay.

Acknowledgments

We are grateful to the following reviewers for their insightful comments and constructive criticism: Vincent B. Andreu, West Virginia University; Virginia B. Levine, SUNY College at Cortland; Edward H. Mayer, University of Utah; Francisca M. Ojeda-Suarez Miller, Texas A & M University; and Ann E. Wiltrout, Mississippi State.

Photo Credits

1, Hugh Rogers/Monkmeyer Press.   13, Woodfin Camp & Associates.   16, Photo, Rota/Courtesy Dept. Library Service/American Museum of Natural History. 25, Mimi Forsyth/Monkmeyer Press.   30, Hugh Rogers/Monkmeyer Press. 33, AP/Wide World Photos.   37, Peter Menzel.   42, Peter Menzel/Stock Boston. 45, Martha Bates/Stock Boston.   51, Hugh Rogers/Monkmeyer Press. 58, AP/Wide World Photos.   60, AP/Wide World Photos.   65, Peter Menzel. 74, Peter Menzel.   79, Peter Menzel.   86, Beryl Goldberg.   89, Carl Frank/ Photo Researchers, Inc.   93, Sygma.   97, The Bettman Archive.   103, AP/ Wide World Photos.   109, Mike Mizzaschi/Stock Boston.   114, Peter Menzel. 127, Woodfin Camp & Associates.   131, Paul Conklin/Monkmeyer.   135, Peter Menzel.   145, Sygma.   154, Photo Researches, Inc.   159, Hermine Dreyfus/ Monkmeyers.   163, Chip and Rosa Maria Peterson.   170, Barbara Rios/Photo Researchers, Inc.   174, Beryl Goldberg.

Civilización y cultura

FIFTH EDITION

INTERMEDIATE SPANISH

Orígenes de la cultura hispánica: Europa

*La Mezquita en Córdoba fue un
gran centro árabe entre los siglos
VIII y X. El exterior es sin
decoración y parece una fortaleza.
¿Cómo es el interior?*

▣ VOCABULARIO ÚTIL

Estudie estas palabras antes de leer el ensayo.*

Verbos

adoptar   to adopt
contribuir (contribuye)
   to contribute
convertir (ie)   to convert
desarrollar   to develop
destacarse   to stand out,
   be distinguished
influir (influye)   to
   influence
llegar a ser   to come to be

Sustantivos

la costumbre   custom

el gobierno   government
el habitante   inhabitant
la lucha   struggle, battle
el pueblo   people, village
la tribu   tribe
la península ibérica   Iberian Peninsula (the
   entire land mass between the Pyrenees
   mountains and the Strait of Gibraltar containing
   the modern countries of Spain and Portugal)

Otras palabras y expresiones

entre   between, among
occidental   western
posterior   later

▣ ENFOQUE (Focus)

La cultura hispánica es el producto de muchos siglos (centuries)
**de contacto entre diferentes culturas. La península
ibérica, situada entre el mar Mediterráneo y el océano**   mar *sea*
**Atlántico, ha recibido varias influencias de otras civi-
lizaciones y muchas de ellas se han transmitido al
Nuevo Mundo. En la lectura que sigue se van a describir algunas de las contribuciones a la cultura hispánica de unos de estos pueblos.**

ANTICIPACIÓN

Responda a estas preguntas.

1.   ¿Cuáles son algunos aspectos que incluye el concepto de cultura?
2.   Véase *(Look at)* los mapas al principio de este libro, ¿dónde está la penín-
     sula ibérica?
3.   ¿Qué otro país la comparte *(shares)* con España? ¿Cuál es más grande?
4.   ¿Qué distancia hay entre Roma y España? ¿entre África y España?
5.   ¿Cuáles son los países vecinos de España?

---

*The gender of nouns is given in two ways: the use of the definite articles *el* or *la;* the use of *m* or *f* except
for feminine nouns ending in *-a, -d, -ión* or masculine nouns ending in *-o.*

I. La cultura romana

Los primeros habitantes de la península ibérica, en tiempos históricos, son las tribus celtíberas, de origen no muy bien conocido. En el siglo III A.C.[1] llegan los romanos y
5 convierten la península en una colonia romana. Establecen la lengua latina, su sistema de gobierno y su organización social y económica. Más tarde introducen la religión cristiana. Se ha dicho que la península llega a ser la colonia más romanizada de todas.

10 Los habitantes de la península adoptan la lengua llamada históricamente «el romance» o «el latín vulgar», o sea la lengua oral del pueblo y no el latín clásico escrito. La lengua usada hoy por los 300 millones de personas del mundo hispánico desciende de esa lengua oral. Las
15 lenguas «neo-latinas»[2] como el portugués, el francés, el italiano, el rumano y el español se parecen tanto porque todas tienen como base el latín.

Los romanos consideran a los pueblos conquistados como ciudadanos del imperio y este concepto determina
20 el sistema usado por los españoles en el Nuevo Mundo. Todas las colonias españolas le pertenecen al rey en persona. Resulta en una relación más estrecha con la madre patria que en el caso inglés donde las compañías privadas tienen derechos de propiedad en las colonias. En
25 las colonias españolas el comercio moderno no aparece hasta el siglo XVIII. Esto tiene una influencia muy importante en la situación económica de los nuevos países hispanoamericanos después de la independencia.

La cultura romana también influye en las costumbres
30 y los hábitos diarios del pueblo español. La conocida costumbre de la siesta toma su nombre de la palabra latina *sexta,* o sea la sexta hora del día. Esto refleja el dicho romano: «Las seis primeras horas del día son para trabajar; las otras son para vivir». Claro que esto se debe
35 a las necesidades físicas de la gente en un clima cálido. En estas regiones es preferible trabajar durante las horas más frescas. Hasta hoy, en muchas partes del mundo hispánico es costumbre dormir la siesta después de la comida. En algunas ciudades más tradicionales todas las
40 tiendas y oficinas se cierran hasta las cuatro de la tarde.

celtíberas   *Celt-Iberian*

Establish

Se ha dicho   *It has been said*

o sea   *that is*

desciende   *comes from*

they seemed alike

ciudadanos   *citizens*   *empire*

pertenecen   *belong*
más estrecha   *closer*
madre patria   *mother
country*
propiedad   *property*

ley = law
ayuda = helps

diarios   *daily*

sexta   *sixth* / dicho   *saying*

se debe a   *is due to*
cálido   *warm*

---

[1]A.C. *(antes de Cristo)*   before Christ, that is, B.C.

[2]*las lenguas neo-latinas*   the Romance languages, French, Provençal (southern France), Italian, Spanish, Portuguese, Romanian, Galician (northwest Spain), Catalan (northeast Spain), Sardinian, and Romansh (eastern Switzerland) are some of the known Romance languages and dialects.

Vuelven a abrirse desde las cuatro hasta las siete u ocho de la tarde.[3]

Otra tradición famosísima en el mundo hispánico es la corrida de toros,[4] que combina elementos de deporte,
45 arte y diversión en un espectáculo <u>lleno</u> de emoción. Los romanos la popularizan en el circo, donde se ofrecían toda clase de juegos para la diversión popular. Hasta Julio César[5] aprendió a torear en la península y autorizó las primeras corridas.

50 El concepto de la ciudad como centro de la cultura y del gobierno también es una de las contribuciones importantes de los romanos. Esta tendencia <u>hacia</u> la urbanización <u>ha</u> sido muy notable en Hispanoamérica desde la <u>época</u> colonial. Los centros de México, Lima y Buenos
55 Aires sirvieron como sedes del gobierno español y todavía se distinguen del resto del país por su influencia y poder. Después de la independencia, la política de estos países es dominada por la lucha entre la ciudad y las provincias.[6]

60 Los romanos, pues, influyen mucho en la formación básica de la sociedad hispánica.

diversión entertainment
circo circus / *se ofrecían were provided*
Hasta Even
aprendió a torear learned to fight bulls / *autorizó authorized*

sirvieron served / *sedes (f) seats*

[margin handwritten notes: *toward* / *has been* / *era*]

Comprensión

A. Decida si las siguientes frases son verdaderas o falsas según el texto.

1. No se conoce muy bien el origen de las tribus de la península anteriores a los romanos.
2. Las lenguas neo-latinas vienen del latín clásico.
3. Hoy se hablan más de cinco lenguas neo-latinas.
4. La corrida de toros viene del dicho romano «Las seis primeras horas del día son para trabajar; las otras son para vivir».
5. La siesta se practica en muchas partes del mundo hispánico.
6. En la cultura romana la ciudad es el centro de la civilización.

---

[3] *siete u ocho de la tarde* seven or eight P.M. *Tarde* (afternoon) is usually used until about eight P.M., when it becomes *noche* (night). A date to meet *por la tarde* usually means between five and eight P.M.

[4] *la corrida de toros* bullfight. Although the origin of the *corrida* is still debated, it is thought to have originated among the Celt-Iberians. The term stems from the fact that the bulls were ''run'' to the ring before the fight or *lidia*.

[5] *Julio César* Julius Caesar. Roman leader of the first century B.C., immortalized in the famous play of the same name by Shakespeare.

[6] *las provincias* provinces. In most of the Hispanic world the subdivisions of countries are called provinces; many also use *departmentos, distritos,* or *estados* (states). Mexico, for example, is officially named *Los Estados Unidos Mexicanos.*

Se pueden ver las ruinas de un anfiteatro romano en Tarragona, España. ¿Cuáles son algunas características de la arquitectura romana? ¿Qué espectáculos se presentaban allí?

B. Responda a las siguientes preguntas con su opinión personal.

1. ¿Cómo influyen los romanos en la cultura hispánica? Dé unos ejemplos. ¿Cuál es el más importante? ¿Por qué?
2. ¿Influyen los romanos en nuestra sociedad? ¿Cómo?
3. ¿Seguimos la costumbre de la siesta? ¿Por qué sí o por qué no?
4. ¿Es importante la urbanización? ¿Por qué? ¿Prefiere Ud. vivir en una ciudad o en el campo? ¿Por qué?

II. La cultura visigoda

n el siglo V de la época cristiana algunas tribus germánicas del norte de Europa invaden todo el imperio romano que se halla sin el apoyo del pueblo para resistir. Estas tribus,
5 también conocidas como los visigodos, son primitivas y abiertas a la cultura romana. Se convierten al catolicismo, adoptan la lengua latina y se establecen en los mismos centros que han usado los romanos. En vez de contribuir con elementos nuevos a la cultura española, más bien
10 refuerzan y desarrollan los elementos existentes.

se halla   *finds itself*
apoyo   *support*

más bien   *rather*

Su mayor contribución original es el feudalismo, sistema económico que imponen en toda Europa. Este sistema—producto de una sociedad guerrera—da el control de la tierra a un señor. Éste recibe parte de los
15 productos de la gente que habita su tierra y la protege de otros señores. El monarca de todos los señores reina sólo con el permiso de éstos. Es éste el sistema que determina la organización feudal de las colonias del Nuevo Mundo.

imponen *impose*
guerrera *warrior*
señor *(m) lord*
protege *protects*
reina *rules*

Comprensión

A. Responda según el texto.

1. ¿Quiénes son los visigodos?
2. ¿Cómo llegan a practicar el catolicismo?
3. ¿Cuál es su mayor contribución a la cultura española?
4. ¿De dónde viene el poder del monarca de los señores feudales?
5. ¿Cómo llega el feudalismo al Nuevo Mundo?

B. Responda a las siguientes preguntas con su opinión personal.

¿Debe un monarca tener el derecho *(right)* de pedir una parte de los productos de la gente que habita su tierra? ¿Por qué sí o por qué no?

III. La cultura árabe

Los moros[7] están en España desde 711 hasta 1492, y son tal vez la influencia más importante para la formación de la cultura española después de los romanos. España es la
5 única nación europea que conoce el dominio de la brillante cultura del norte de África. En el resto de Europa la misma época se caracteriza por una falta de progreso y de desarrollo cultural.

perhaps

power

lack

La historia popular de España considera que la
10 Reconquista[8] de la península comienza en el año 711 y termina en 1492 cuando el último de los reyes africanos es expulsado de Granada. Esta convivencia de ocho siglos da como resultado una cultura muy heterogénea.

began

expulsado *expelled /*
convivencia *living*
together

---

[7]*los moros* Moors. This is the general term applied to the Arabs *(árabes)* who invaded Spain from North Africa in the eighth century. Most were of the Islamic faith, followers of Mohammed *(Mahoma)*, called Moslems *(musulmanes)*. The Spanish Christians who submitted to Islamic rule were allowed to practice their own religion and were called *mozárabes*. Those who converted were *muladíes*.

[8]*la Reconquista* Reconquest. The period of Spanish history from 711 to 1492 (especially between 711 and 1254), when the Spanish Christians, who had taken refuge in the northern mountains, carried on a constant war in an effort to expel the Moors. The wars were mostly between individual feudal lords, but the religious factor gave some unity to the two sides.

El centro del reino moro en España se establece en la
15 ciudad de Córdoba. Esta ciudad llega a ser un gran centro
cultural, con una biblioteca de unos 400.000 libros. En su
universidad se enseñan medicina, astronomía, botánica,
gramática, geografía y filosofía. A causa de la influencia árabe se usan hoy los números arábigos en lugar de
20 los romanos. En parte, los conocimientos de los árabes vienen de la cultura griega antigua, que los moros
divulgan con sus artes de traducción. Los califas[9] tienen
una actitud generosa hacia el arte y la sabiduría en general
porque los árabes pensaban que la creación de la belleza
25 exterior era una forma de adorar a Dios.

Muchas palabras árabes forman la base de los
términos usados hoy en todas las lenguas occidentales.

Palabras como alcachofa, alfalfa, algodón y azúcar
son de procedencia árabe, como lo son los productos a
30 que se refieren. También las palabras relacionadas con las
ciencias: alcohol, alcanfor, alquimia, cero, cifra y jarope.
Varias otras como azul, escarlata, alcoba y ajedrez representan aspectos de la vida diaria. Otras palabras de origen
árabe son: almohada, adobe, alfombra, alcalde, aduana,
35 barrio, y los nombres de muchas plantas y flores, como
azucenas y zanahorias. La mayoría de estas palabras
comienza con *a* o con *al* porque éste es el artículo en
árabe.

En arquitectura, figuran varios ejemplos que todavía
40 nos impresionan: la Alhambra de Granada, el Alcázar de
Sevilla y la Mezquita de Córdoba con sus 1418 columnas.
Su estilo es muy elaborado en las fachadas y los patios
interiores y de ahí viene la palabra «arabesco». La religión
musulmana prohibe el uso de imágenes de seres vivos en el
45 decorado y por eso hay pocos ejemplos de ello. Otra carac-
terística particular de sus construcciones es el uso de
azulejos; sus métodos para hacer brillar la loza nunca han
sido igualados. Su arquitectura ordinaria consiste en la
típica casa blanca con techo de tejas rojas. Este estilo es
50 popular aun hoy desde la Tierra del Fuego (al sur de Chile
y la Argentina) hasta el norte de California.

Algunos creen que la poesía amorosa de Europa tiene
su origen en la tradición árabe. Tiende a ser poesía sensual y a veces erótica, que celebra los placeres de la vida.
55 La cultura mora contribuye a engrandecer la cultura
española en comparación con el resto de Europa entre los
siglos VIII y XIII. A mediados del siglo XIII la mayor

reino *kingdom*

teach
because of

greek
divulgan *make known*   translation
sabiduría *knowledge*
beauty
adorar *to worship*

western
alcachofa *artichoke* /
  algodón *(m)* *cotton* /   origin
  azúcar *(m)* *sugar*

alcanfor *(m)* *camphor* /   sciences, alchemy
cifra *cipher* / jarope *(m)*   scarlet, bedroom
  syrup / alcoba *bedroom* /
ajedrez *(m)* *chess* /
almohada *pillow* /
alfombra *carpet* /
alcalde *(m)* *mayor* /
aduana *customs house* /
azucenas *lilies* /
zanahorias *carrots*

fachadas *façades*   style

seres *(m)* *beings*

azulejos *ceramic tiles* /
  brillar *to shine* /   equaled
  loza *porcelain*
igualados *equaled*   tile
techo *roof*

amorosa *of love*

placeres *pleasures*
engrandecer *to exalt*

A mediados *In about the*
  middle

---

[9]*los califas* caliphs. Rulers who were successors of Mohammed and combined secular and religious
authority over a given region called a caliphate (*califato*).

parte de la península es reconquistada y la influencia mora comienza a disminuir. La provincia de Granada pasa a
60 manos de los españoles en 1492, año en que comienza un próximo gran choque de culturas en América.

disminuir *to diminish*
pasa a manos *falls into the hands*
choque *(m) collision*

Comprensión

A. Responda según el texto.

1. Después de los visigodos, ¿qué grupo invade la península?
2. ¿Cuáles son las fechas del período llamado la Reconquista?
3. ¿Qué ocurre en Granada en 1492?
4. ¿Qué aspectos culturales se encuentran en la Córdoba de los moros?
5. ¿Cuáles son algunas palabras de origen árabe que usamos en inglés?
6. ¿Por qué no hay esculturas de los califas árabes?

B. Responda a las siguientes preguntas con su opinión personal.

1. ¿Cómo contribuye la cultura mora a engrandecer la cultura española entre los siglos VIII y XIII? Dé unos ejemplos.
2. ¿Cómo se caracteriza el estilo de arquitectura de los moros? ¿Se ve su influencia en la arquitectura hoy día? ¿Dónde?

IV. Los idiomas de España

Aun hoy no se puede decir que haya «una» cultura española. Hoy se hablan cuatro idiomas en España y varios dialectos también. En el país vasco, en el norte
5 central de la península, hablan vascuence, un idioma de origen no seguro. En la región de Galicia, en el noroeste, hablan gallego, un idioma parecido al portugués. En el nordeste, en la región de Cataluña, hablan catalán, otro idioma neo-latino. El cuarto idioma es el idioma oficial de
10 la nación, el castellano—el idioma de Castilla en el centro del país—o sea, el que llamamos muchas veces el español.

Sobre la diferencia entre los nombres *español* y *castellano* para referirse al idioma nacional, un experto
15 nos dice lo siguiente: «El nombre de castellano había obedecido a una visión de paredes peninsulares adentro; el de español miraba al mundo. *Castellano* y *español* situaban nuestro idioma intencionalmente en dos distintas esferas de objetos: castellano había hecho referencia,
20 comparando y discerniendo, a una esfera de hablas peninsulares—castellano, leonés, aragonés, catalán, gallego, árabe—; español aludía explícitamente a la esfera de las

(margin notes, handwritten:)
Northwest
Similar

vascuence *(m) Basque*

parecido al *similar to*

paredes *walls*

esferas *spheres*
discerniendo *contrasting / hablas languages*
aludía *referred*

grandes lenguas nacionales—francés, italiano, alemán, inglés. *Castellano* había sido la forma justa y adecuada de
25 nombrar el idioma cuando se quería discernir el romance de los castellanos del de los demás... *español* empezó a extenderse en seguida de alcanzada la unidad nacional y apenas comenzada la intensa vida internacional de España....»[10]

alcanzada *achieved*

30 Y de otro viene un dato sobre la palabra *español:*

«*La palabra* España *era pronunciada en esa forma por el vulgo que hablaba latín en la península hacia el año 300 d. de C.;* español, *por el contra-*
35 *rio, es vocablo venido del sur de Francia, del Languedoc, en el siglo XIII, comenzado a usar en Provenza desde el siglo XII en la lengua escrita. Que* español *no es vocablo castellano era un hecho que algunos lingüistas conocíamos, aunque corresponde al suizo Paul Aebischer haber*
40 *demostrado el origen provenzal del nombre que los españoles se dan a sí mismos....»[11]*

vulgo *populace*

d. de C. (después de Cristo)
    A.D.
vocablo *word*

suizo *Swiss*

se dan a sí mismos *give to themselves*
dictadura *dictatorship*

Durante la dictadura de Francisco Franco (1939–1975), por razones de unidad nacional, se prohibió el uso de los idiomas regionales oficialmente pero se seguían
45 usando en casa. El nuevo gobierno democrático después de Franco ha permitido de nuevo su enseñanza en las escuelas de las regiones.

se seguían usando
    continued to be used
enseñanza *teaching*

Comprensión

A. Responda según el texto.

1. ¿Cuáles son los cuatro idiomas de España y dónde se hablan?
2. ¿Quiénes hablan castellano?
3. ¿Qué hay de raro en la palabra *español*?
4. ¿Cuál fue la política de Franco hacia los idiomas regionales y por qué?

B. Responda a las siguientes preguntas con su opinión personal.

1. ¿Hay un programa de educación bilingüe donde Ud. vive? ¿Por qué?
2. Los Estados Unidos no tiene un idioma oficial. ¿Debe tener uno? ¿Por qué? ¿Cuál debe ser el idioma oficial?
3. En su opinión, ¿cuáles son las ventajas (*advantages*) de aprender un segundo idioma?

---

[10]Amado Alonso, *Castellano, español, idioma nacional,* 2ᵈᵃ edición, Buenos Aires: Losada, 1943, pp 33–34.

[11]Américo Castro, *Sobre el nombre y el quién de los españoles,* Madrid: Sarpe, 1985, p 29. This theory, disputed by some, would explain why *español* is the only nationality / language name in Spanish that ends in -*ol.*

PRÁCTICA

I. Ejercicios de vocabulario

A. Busque 10 palabras en el texto que sean similares en forma y significado a sus equivalentes en inglés.

B. Encuentre una palabra en la segunda columna del mismo significado de la primera.

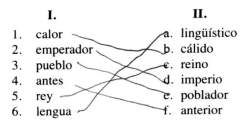

I.	II.
1. cargar	a. únicamente
2. sólo	b. origen
3. procedencia	c. contribuir
4. aportar	d. romano
5. latino	e. llevar
6. utilizar	f. usar

C. Junte las palabras relacionadas.

Modelo   saber   *sabiduría*

I.	II.
1. calor	a. lingüístico
2. emperador	b. cálido
3. pueblo	c. reino
4. antes	d. imperio
5. rey	e. poblador
6. lengua	f. anterior

D. Complete las siguientes formas.

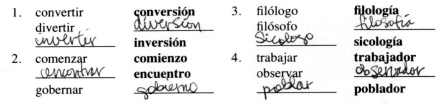

1. convertir — **conversión**
   divertir — diversión
   invertir — **inversión**
2. comenzar — **comienzo**
   encontrar — **encuentro**
   gobernar — gobierno

3. filólogo — **filología**
   filósofo — filosofía
   sicólogo — **sicología**
4. trabajar — **trabajador**
   observar — observador
   poblar — **poblador**

E. Señale los verbos contenidos en los siguientes derivados.

Modelo   desorganizar   *organizar*

1. convivir
2. mantener
3. desocupar
4. reconstruir
5. desaparecer
6. desacostumbrar

II. Puntos de contraste cultural

1. ¿Cuáles son algunas diferencias entre la cultura española y la norteamericana en cuanto a *(as far as):* la edad de la cultura, los contactos y los componentes que resultan y el idioma.

2. ¿Cuáles son algunas diferencias y semejanzas básicas entre la situación de los que hablan «los otros idiomas de España» y los que hablan «los otros idiomas de los Estados Unidos»?

III. Debate

Es la obligación de todo ciudadano norteamericano aprender inglés y por eso los programas de educación bilingüe no son necesarios.

IV. El arte de escribir: el resumen (primera parte)

La preparación para escribir un resumen *(summary)* consiste principalmente en hacer apuntes *(notes)* sobre el contenido. Para hacer apuntes es muy útil reconocer dos aspectos estructurales: el párrafo *(paragraph)* y la oración temática *(topic sentence)* o sea la idea principal.

Cada párrafo se distingue de los otros por contener información diferente. Dentro de cada párrafo hay una oración temática que es prácticamente un resumen del párrafo. Ésta puede ser explícita o implícita o puede ser una oración explícita modificada.

Si se examina la primera sección de esta unidad (La cultura romana), se ve que en el primer párrafo la oración temática es la segunda frase: «En el siglo III A.C. llegan los romanos y convierten la península en una colonia romana.» En el segundo párrafo es necesario modificar la segunda frase sustituyendo «esa lengua oral» por «el latín vulgar». En todos los otros párrafos la oración temática es la primera oración. Los apuntes, entonces, pueden consistir en estas oraciones. Se puede acortar frecuentemente como es el caso de la primera oración del tercer párrafo donde se omite lo que viene después de «imperio».

Ahora, haga Ud. apuntes para un resumen de las otras secciones de la lectura.

V. Ejercicios de composición dirigida

Complete las frases según el texto, utilizando las palabras entre paréntesis y otras necesarias.

1. La cultura hispánica... (producto, siglos, contactos, muchos, con, culturas, varias, es)
2. Se ha dicho que la península... (todas, romanizada, ser, colonia, llega a, más)
3. Otra tradición... (hispánico, toros, famosísima, mundo, corrida, es)
4. El feudalismo es el sistema que... (Nuevo Mundo, colonias, determina, económica, organización)
5. En España... (bilingüe, problema, existe, educación, también)

VI. Situación

Imagine que Ud. es un(a) indio(a) americano(a) y la fecha es el 12 de octubre de 1492 en la isla de San Salvador en el Caribe. Tiene la oportunidad de conocer a Cristóbal Colón *(Christopher Columbus)*. Afortunadamente Ud. habla español. ¿Qué preguntas le hace Ud. sobre España y qué responde él?

1 or 3

UNIDAD

2

Orígenes de la cultura hispánica: América

Estas estatuas toltecas están en Tula, México. ¿Qué características sugieren que representan guerreros?

▣ VOCABULARIO ÚTIL

Estudie estas palabras antes de leer el ensayo.

Verbos

construir (construye) to build

dominar to dominate

fundar to found

gobernar to govern, rule

incluir (incluye) to include

requerir (ie) to require

utilizar to utilize, use

Sustantivos

algo something, somewhat

el, la arqueólogo, -a archaeologist

el conocimiento knowledge

el desarrollo development

el descubrimiento discovery

el, la dios(-a) god, goddess

el emperador, la emperatriz emperor, empress

el hecho fact

el imperio empire

el maíz corn, maize

el nivel level

la piedra stone, rock

el siglo century

Otras palabras y expresiones

reciente recent

▣ ENFOQUE

Al llegar los conquistadores españoles al Nuevo Mundo en el siglo XVI se encontraron con las grandes civilizaciones de México y del Perú. Tal vez nosotros, en el siglo XX, podemos entender el asombro que causaron estos descubrimientos si pensamos en nuestra reacción al encontrar nuevas civilizaciones en otros planetas.

    Tanto los aztecas de México como los incas del Perú formaron grandes imperios que se habían establecido por medio de la conquista violenta de las tribus anteriores. La civilización maya, que casi había desaparecido, tenía varios siglos de existencia y desarrollo. Las tres culturas presentan diversos aspectos interesantes y aportan nuevos elementos a la cultura hispánica. Esta lectura va a describir algunos de los aspectos más interesantes de estas tres culturas precolombinas.

Al llegar On arriving

asombro awe

Tanto... como Both . . . and

por medio de by means of

casi almost

precolombinas pre-Columbian, before Columbus

ANTICIPACIÓN

Responda a estas preguntas.

1. ¿En qué país se encontraba la civilización azteca?
2. ¿Qué región ocupó la civilización incaica?
3. En grupos de cinco, haga una lista de lo que saben de esas culturas.

I. Los aztecas

E n el lugar llamado Anáhuac, donde está hoy la capital de México, los aztecas habían dominado otras tribus durante unos dos siglos.

5 En 1325 <u>fundaron</u> Tenochtitlán, una ciudad que redujo al silencio a <u>Cortés</u>[1] cuando la vio por primera vez. Bernal Díaz,[2] uno de los 400 soldados de Cortés, la describió así: «Y… vimos cosas tan admirables [que] no sabíamos qué decir… si era verdad lo que por delante
10 parecía, que por una parte en tierra había grandes ciudades, y en la laguna otras muchas, y veíamos todo lleno de canoas,… y por delante estaba la gran ciudad de México». Los aztecas habían fundado la ciudad en un lago con puentes que la conectaban con la tierra.

15 Al llegar al valle de México los aztecas absorbieron la cultura tolteca[3] cuya religión incluía el mito de Quetzalcóatl, un hombre-dios de la civilización, benévolo, que enseñaba las artes y los oficios necesarios para el hombre en la tierra. Al mismo tiempo, el dios-patrón de la tribu,
20 Huitzilopochtli, era el dios de la guerra, quien exigía continuas ofrendas de sangre humana. Es difícil explicar cómo los aztecas llegaron a adorar a dos dioses tan antagónicos. Creían que Quetzalcóatl había creado al hombre regando su propia sangre sobre la tierra. En conse-
25 cuencia, pensaban que era necesario recompensar a los dioses con sangre.

Los conceptos religiosos sutiles se combinaban con un sistema político algo avanzado. El emperador era a

Glosses (right margin):
tribus (f) *tribes*

found
redujo *reduced*

por delante *ahead*
parecía *appeared* / por una parte *on one side*
laguna *lagoon*
lleno *full*

lago *lake* / puentes *bridges*
absorbieron *absorbed*
cuya *whose*
benévolo *benevolent*

quien *who* / exigía *demanded*
ofrendas *offerings*
adorar *to worship* / antagónicos *contrary*
regando *sprinkling*
recompensar *repay*

sutiles *subtle*
avanzado *advanced*

---

[1]*Cortés* Hernán Cortés (1485–1547) led the first expedition into Mexico and conquered the Aztecs in the central valley in 1521.

[2]*Bernal Díaz (del Castillo)* (1492–1584) Author of *Historia verdadera de la conquista de la Nueva España* (Mexico), which he wrote to present the common soldier's view of the conquest of Mexico.

[3]*tolteca* The Toltecs (or ''master craftsmen''), about whom relatively little is known, occupied much of the central area of Mexico prior to the Aztecs. They were the builders of the pyramid city, *Teotihuacán*, near modern day Mexico City. The Aztecs, lacking a historical tradition of their own, began to consider themselves descendants of the Toltecs and adopted their history.

Este dibujo azteca muestra el primer encuentro entre Cortés y Moctezuma en Tenochtitlán. Identifique a las personas y otros elementos representados aquí.

la vez un sacerdote y su poder fluía de esta combinación
30 de autoridad religiosa y política-militar. El imperio se basaba en la completa subyugación de casi todas las tribus del centro de México en una región del tamaño de Italia. Este hecho hizo relativamente fácil la conquista por los españoles en 1521, ya que formaron alianzas con las
35 tribus subyugadas para derrotar a los aztecas.

Durante los dos siglos de la civilización azteca, su sociedad cambió de una forma democrática a una forma aristocrática. El emperador Moctezuma II, que reinaba cuando llegó Cortés, vivía en un palacio comparable en
40 su lujo a los palacios europeos. Pero el lujo y aparente prosperidad cubrían un estado sicológico deprimido. Varios acontecimientos habían hecho creer a Moctezuma que se acercaba el fin del imperio. Cuando llegó Cortés con sus soldados, la superstición de los jefes los condujo
45 a una resistencia débil. Pensaron que los españoles montados a caballo eran monstruos y además, los indios no tenían armas de fuego como las que poseían los españoles. Dentro de poco tiempo, éstos habían reconstruido una nueva ciudad sobre los escombros de uno de los
50 imperios más impresionantes del mundo.

sacerdote *(m) priest /*
  fluía *flowed*
subyugación *subjugation*

alianzas *alliances*
derrotar *defeat*

reinaba *ruled*

lujo *luxury*
cubrían *covered /*
  deprimido *depressed*
acontecimientos
  happenings
se acercaba *was*
  approaching
montados *riding*
armas de fuego *firearms /*
  poseían *possessed*
reconstruido *rebuilt*
escombros *ruins*

Comprensión

A. Decida si las siguientes frases son verdaderas o falsas.

1. La ciudad de México fue fundada en 1325. T
2. Los aztecas adoptaron unos mitos de los toltecas. T
3. Huitzilopochtli era el dios de la guerra y el dios patrón de los aztecas. T
4. Según el mito, Quetzalcóatl creó al hombre con su propia sangre. T
5. Moctezuma II era el presidente de los aztecas cuando llegó Cortés. F

B. Responda a las siguientes preguntas.

1. ¿Cómo debe el mundo moderno juzgar *(judge)* las culturas antiguas cuando se encuentran prácticas como el sacrificio humano?
2. ¿Cree Ud. que hay mitos en la vida pública norteamericana?
3. ¿Ha visto Ud. alguna ruina de los indios americanos? ¿Dónde? Descríbala.
4. ¿Le interesa a Ud. la arqueología? ¿Por qué sí o por qué no?

II. Los incas

Aunque los arqueólogos creen que los primeros pueblos indígenas del Perú datan de 10.000 años antes de Cristo, cuando desembarcó Pizarro[4] en 1532 los incas
5 apenas tenían un siglo de dominio imperial en las montañas. Igual a los aztecas, eran un pueblo militar que había establecido su dominio sobre las otras tribus durante el siglo XV. Como los aztecas, también se consideraban el pueblo elegido del sol. El emperador (llamado
10 «el Inca») recibía su poder absoluto por el hecho de ser descendiente directo del sol. Creían que el primer emperador, Manco Cápac (que vivió en el siglo XIII), era hijo del sol.

Aunque había una clase de nobles mantenidos por el
15 pueblo, el resto de la sociedad de los incas tenía aspecto socialista. La comunidad básica era el «ayllu».[5] Cada comunidad tenía derecho a una cantidad de tierra suficiente para producir sus alimentos y la trabajaban en común. Otro pedazo de tierra se designaba para el estado
20 (los nobles) y otro pedazo para los dioses (la iglesia y el

desembarcó   *landed*

Igual a   *Just like*

elegido   *chosen*

alimentos   *foodstuffs*
pedazo   *piece* / se
   designaba   *was reserved
   for*

---

[4]*Pizarro*   Francisco Pizarro (1476–1541) along with his brothers, Gonzalo, Juan, and Hernando and Diego de Almagro assured the conquest of the Inca empire when they seized and killed the last emperor, *Atahualpa*, in 1533.

[5]*ayllu*   The *ayllu* was, in pre-Incan times, essentially a clan with kinship as its basis. It is believed that it evolved under the Incas to a more politically organized community. Mountain communities in modern Peru are still called *ayllus*.

clero). La gente del *ayllu* cultivaba esta tierra también y los productos constituían un tipo de impuestos sobre la comunidad. Los productos de la tierra del estado iban para mantener a los nobles, al ejército, a los artistas y
25 también a los ancianos y enfermos que no podían producir su propio alimento. Si ocurría algún desastre en un *ayllu,* como una inundación, el gobierno les proveía comida de sus almacenes. Los hombres tenían la obligación de contribuir una porción de tiempo cada año a las obras
30 públicas como caminos y acueductos que se comparaban con los de Europa. El uso de la piedra para la construcción y su sistema de riego eran maravillosos.

En los tejidos, los incas ya conocían casi todas las técnicas que conocemos hoy y hacían telas superiores a
35 las que producimos hoy. Dos factores estimularon el desarrollo del arte de tejer: el clima algo frío de las montañas y la lana de la llama. El tejer era una actividad exclusivamente femenina y se pasaban los conocimientos de madre a hija, refinándolos cada vez más. Las tejedoras
40 eran muy protegidas por el estado y las mejores fueron llevadas a conventos especiales donde pasaban la vida tejiendo. Usaban los tejidos para enterrar a las personas de importancia—semejante a lo que hacían los egipcios.

En otras técnicas como la cerámica y el uso de
45 metales también sobresalieron los incas. Parece que tenían conocimientos avanzados de medicina, especialmente en la cirugía, ya que operaban el cráneo cuando era necesario.

Glosario:
- el clero — *the clergy*
- impuestos — *taxes*
- ejército — *army*
- ancianos — *elderly*
- inundación — *flood /*
- proveía — *provided*
- almacenes — *warehouses*
- riego — *irrigation*
- tejidos — *textiles*
- arte de tejer — *art of weaving*
- cada vez más — *more and more /* tejedoras *weavers*
- protegidas — *protected*
- egipcios — *Egyptians*
- cirugía — *surgery /* cráneo *skull*

Comprensión

A. Elija la respuesta más adecuada según el texto.

1. Cuando llegó Pizarro, el imperio inca tenía (cien años, dos siglos, mil años) de existencia.
2. Los incas creían que eran un pueblo (primitivo, elegido del sol, demócrata).
3. El «ayllu» de los incas era (una comunidad, el hijo del sol, el emperador).
4. Los hombres contribuían una porción de tiempo cada año para hacer (obras de arte, tejidos, obras públicas).
5. El clima frío estimuló el desarrollo del (arte de tejer, uso de la piedra, «ayllu»).

B. Responda a las siguientes preguntas.

1. ¿Qué conocimientos tecnológicos avanzados tenían los incas?
2. En su opinión, ¿deben tener los ciudadanos *(citizens)* de los Estados Unidos la obligación de contribuir tiempo a las obras públicas? ¿Por qué?
3. ¿Cuál es mejor, un sistema económico con un gobierno que controla la economía o un sistema de mercados libres?

III. Los mayas

e las grandes culturas indígenas, la que más ha intrigado al hombre moderno es la cultura maya. Ésta ocupaba el sureste de México, Guatemala y Honduras. Fue la
5 civilización más brillante de todas las del continente.

intrigado *intrigued*
sureste *(m)* *southeast*

Los arqueólogos identifican tres períodos en la cultura maya: de 2000 A.C. a 250 D.C.[6] es la época preclásica; de 250 al año 900, la época clásica; y de 900 al siglo XVI como la época posclásica.[7]

250-900 Maya progression
600-900 Major building

10 El nivel de su cultura clásica fue casi tan avanzado como las mediterráneas de la época, pero en el siglo IX la cultura maya sufrió alguna catástrofe desconocida y los toltecas del centro de México conquistaron las regiones como Chichén Itzá en la península de Yucatán, México.
15 Cuando llegaron los españoles en el siglo XVI, la civilización maya ya había decaído por completo.

había decaído *had decayed*
logros *achievements*
medir *to measure*

Entre sus muchos logros intelectuales, su sistema de medir el tiempo es el más impresionante. Adoptaron un calendario que existía en toda la región y lo refinaron
20 mucho. El calendario antiguo consistía en dos ruedas distintas. Una marcaba el año ceremonial de 13 meses de 20 días y la otra marcaba el año civil de 18 meses de 20 días. La relación de 260 días y 360 días daba un total de 18.980 combinaciones o un ciclo de 52 años, ciclo impor-
25 tante en varias culturas. Los mayas extendieron el calendario con otros períodos de 20 y 400 años y fijaron el principio de su propio ciclo en la fecha equivalente a 3114 A.C. En el caso de la luna calculaban los ciclos lunares en 29,53020 días comparado con 29,53059 días que ha esta-
30 blecido la astronomía moderna.

ruedas *wheels*
ceremonial year
civil year

cycle of 52 year

fijaron *they fixed*

Se cree que les interesaba esto porque creían profundamente en la astrología y consultaban las estrellas antes de hacer cualquier cosa. También era importante el linaje para los jefes y nobles y se encuentran muchas referencias
35 a las fechas de los antepasados.

linaje *lineage*

antepasados *ancestors*

El sistema maya de escribir los números es interesante por dos razones: el concepto del cero y el uso de las posiciones. Era un sistema vigesimal, que usaba puntos y varas para contar. Para sumar era superior al sistema
40 romano usado en Europa en la misma época.

posiciones *decimal places /*
vigesimal *base 20*
varas *rods*

En la escritura, los mayas habían llegado a tener un sistema ideográfico en que los símbolos representan ideas

---

[6]D.C. *(después de Cristo)* A.D.

[7]*posclásica* The three periods correspond to developmental stages, with the classical period representing a relatively stable society at the height of its advancement.

en vez de ser dibujos de objetos.[8] Últimamente los expertos han podido descifrar los dibujos de las estelas en
45 las ruinas y de los cuatro códices.[9] Las otras obras mayas conservadas, como los *Libros de Chilam Balam* y el *Popol Vuh,* fueron escritas por los indios con el alfabeto español después de la conquista. Parece que había una clase de escribanos nobles que mantenían la tradición de
50 la escritura.

La religión maya era muy compleja con un panteón de dioses asociados principalmente con los días y los años. El mayor objeto de la religión era obtener salud y sustento. Con este fin ofrendaban varias cosas a sus
55 dioses—hasta llegaron a sacrificar seres humanos. Antes se pensaba que la sociedad maya era una teocracia dirigida por sacerdotes, pero ahora parece que era una sociedad con un monarca hereditario y una clase de nobles. Vivían obsesionados por las guerras que se
60 conducían constantemente entre los monarcas.

La arquitectura maya muestra una preocupación estética importante. Mientras que en las otras culturas precolombinas el tamaño de las pirámides era lo que indicaba su importancia, los mayas ponían más énfasis en la orna-
65 mentación de la piedra. Sus logros artísticos incluían también la escultura y la pintura.

Antes se creía que los lugares como Tikal[10] eran sólo centros ceremoniales, pero las investigaciones recientes indican que también eran ciudades que incluían pobla-
70 ciones de hasta 40.000 habitantes.

Sus conocimientos prácticos no eran avanzados. La rueda era sólo un objeto ceremonial porque su único animal domesticado era el perro que criaban para comer o sacrificar y no servía de animal de carga.
75 El alimento principal de los mayas, como de muchos otros pueblos indígenas, era el maíz, y porque los mayas creían que los dioses habían hecho los primeros hombres de maíz, era un producto sagrado. Sus métodos agrícolas

en vez de *instead of /* **dibujos** *drawings*
descifrar *decipher*

escribanos *scribes*

panteón *pantheon*

salud *health*
sustento *sustenance /* **ofrendaban** *they made offerings of*
teocracia *theocracy*

guerras *wars*
conducían *they conducted*

escultura *sculpture*

animal de carga *beast of burden*

sagrado *sacred*

---

[8]*dibujos de objetos* Writing systems generally show three stages: (1) pictorial, where the writing consists of drawings of actions; (2) ideographic, where the symbols are conventionalized and stand for ideas; and (3) phonetic, where characters stand for sounds. Maya writing was ideographic, and some scholars think it was phonetic.

[9]*cuatro códices* A codex is a manuscript, especially of official or classical texts. *Estelas* (steles) are upright stone slabs bearing inscriptions, placed at the entrances of buildings, on graves, etc. Some inscriptions on buildings and inside tombs are also extant, for example, the *Libros de Chilam Balam* and the *Popol Vuh* were recorded by Mayan priests using the Spanish alphabet after the conquest.

[10]*Tikal* a Mayan ruin in northern Guatemala long thought to be the largest and oldest Mayan settlement (400–300 B.C.). More recently another site, El Mirador, has been found in the same area which is apparently both larger and older.

se basaban principalmente en el maíz cultivado en la
80 «milpa», que consisten en utilizar un pedazo de tierra por
unos años (de dos a cuatro) y dejarlo sin cultivar por unos
10 años. Esta técnica requería unas 30 hectáreas para cada
familia. Investigaciones recientes, sin embargo, indican
que también utilizaban un método de cultivación más
85 intensivo y que tenían otros alimentos importantes.
Además parece que criaban peces en canales especiales.
Todo esto quiere decir que la población de toda la región
maya pudo llegar hasta 10.000.000 hacia el final de la
época clásica, cerca del año 900 D.C. También el cultivo
90 intensivo requería menos trabajo y puede explicar cómo
podían dedicar tanto tiempo a las tareas intelectuales y
estéticos durante el período clásico.
    Al examinar el nivel de las culturas indígenas del
Nuevo Mundo es fácil imaginar el asombro que causa-
95 ron a los españoles. También si se compara esta situación
con la de los ingleses—un pueblo homogéneo que se
encuentra frente a tribus de indios nómadas—se comienzan a comprender las diferencias que aparecen en las
sociedades modernas.

system of rotating crops

hectáreas   *hectares (2.47 acres)*

días millones

tareas   *tasks*

nómadas   *nomadic*

Comprensión

A. Responda según el texto.

1. ¿Cuándo ocurrió la época clásica de la cultura maya?
2. ¿Por qué ya había decaído la cultura maya cuando llegaron los españoles?
3. ¿Cuál fue el logro cultural más impresionante de los mayas?
4. ¿Cómo eran las dos ruedas del calendario tradicional?
5. ¿Por qué tenían los mayas tanto interés en medir el tiempo?
6. ¿Quiénes entre los mayas sabían escribir?
7. ¿Qué obsesión tenían los nobles mayas?
8. ¿Qué era Tikal?
9. ¿Qué era el sistema de la «milpa»?
10. ¿Por qué se cree que la población pudo llegar a unos 10.000.000 de habitantes?

B. Responda a las siguientes preguntas.

1. ¿Cuáles de los logros de los mayas sorprenderían más a los europeos del siglo XVI en su opinión?
2. ¿Cuántas horas a la semana trabaja Ud.? ¿Y en el verano?
3. ¿Se dedicaría Ud. a las tareas intelectuales y estéticas o a otras cosas? Explique.

IV. El indio en la actualidad

Los indios del Nuevo Mundo contribuyeron la papa (los incas), el chocolate y el tomate (los aztecas) y el maíz (los mayas) al surtido mundial de comestibles además de varias
5 otras cosas útiles o artísticas. Sin embargo, hoy el indio representa en algunos países hispanoamericanos el problema social y económico de mayor gravedad. En México, Centroamérica y los países andinos hay todavía indios que no hablan castellano. En el Perú se calcula que
10 hasta el 40% de la población habla solamente el quechua o el aymará (los idiomas indios). En Bolivia solamente el 36% habla castellano como idioma nativo.

gravedad *seriousness*
andinos *Andean*

En México, donde se ha hecho un esfuerzo muy grande después de la Revolución de 1910 de incorporar al
15 indio a la sociedad, quedan todavía casi cinco millones de personas que no hablan castellano.

esfuerzo *effort*

quedan *there remain*

En el Perú, donde millones de indios viven todavía en los «ayllus» de la época incaica, el problema es muy serio. Sus comunidades se encuentran algo apartadas
20 en los Andes. En cierto sentido los indios no quieren cambiar su vida tradicional de la comunidad. Sin embargo, la incorporación a la sociedad mayor casi siempre requiere ese paso. Presenta un dilema que nadie ha podido resolver. Obviamente tiene algunas de las
25 mismas características del problema de las «reservaciones» de indios en los Estados Unidos.

requiere *requires* / paso
step

Comprensión

A. Responda según el texto.

1. ¿Cuáles son algunas contribuciones del indio americano al mundo?
2. ¿Cuál es el dilema del indio hoy día?
3. ¿Qué porcentaje *(percentage)* de los peruanos hablan castellano? ¿Por qué?
4. ¿Cuándo empezaron a hacer un esfuerzo de incorporar al indio a la sociedad mexicana?

B. Responda a la siguiente pregunta.

En su opinión, ¿debe el indio cambiar su vida e incorporarse a la sociedad general? Explique.

PRÁCTICA

I. Ejercicios de vocabulario

A. Complete las siguientes formas.

1. llegar **llegada**   llamar _____
2. abrir **abertura**   escribir _____
3. dibujar **dibujo**   cultivar _____
4. organizar **organización**   colonizar _____
5. existir **existencia**   influir _____

B. Encuentre los sinónimos.

1. pronósticos   a. controlar
2. dominar   b. decorado
3. comprensión   c. predicciones
4. adorno   d. castellano
5. español   e. entendimiento

C. Complete según los modelos.

Modelo   cultura   *cultural*

1. ceremonia _____   4. continente _____
2. centro _____   5. trópico _____
3. vigésimo _____

Modelo   brillo   *brillante*   *brillar*

1. impresión _____ _____
2. _____ interesante _____
3. _____ _____ obsesionar

Modelo   abundancia   *abundante*   *abundar*

1. procedencia _____ _____
2. _____ existente _____
3. _____ _____ coincidir

II. Puntos de contraste cultural

1. ¿Cuáles son algunas de las diferencias entre las experiencias de los españoles y de los ingleses con los indios al llegar al Nuevo Mundo? ¿Tuvieron estas diferencias efectos en las sociedades modernas? ¿Cuáles?
2. ¿Cuáles son algunas diferencias y algunas semejanzas entre la situación del indio norteamericano y el indio hispanoamericano hoy día?

III. Debate

Los españoles y los ingleses, al llegar al Nuevo Mundo, tenían derecho a quitarle la tierra al indio americano.

IV. El arte de escribir: el resumen (segunda parte)

En la primera unidad Ud. aprendió a examinar los párrafos y las oraciones temáticas como preparación para escribir un resumen. El próximo paso es decidir cuáles de los detalles en sus apuntes va a incluir en el resumen. Hasta cierto punto esto resulta en una decisión basada en el tipo de resumen que se quiere. Por ejemplo, un resumen de la primera sección de la lectura (*I. Los aztecas*) podría ser corto:

Los aztecas vivieron en el valle de Anáhuac en la ciudad de Tenochtitlán que fundaron en 1325. Absorbieron la cultura tolteca y adoraron a Huitzilopochtli como su dios patrón. Su sistema político era avanzado y lo utilizaron para crear un imperio en el centro de México. Su sociedad era una aristocracia. El estado mental negativo y las supersticiones se combinaron con las armas de fuego para facilitar la conquista por los españoles.

Si uno quiere un resumen más extendido se podrían incluir más detalles sobre el lago, Quetzalcóatl, la sangre, la subyugación de otras tribus, etcétera.

Ahora escriba un resumen de la tercera sección de la lectura (*III. Los mayas*). Primero escriba los apuntes necesarios y luego decida cuáles va a incluir.

V. Ejercicios de composición dirigida

Complete las frases utilizando las palabras entre paréntesis.

1. Al llegar al valle de México... (absorbieron, tolteca, los aztecas, cultura)
2. Cuando desembarcó Pizarro en 1532... (dominio, montañas, los incas, siglo, tenían, apenas, imperial)
3. El sistema maya de medir el tiempo... (aspecto, es, más, impresionante, culturales, logros)
4. Según su religión... (material, hombre, creación, sirvió, para, maíz)
5. El cultivo intensivo del maíz requería menos tiempo y... (tareas, explicar, puede, intelectuales, tanto tiempo, cómo, dedicar, podían, estéticas)

VI. Situación

Imagínese que Ud. camina por la calle un día y se encuentra con una persona con dos antenas en la cabeza, cuatro ojos y ruedas en los pies. Dice «Lléveme a su jefe. Salí de mi planeta hace 2000 años». Con un(a) colega o solo(a), según indique el (la) profesor(a), haga Ud. una lista de las preguntas que Ud. le hace y las respuestas de él (¿ella?) sobre cómo era su cultura cuando salió de su planeta.

La religión en el mundo hispánico

Esta muchacha participa en la ceremonia de la primera comunión. ¿Qué otras ceremonias religiosas son importantes para los hispanos?

▣ VOCABULARIO ÚTIL

Estudie estas palabras antes de leer el ensayo.

Verbos

ayudar   to help
existir   to exist, be
mostrar (ue)   to show
ocurrir   to happen
reforzar (ue)   to reinforce
sustituir (sustituye)   to substitute
se puede (ver)   one is able; it is possible (to see)

Sustantivos

el ataque   attack
la corriente   current

el, la dueño, -a   owner
el edificio   building
el, la enemigo, -a   enemy
la mayoría   majority
el poder   power

Otras palabras y expresiones

además   besides, in addition
al contrario   on the contrary, rather
más adelante   later, further on
mayor   larger, greater, older (with people)
peor   worse; **el peor**   the worst
por lo general   generally
por último   finally

▣ ENFOQUE

Por varias razones históricas el catolicismo ha sido la religión dominante en España e Hispanoamérica. Sus lazos con el imperio romano causaron que los habitantes de la península ibérica adoptaran el catolicismo romano desde muy temprano.

imperio   *empire*

La invasión de los musulmanes de África dio un carácter de cruzada cristiana a la época de la Reconquista (711–1492). Cuando expulsaron a los últimos moros en 1492, la Iglesia católica tenía mucha importancia en la sociedad española.

cruzada   *crusade*

El descubrimiento de América en el mismo año les ofreció a los españoles la oportunidad y la obligación de cristianizar la otra mitad del mundo.

descubrimiento   *discovery*

cristianizar   *to convert to Christianity*

Siendo España el país católico más fuerte y rico del mundo en esa época, asumió la obligación de defender la fe contra los protestantes que buscaban reformarla. Este acto hizo de España el enemigo de casi toda Europa y contribuyó, sin duda, a su decadencia posterior.

fe   *faith*

Se verá en esta lectura que no ha sido sólo en cuestiones de fe, sino también en la política y la sociedad que la Iglesia ha mantenido una presencia dominante.

ANTICIPACIÓN

Decida si está de acuerdo o no con las siguientes afirmaciones. Después compare sus respuestas con las de sus compañeros de clase.

1. La religión debe ser el elemento más importante de la vida.
2. La religión organizada es mejor que la religión privada.
3. Debe haber una separación estricta entre la religión y el gobierno.
4. Se debe permitir el rezar *(praying)* en las escuelas públicas.
5. No se debe permitir que una organización religiosa posea *(possess)* mucha tierra.

I. Religión y sociedad

a Iglesia católica ha tenido gran importancia en la política de España. Lo mismo ocurrió en el resto del mundo hispánico. Desde la época romana ha existido el concepto de la
5 unidad de la Iglesia y el estado y aunque en los gobiernos modernos esta alianza no es oficial, en los más conservadores siempre existe una gran influencia. La Iglesia tiende a influenciar al pueblo a favor del gobierno. Éste, a cambio, le da ciertas preferencias a la Iglesia que la
10 ayudan en su deseo de mantener su posición espiritual exclusiva.

    Uno de los aspectos más debatidos del papel de la Iglesia ha sido la cuestión de su poder económico. Esto fue especialmente importante en Hispanoamérica, donde
15 el desarrollo económico ha sido una cuestión política dominante. Los misioneros fueron los primeros en llegar a algunas regiones apartadas. Por eso, como la Iglesia tuvo mucha permanencia como institución, se adueñó de un porcentaje notable de la tierra. Esta situación siempre
20 resultó en crítica severa a la Iglesia.

    La Iglesia también tenía otras formas de poder en las sociedades hispánicas. Estaba presente en cada pueblo o centro de población y su organización era dirigida desde la capital, así que a veces resulta más eficaz que el
25 gobierno nacional. También tiene gran influencia porque participa en los momentos más importantes de la vida del hombre, es decir, el bautismo, el matrimonio y la muerte.

    Antes del siglo XX la gran mayoría de las escuelas y universidades en el mundo hispánico eran parroquiales.
30 La Iglesia servía como la mayor agencia de caridad, y el cura ocupaba el lugar de consejero personal de los ciudadanos. En los pueblos, la iglesia, por ser el edificio más grande, servía como centro de fiestas y reuniones sociales.

unidad *unity*

pueblo *people* / Éste *The latter* / a cambio *in exchange*
preferencias *advantage*
mantener *to maintain*
debatidos *debated* / papel *(m) role*
cuestión *matter*

desarrollo *development*

apartadas *distant*
se adueñó *took possession*

dirigida *directed*
a veces *at times* / eficaz *efficient*

bautismo *baptism* / matrimonio *marriage*
parroquiales *parochial*
caridad *charity*
consejero *advisor* / ciudadanos *citizens*
reuniones sociales *(f) social gatherings*

35　　　Esta tremenda presencia en casi todos los aspectos de la vida ha sido motivo de crítica por parte de ciertos partidos políticos. Esta oposición a la Iglesia, o anticlericalismo, ha sido una corriente política especial en los países hispánicos durante toda la época moderna. Para

40　el extranjero es muy necesario saber que la oposición consiste en una crítica de la Iglesia como institución política-social y casi nunca implica un ataque a la fe católica. La gran mayoría de los políticos y ensayistas que critican a la Iglesia siguen siendo católicos.

partidos　parties

implica　implies
ensayistas (m)　essayists
siguen siendo　continue to be

Comprensión

A. Responda según el texto.

1.　¿Qué relación entre la Iglesia y el estado viene de la época romana?
2.　¿Cómo llegó la Iglesia a poseer tanta tierra en Hispanoamérica?
3.　¿Por qué resultó la crítica severa de la Iglesia?
4.　¿Qué otras situaciones daban influencia política a la Iglesia?
5.　¿Cómo llegó la Iglesia a tener influencia social?
6.　¿Qué es el anticlericalismo?

B. Responda a las siguientes preguntas con su opinión personal.

1.　¿Por qué es dominante la religión católica en Hispanoamérica?
2.　¿Tienen las iglesias mucho poder económico en los Estados Unidos? Explique.
3.　¿Asiste Ud. a una iglesia o una sinagoga regularmente?
4.　¿Qué papel tiene la religión en su vida?

II. La religión y la vida personal

o anterior indica la presencia notable de la religión en la vida hispánica. Esta larga tradición religiosa ha resultado en una actitud especial hacia el papel de la religión en

5　la vida. Hay pocas actividades tradicionales en que no se note la presencia de la religión.

　　La gran mayoría de las fiestas que se observan son fiestas religiosas. La Navidad y la Semana Santa[1] son sólo las más conocidas, pero además cada pueblo tiene su

10　santo patrón y el día dedicado a ese santo se celebra cada año y es la fiesta más importante del pueblo. En el mundo hispánico es costumbre celebrar el día del santo de una

anterior　previous

actitud　attitude

santo patrón (m)　patron saint / se celebra　is celebrated

---

[1]*la Navidad y la Semana Santa*　Christmas and Holy Week (the week before Easter Sunday).

persona en vez de su cumpleaños. En algunos países, una de las fiestas más grandes es el carnaval, que marca el
15 comienzo de la cuaresma. El bautismo, la primera comunión y aun el velorio, aunque son actos o ceremonias religiosos, ofrecen una ocasión de reunión social. En la Semana Santa, especialmente en España, hay procesiones y actos solemnes durante toda la semana. El Día de
20 los Muertos[2] (2 de noviembre) se observa con actividades religiosas también. En España es tradicional ir a ver *Don Juan Tenorio,*[3] obra dramática en la que hay escenas de ultratumba.

El misterio tiene bastante importancia en las prác-
25 ticas religiosas del mundo hispánico. La fe, a veces profunda, resulta en una extrema religiosidad, enfocada en los aspectos maravillosos y misteriosos de la religión. Las iglesias tradicionales muestran esta preferencia con un decorado simbólico lleno de imágenes que refuerzan la
30 espiritualidad de la gente.

El pueblo también usa la religión para explicar lo sobrenatural. La superstición tiende a fundirse con los conceptos ortodoxos para formar un punto de vista algo especial. Por ejemplo, la doctrina católica dice que el
35 purgatorio contiene las almas en pena. Mucha gente cree que estas almas visitan la tierra, se hacen visibles y algunas veces pueden perseguir a los vivos que les hicieron daño en la vida. Cuando algo bueno pasa se cree que es obra de algún santo.
40 Otras cosas que muestran la presencia constante de la religión son las palabras y frases exclamatorias de origen religioso. «Por Dios» o «Dios mío» son usados por cualquier persona en cualquier situación, mientras que los equivalentes en inglés son reservados para ocasiones de
45 más importancia. Además, es tradicional en el mundo hispánico dar nombres de personajes sagrados a los hijos. El nombre femenino más popular es María, que por lo general lleva también otro nombre de la Virgen, como María del Rosario o María de la Concepción. Jesús o
50 Jesús María es un nombre masculino común.

---

cumpleaños *(m)* *birthday*
marca *marks*
cuaresma *Lent*
aun *even* / **velorio** *wake*

ultratumba *beyond the grave*

religiosidad *religiosity* / **enfocada** *focused*

decorado *setting* / **imágenes** *(f)* *statues*
espiritualidad *spirituality*

sobrenatural *supernatural* / **fundirse** *to fuse*

almas en pena *souls in agony*
se hacen visibles *become visible*
perseguir *to haunt*
daño *harm*

mientras que *while*

personajes sagrados *(m) sacred persons*

---

[2]*el Día de los Muertos*   All Souls' Day. A Catholic religious day marked by prayers and services for the souls in purgatory.

[3]*Don Juan Tenorio*   a play by the famous Spanish playwright José Zorrilla (1817–1893).

Contar con la bendición religiosa en el matrimonio es importante en el mundo hispánico. ¿Por qué?

Comprensión

A. Decida si las siguientes oraciones son verdaderas o falsas. Corrija las oraciones falsas.

1. Muchas fiestas en el mundo hispánico son de carácter religioso.
2. Cada comunidad tiene su santo patrón que se celebra cada año.
3. Es común celebrar el día del santo de una persona en vez de la Semana Santa.
4. Son los aspectos racionales de la religión que más atraen a los fieles en el mundo hispánico.
5. El pueblo hispánico frecuentemente explica lo sobrenatural por medio de la religión.
6. El nombre femenino más común es María.

B. Responda a las siguientes preguntas con su opinión personal.

1. En su opinión, ¿deben los padres exigir que sus niños practiquen su religión? ¿Por qué si o por qué no?
2. ¿Cuáles son algunos días festivos que se celebran en su país? ¿Qué días celebra Ud.?
3. ¿Cuál es el origen de su nombre? ¿Por qué se lo dieron sus padres a Ud.?

III. La religión en Hispanoamérica

Los españoles trajeron al Nuevo Mundo tradiciones ya establecidas. La cristianización de los indios trajo ciertas modificaciones, si no en la doctrina, al menos en la
5 manifestación de estas tradiciones.

Las grandes civilizaciones indígenas ya tenían sus antiguas religiones, que se distinguían del catolicismo en que tenían muchos dioses. Cada uno tenía su función especial: el dios de la lluvia, el dios de la fertilidad, etc.
10 Los santos católicos tenían a veces funciones parecidas, y los indios les dieron mucha importancia a estas funciones. Por eso, hasta hoy día, los santos ocupan un lugar más importante entre la gente del pueblo en Hispanoamérica que en España.

15 Otra costumbre que puede venir de los indios es la de ofrecer algo—comida, por ejemplo—a la imagen del santo cuando se hace una petición.

Las religiones indígenas también revelaban cierto fatalismo vital, porque sus dioses eran más voluntariosos
20 que el Dios cristiano. El concepto de que la vida en la tierra es una prueba por la cual el hombre gana la salvación no era común en estas religiones. Se ganaba el paraíso de otras maneras: por la forma en que uno moría o por la ocupación que se tenía en el mundo. Este fatalismo
25 parece haber sobrevivido en el catolicismo de América.

Como los españoles, los indios vivían bajo un sistema en que el jefe del estado también era jefe religioso. Esta unión de las dos instituciones sugiere que para ellos también la religión formaba parte integral de la vida.
30 Claro, estas modificaciones se observan principalmente en las regiones donde se encontraban las grandes civilizaciones indígenas.

ya establecidas already established

indígenas native
antiguas ancient

lluvia rain
parecidas similar

petición request

vital toward life /
voluntariosos willful
prueba test

paraíso paradise

sobrevivido survived

sugiere suggests

Comprensión

A. Responda según el texto.

1. ¿Por qué hubo modificaciones del catolicismo en Hispanoamérica?
2. ¿Cómo combinaron el catolicismo y las religiones indígenas en cuanto a los muchos dioses indígenas?
3. ¿Por qué había fatalismo en las religiones indígenas?
4. ¿Qué dos funciones tenían los jefes indígenas y españoles?

B. Responda con su opinión.

¿Tuvo la religión de los indios alguna influencia en el protestantismo de las colonias inglesas? Explique.

IV. La Iglesia en el siglo XX

as visitas del Papa Juan Pablo II a España e Hispanoamérica mostraron el gran cariño del pueblo hispánico por la Iglesia como institución. Muchas personas esperaban que
5 el Papa tomara una posición social más avanzada pero éste declaró que la Iglesia y los curas no deben participar en esos asuntos sino que deben mantener su posición como líderes espirituales del pueblo.

    La Iglesia en Hispanoamérica se ha aliado tradicio-
10 nalmente con las clases altas, pero en el siglo XX se ven algunas excepciones. El padre Camilo Torres en Colombia llegó a dejar el sacerdocio y unirse a los guerrilleros de su país. Según su criterio, con tales condiciones de pobreza y miseria, es un pecado no ser revolucionario.
15 Existe el concepto de la «teología de liberación» que declara que una obligación de la Iglesia y los curas es ayudar a los pobres y obrar a favor de la justicia social. El concepto ha ganado apoyo en varios países—en Nicaragua sirvieron unos curas en el gobierno sandinista.
20   La idea del «cura rebelde» no es un fenómeno nuevo. Fueron dos curas, el padre Hidalgo y el padre Morelos, los que proclamaron la independencia de México en 1810.

    Este artículo indica unas actitudes hacia la Iglesia en
25 España y que hay opiniones variadas entre el clero.

cariño *affection*

tomara *would take /*
    avanzada *advanced*

asuntos *matters*

aliado *allied*

sacerdocio *priesthood*
criterio *opinion*
pecado *sin*

UN TERCIO DE LOS CURAS DE ESPAÑA DIFIERE DE LA IGLESIA SOBRE EL CONTROL DE NATALIDAD

La actitud de la jerarquía de la Iglesia católica en
30 *el tema del control de natalidad molesta a un 37% de los curas españoles, mientras que un 39% la encuentra adecuada y un 24% se muestra indiferente, según un sondeo a 2.097 sacerdotes…*

- - - - - - - - - - - - - - - - - - - -

El citado estudio recoge, además, la opinión de
35 *4.022 ciudadanos. Este grupo ofrece resultados similares a los de la encuesta a sacerdotes en lo que a control de natalidad se refiere: a un 47% no le molesta la actitud de la Iglesia al respecto y a un 43% sí, mientras que sólo un 10% se muestra*
40 *indiferente.*

- - - - - - - - - - - - - - - - - - - -

Donde existe mayor disparidad es en la intervención de los sacerdotes en política. Un 11% de los curas son contrarios y un 57% favorables a

tercio *third*
natalidad *birth*

jerarquía *hierarchy*

sondeo *survey*

recoge *gathers*

encuesta *questionnaire*

ella. En la encuesta general, la actividad política de
45   *los sacerdotes molesta a un 41% de los ciudadanos,*
mientras que a un 43% no les molesta.

                      El País Internacional

    Es obvio que la importancia de la religión en la vida
hispánica es un hecho básico para conocer su cultura en
sus varias manifestaciones: el arte, la política, la filosofía
50 o la sicología.   **sicología**   *psychology*

Comprensión

A. Responda según el texto.

1.   ¿Qué posición política ha tomado la Iglesia tradicionalmente en Hispanoamérica?
2.   ¿Por qué dejó el sacerdocio Camilo Torres?
3.   ¿Qué significa la «teología de liberación»?
4.   ¿Cuáles fueron dos curas rebeldes del pasado?
5.   ¿Cómo difieren las opiniones de los curas y los ciudadanos españoles hacia
el control de la natalidad? ¿y hacia la participación de los curas en la
política?

*En 1989 el Papa Juan
Pablo II visitó Santiago de
Compostela en España.
En su opinión, ¿cuál es el
propósito de sus viajes?*

B. Responda con su opinión personal.

1. ¿Tienen las iglesias en general más obligación de ayudar a los pobres? ¿Por qué?

2. ¿Cuál debe ser el papel *(role)* de la religión en la sociedad norteamericana? ¿Se deben permitir las oraciones en la escuela?

PRÁCTICA

I. Ejercicios de vocabulario

A. Busque 10 palabras en el texto que sean similares en forma y significado a sus equivalentes en inglés.

B. Utilizando los ejemplos de las palabras entre paréntesis, dé las palabras equivalentes en español.

Modelo (institución) identification *identificación*

1. (romano) human _____
2. (historia) memory _____
3. (católico) romantic _____
4. (existencia) independence _____
5. (realidad) humanity _____

C. Complete los grupos siguientes.

1. establecer **establecimiento**
   ofrecer _____
   _____ **conocimiento**

2. importancia **importante**
   decadencia _____
   _____ **presente**

3. pena **penoso**
   fama _____
   _____ **maravilloso**

4. organizar **organización**
   participar _____
   _____ **modificación**

5. desarrollo **desarrollar**
   apoyo _____
   _____ **desear**

D. Complete las frases siguientes con la forma correcta de la palabra entre paréntesis.

1. (establecer) El _____ de las misiones en el Nuevo Mundo era una tarea importante.

2. (presente) La Iglesia ha mantenido una _____ fuerte en el mundo hispánico.

3. (fama) El Papa es un ser muy _____ en el mundo.

4. (modificación) Es obvio que vamos a _____ el sistema.

5. (desear) ¿Cuál es tu _____ principal en la vida?

II. Puntos de contraste cultural

1. ¿Qué diferencias hay en el papel de la religión entre el mundo hispánico y los Estados Unidos?

2. ¿Por qué no tiene la Iglesia tanto poder en los Estados Unidos como en el mundo hispánico?

3. ¿Qué prefiere Ud., la religión misteriosa y dramática o la religión más racional y clara? ¿Por qué?

4. ¿Prefiere Ud. las iglesias modernas y sencillas o las antiguas y tradicionales? ¿Por qué?

III. Debate

Es preferible que haya una religión dominante en una sociedad porque crea una unidad más fuerte.

IV. El arte de escribir: la enumeración

Una actividad común en la preparación para escribir sobre un asunto es el hacer una lista de los detalles que se incluirán en la composición. Después, estos detalles se pueden manipular: se ponen en orden cronológico, de importancia o en otro orden lógico.

Después de ordenar los detalles se puede crear un bosquejo *(outline)* formal o proceder a escribir, utilizando la lista como bosquejo. Por ejemplo, una lista de los detalles de una composición sobre el verano pasado podría incluir los siguientes elementos.

Trabajé en un banco.
Fui cajero(a) *(teller)*.
Gané poco dinero.
Fui de compras de vez en cuando.
Compré una camisa nueva un día.
Por la noche fui al cine frecuentemente.
Vi una película con Robin Williams.
A veces salí con mis amigos.
Fuimos a una fiesta en casa de José.
Durante el mes de agosto viajé con mis padres.
Fuimos a México...

Los detalles entonces se pueden elaborar según quiera el autor. Es importante examinar con cuidado el nivel de importancia para hacer los párrafos más o menos iguales en importancia. Con los compañeros de clase, decida los niveles de los detalles de arriba. Márquelos con números de acuerdo a su importancia. Use el número 1 para los más importantes.

Ahora haga una lista de lo que Ud. va a hacer el verano que viene. Después, marque las frases con números que indiquen su importancia.

V. *Ejercicios de composición dirigida*

A. Utilizando una frase de cada columna, forme oraciones completas según el texto.

El anticlericalismo	revelaban	religiosas.
Muchas fiestas	dar a los hijos	cierto fatalismo.
Es costumbre	son	central en la sociedad
La religión	ha sido	hispánica.
Las religiones indígenas	ocupa un lugar	una corriente política
		especial.
		nombres de personajes
		sagrados.

B. Complete las frases siguientes de acuerdo a la lectura.

1. Además de la lengua, los romanos dieron a España...
2. El poder económico de la Iglesia es importante en Hispanoamérica porque...
3. En vez del cumpleaños es costumbre celebrar...
4. Las iglesias muestran el gusto del hombre hispánico por...
5. Entre los indios los dioses fueron sustituidos por...

VI. *Situación*

Imagine que Ud. tiene un hijo de 18 años. Él ha decidido afiliarse a *(to join)* un grupo religioso. El grupo se considera un poco extremado y todos los miembros deben entregar todas sus posesiones personales a la iglesia y tienen que vivir en la iglesia con los otros miembros. ¿Cómo reaccionaría Ud.? ¿Qué le diría a su hijo?

Aspectos de la familia en el mundo hispánico

Pasar tiempo con la familia lleva un papel importante en la vida hispana. ¿Qué hace esta familia mexicana en el parque de Chapultepec?

▣ VOCABULARIO ÚTIL

Estudie estas palabras antes de leer el ensayo.

Verbos

adquirir (ie)   to acquire
heredar   to inherit
relacionarse con   to be
   related to (but not in the
   sense of kinship)
sugerir (ie)   to suggest
tratar de   to deal with, to
   try to

Sustantivos

la empresa   enterprise,
   business
la estructura   structure
el, la heredero, -a   heir
el hogar   home, hearth

el matrimonio   married couple
el, la pariente, -a   relative
la perspectiva   prospect
la preocupación   concern, worry
la propiedad   property
el, la propietario, -a   property owner
el sentido   sense
el valor   value

Otras palabras y expresiones

contra   against
familiar   *adj*   family
grave   serious
menor   smaller, lesser, younger (with people)
valiente   brave

▣ ENFOQUE

Una de las características más interesantes de cualquier cultura es la estructura de la familia y su papel
en la sociedad. Se podría decir que la familia representa los valores de la sociedad en menor escala. En el
mundo hispánico los lazos familiares muestran rasgos
importantes para la comprensión de la cultura. La
preocupación de la familia se extiende a casi todas las
esferas de la vida y en muchos casos es el sentimiento
fundamental del individuo.

cualquier   *any*
papel *(m)*   *role*

en menor escala   *on a small
   scale*
lazos   *ties* / rasgos   *traits*

esferas   *spheres*

El ensayo que sigue describe algunos aspectos de
la familia en el mundo hispánico, especialmente
aquéllos que son diferentes de los rasgos típicos de la
familia en los Estados Unidos. Claro está, estos rasgos
son semejantes a los de las familias hispánicas que
viven en los Estados Unidos.

ANTICIPACIÓN

Antes de comenzar la lectura, haga una lista de los rasgos típicos de la familia en los
Estados Unidos. Prepárese para presentar su lista de ideas a la clase.

I. Los lazos familiares

En el poema épico *Cantar de Mío Cid,*[1] del siglo XII, considerado como la primera obra de la literatura española, el Cid, además de guerrero valiente, es también
5 padre de familia. Gran parte del poema trata de cómo el Cid venga una ofensa cometida contra sus hijas. En la literatura española siempre ha existido mucha preocupación por el honor del individuo. Este honor está relacionado con los miembros de la familia; por ejemplo, la
10 manera más común de atacar verbalmente a alguien es por medio de una ofensa a un familiar. La peor ofensa que se le puede hacer a una persona es insultar a su madre.

En la época moderna, se puede observar lo mismo en ciertos fenómenos lingüísticos. Los insultos más graves
15 tienden a implicar a los miembros de la familia del insultado. En el poema *Martín Fierro,*[2] del siglo XIX, un gaucho trata de insultar a otro ofreciéndole un vaso de aguardiente:

guerrero   *soldier*

venga   *avenges*

por medio de   *by means of*
familiar *(m)*   *family member*

gaucho   *cowboy (Arg.)*
aguardiente *(m)*   *liquor*

«Diciendo: ‹Beba, cuñao,›
20 —‹Por su hermana; contesté,
Que por la mía no hay cuidao.› »

Si se examina la sociedad contemporánea se puede ver como el sentimiento familiar ejerce una gran influencia en casi todas las instituciones sociales.

Comprensión

A. Responda a las siguientes preguntas según el texto.

1. ¿Qué es el *Cantar de Mío Cid* y qué tiene que ver con la familia en el mundo hispánico?
2. ¿Cuál es una manera común de ofender a una persona?
3. ¿Qué son y dónde viven los gauchos?

---

[1]*Cantar de Mío Cid*   National epic of Spain, written about 1140 to glorify the deeds of the Spaniards in the Reconquest of the peninsula from the Moors. *El Cid* lived from about 1030 to 1099.

[2]*Martín Fierro*   Narrative poem by the Argentinean José Hernández, written in 1872. The poem is a classic study of the gaucho in his struggle against the move of civilization into the pampas. The quote says: ''Drink, brother-in-law.'' ''It must be because of your sister, 'cause I'm not worried about mine.'' To call a stranger *cuñado* implies some kind of intimacy with his sister. The ultimate insult of this type is «*Yo soy tu padre.*»

B. Responda a las siguientes preguntas con su opinión personal.

1. ¿Cómo es su familia?
2. ¿Cuántos miembros hay en total?
3. ¿Es Ud. el (la) más joven o el (la) más viejo(a) de sus hermanos?
4. ¿Conoce a sus tíos? ¿a sus primos?
5. ¿Dónde viven sus parientes? ¿Los ve frecuentemente? Explique.

II. La familia y la política

n la política, muchas veces los lazos familiares determinan las alianzas con más fuerza que la ideología o el partido. Aún más importante es la práctica del nepotismo
5   en las burocracias. Esta práctica, que se prohibe generalmente en los Estados Unidos por ser ineficaz e injusta, es más común (y menos censurada) en el mundo hispánico. Además, las prohibiciones tienen poco efecto porque nadie puede negar que la lealtad y las obligaciones hacia
10   la familia son más importantes que otras consideraciones.

En el campo, los grandes propietarios han seguido tradicionalmente otra práctica que influye en las relaciones familiares—el mayorazgo. Esta práctica le da al hijo mayor toda la propiedad de la familia en vez de divi-
15   dirla entre todos los hijos. El hijo mayor tiene la obligación de mantener y de cuidar a los otros hijos si ellos así lo desean. De hecho, la casa familiar siempre es considerada como el hogar de los hijos, aún después de casados. En las haciendas tradicionales es común encontrar juntos a
20   varios matrimonios y generaciones.

Cuando oímos hoy que hay una gran necesidad de reforma agraria en El Salvador, observamos cómo la práctica del mayorazgo ha creado una concentración de la tierra en manos de unas pocas familias.
25   Ha habido muchos casos históricos y literarios de segundones resentidos por falta de perspectivas, a no ser la de casarse con la hija de otra familia sin herederos masculinos.

El Libertador Simón Bolívar, el padre de la indepen-
30   dencia de la mitad al norte de la América del Sur, era el segundo hijo de una familia numerosa. Entró en el ejército como otros de situación semejante y luchó por la independencia. Bolívar tuvo suerte, sin embargo, un tío rico le dejó bastante dinero.

partido   *political party*

ineficaz   *inefficient* /
   injusta   *unfair*

negar   *to deny* / lealtad
   loyalty

De hecho   *Indeed*
casados   *married*

segundones   *second sons* /
   resentidos   *resentful* / a
   no ser   *except*

Comprensión

A. Complete las frases según el texto.

(handwritten above line 1: fuerza ... idología o el partido)

1. Las alianzas a veces resultan más de ~~la política~~ que de ~~política~~.
2. Bajo el sistema del mayorazgo, el hijo mayor *line 14*
3. La situación de los otros hijos en este sistema es *no tienen* ~~nada~~ *ningun propiedad de la familia*
4. El problema de los segundones es *resentidos*

B. Responda a las siguientes preguntas con su opinión personal.

1. ¿Le parece bueno o malo el sistema del mayorazgo? Explique. *porque otros hijos no tienen nada.*
2. ¿Vota Ud. igual que sus padres? ¿Por qué sí o por qué no? *no, no sé por que mi padre vota*
3. ¿Quiere vivir cerca de sus padres después de terminar los estudios? ¿Piensa vivir en la misma ciudad? Explique. *Sí, porque este ciudad es largo.*

III. La familia y la sociedad *for Wed*

Un gran número de acontecimientos sociales son de tipo familiar. En los días de fiesta y los domingos las familias frecuentemente se reúnen en la casa de alguien o bien, en un restaurante de tipo familiar. Estas fiestas familiares se caracterizan por la presencia de los niños y los abuelos.

    Algo que atrae la atención de los norteamericanos cuando visitan los países hispánicos es la presencia de los niños en casi todas las fiestas.[3] Ellos están acostumbrados a participar con los adultos en las fiestas y en otros acontecimientos, como bodas y bautismos. Desde muy pequeños, participan en la vida social de la familia. Así aprenden continuamente cómo comportarse en sociedad. Están acostumbrados a tratar con personas de diferentes edades—abuelos, padres y hermanos mayores—, desarrollando así una actitud de respeto que mantienen también cuando son adultos. En lugares públicos, como el cine o los bailes, se ven grupos de personas de diferentes edades. Hay menos tendencia a agruparse según la edad, como en la sociedad norteamericana. Por eso, también es menos molesto llevar a la mamá o al hermano menor cuando dos jóvenes van al cine.[4]

(margin glosses:)
o bien   *or perhaps*

bodas   *weddings*

comportarse   *to behave*

agruparse   *to gather*

molesto   *bothersome*

---

[3]The cocktail party (*el cóctel*) purely for adults is a fairly recent phenomenon in urban areas. Children are not likely to attend these.

[4]The requirement of a chaperone when young people date is still common although it is disappearing. It is not unusual to see a couple on a date with a younger sister or brother or the mother of one of the young people. As with many other social traditions it happens less often in large cities than in small towns.

¿Qué aspectos de la familia hispana se ven en esta foto?

No es raro encontrar a los abuelos, los padres y los hijos junto con algún tío o tal vez un primo viviendo en
25 la misma casa. Los sociólogos han observado varias ventajas en esta situación. Una de ellas es que los niños tienen más personas que los cuiden, y por eso no necesitan tanta atención individual. También tienen más de un modelo y si, por desgracia, pierden a uno de los padres,
30 hay otros adultos presentes. Con tantas personas en casa no es necesario pagar a alguien de afuera para cuidar a los niños—la palabra *baby-sitter* no tiene equivalente exacto en español.[5] Las tareas domésticas se comparten y son menos pesadas. Las desventajas de esta convivencia son,
35 para los adultos, una falta completa de vida privada, y para los niños, una falta de independencia, que se advierte más tarde en sus acciones y personalidades de adulto.

Una costumbre que muestra la importancia del lazo
40 familiar es la de incluir a todos los parientes, aún los más lejanos, en lo que se considera la familia. Si llega un primo al pueblo desde otro lugar, se le trata como miembro de la familia local y tiene los derechos y privilegios correspondientes. Este sentimiento de unidad es
45 bastante fuerte en la familia y muchas veces domina la vida del individuo.

ventajas *advantages*

por desgracia *unfortunately*

de afuera *from outside*

se comparten *are shared*
pesadas *troublesome*

lejanos *distant*

derechos *rights*

---

[5]baby-sitter   the word *niñera* is sometimes used for this term, but it really means ''nursemaid.''

Como en toda sociedad católica, los padrinos asumen serias obligaciones hacia los niños en caso de la ausencia de los padres. Es verdaderamente un honor ser elegido 50 padrino y ser considerado como un miembro de la familia.

padrinos *godparents*

elegido *chosen*

Comprensión

A. Según el texto, ¿cuáles de estas oraciones describen la situación del niño en la sociedad hispánica? Cambie las oraciones incorrectas.

1. Van generalmente a las fiestas de sus padres.
2. Tienen más modelos de conducta.
3. Generalmente viene mucha gente desconocida a cuidarlos.
4. Frecuentemente tienen poca vida privada.
5. Aprenden a ser muy independientes como adultos.

B. Responda a las siguientes preguntas personales.

1. ¿Incluye Ud. a los parientes lejanos en su familia?
2. ¿Tiene Ud. padrinos? ¿Quiénes son?
3. Cuando era pequeño(a), ¿asistía Ud. a las fiestas de sus padres? ¿Por qué sí o por qué no?

IV. El significado de la familia

En la familia inmediata o «nuclear» (padre, madre e hijos), es notable el papel del padre. Aunque tradicionalmente el hombre ha dominado en el hogar, él siempre ha 5 tenido un contacto constante e íntimo con sus hijos. Aunque su «machismo» le impide cocinar o lavar la ropa, no por eso deja de cuidar a sus niños con dedicación y orgullo. El orgullo por los hijos es algo que se destaca en la sociedad hispánica y que tal vez ha contribuido a 10 mantener fuerte el sentido de la familia.

orgullo *pride* / se destaca *stands out*

Este orgullo también contribuye a crear uno de los problemas más graves de Hispanoamérica: el crecimiento desenfrenado de la población, que frustra los esfuerzos del progreso social. Además de la prohibición religiosa 15 de los métodos artificiales de control de la natalidad, hay obstáculos sociales y personales que hacen difícil que la gente acepte tales procedimientos. El tamaño de la familia es prueba de la masculinidad paterna y la feminidad materna. Una encuesta reciente hecha en varias 20 cuidades hispanoamericanas con el propósito de averiguar las opiniones femeninas sobre el número ideal de

crecimiento *growth*
desenfrenado *uncontrolled*
Además de *Besides*
natalidad *birth*

encuesta *survey*
averiguar *to find out*

hijos produjo el promedio general de 3,4 hijos. Los promedios de las diferentes ciudades quedaba entre 2,7 y 4,2. Se estima que el promedio efectivo en las mismas

25 ciudades es de 3,7 hijos por familia. En las regiones rurales, también entran las cuestiones económicas: el hijo es mano de obra. Sin embargo, en varios países hispánicos se han organizado campañas oficiales dedicadas al control de la natalidad debido a los efectos económicos

30 negativos creados por el gran aumento de la población.

La familia también es importante para el desarrollo del individuo. La familia existe siempre como un grupo ya constituido, lleno de tradición y significado. El niño adquiere la conciencia de pertenecer a un grupo sin

35 peligro de ser expulsado y sin tener que probar nada más que su lealtad. Claro que la familia no aprueba todo lo que hacen sus miembros; sin embargo, puede tolerarles casi todo. Es decir que, por malo que sea el individuo, siempre está ligado a la familia por lazos de sangre. La

40 familia es un grupo que ofrece protección, consuelo en los fracasos y calor y comprensión contra la soledad. Todo esto da un sentido de seguridad que a veces restringe el desarrollo sicológico y resulta en una tendencia a depender demasiado de la familia. Es frecuente el caso

45 de que alguien, por no querer dejar a la familia, rechace oportunidades de trabajo y no vaya a vivir a otra parte. El concepto de la sociedad móvil no se ha establecido bien en el mundo hispánico.

Es obvio que la familia ocupa un lugar muy impor-

50 tante tanto en la sociedad como en la vida del individuo. No pocas veces determina la posición del individuo en la sociedad, porque el niño hereda el buen nombre familiar además de los bienes materiales. Además, ejerce una fuerza moral bastante efectiva, puesto que, junto con la

55 buena fama, uno hereda la obligación de mantenerla.

promedio	*average*
mano de obra	*worker*
pertenecer	*to belong*
peligro	*danger* / ser expulsado *to be expelled*
aprueba	*approve*
por malo que sea	*however bad he may be*
sangre (f)	*blood*
consuelo	*consolation*
fracasos	*failures*
restringe	*restricts*
rechace	*rejects*
bienes (m)	*goods*
puesto que	*since*

Comprensión

A. Decida si las siguientes frases son verdaderas o falsas, según el texto. ¿Cómo se pueden corregir las que son falsas?

1. El padre hispánico no quiere contacto con sus hijos.
2. El aumento de la población es un gran problema en algunos países hispánicos.
3. La familia generalmente apoya a sus miembros individuales.
4. La sociedad hispánica es muy móvil.
5. La familia ejerce una fuerza moral notable.

Este hombre y su hija pasan tiempo en la plaza de Catalunya en Barcelona. ¿Qué actividades hacía Ud. con sus padres?

B. Responda a las siguientes preguntas personales.

1. ¿Piensa Ud. tener una familia grande o pequeña en el futuro?
2. ¿Sabe Ud. qué piensan los amigos de la clase de español sobre el tamaño de la familia ideal?
3. ¿Cuándo piensa Ud. casarse o cuándo se casó?
4. ¿A Ud. le importa cambiar frecuentemente de trabajo? ¿Por qué sí o por qué no?

V. La familia contemporánea

Claro que en la sociedad contemporánea la familia hispánica sufre algunas de las mismas tensiones que las de las familias norteamericanas. En las grandes ciudades la
5 familia tiene que enfrentarse a continuas corrientes sociales que tienden a cambiar el sistema familiar. Hay muchas familias donde los dos padres trabajan fuera del hogar, sea por motivos económicos o profesionales. La estructura tradicional—el padre que trabaja fuera, la
10 madre que trabaja en casa—va desapareciendo en los centros urbanos. El tamaño promedio de las familias urbanas está disminuyendo. El divorcio, permitido en algunos países y no en otros, crece también en el mundo hispánico como en los Estados Unidos. Apareció este
15 articulo en España donde el divorcio es permitido.

sea *whether it be*

va desapareciendo *is disappearing*

está disminuyendo *is diminishing*

«VEN CON PAPÁ»
LOS VARONES SEPARADOS RECLAMAN
IGUALDAD EN LA CUSTODIA DE LOS HIJOS

varones *men*

20 *Recientemente, un grupo de hombres separados
se encadenó frente a los Juzgados de Familia de
Barcelona. Era su manera de protestar por la
discriminación que dicen sufrir en los procesos de
divorcio. Sin llegar a acciones tan extremas, un
creciente número de varones aspira a obtener la*
25 *guardia y custodia de los hijos, actualmente
concedida en porcentaje muy superior a las madres.*

se encadenó *linked arms /*
Juzgados *courts*

. . . .

*«Y la ley discrimina a los varones», apunta
tajante [Ramón Lafuente]. «Nosotros exigimos*
30 *la igualdad. Resulta obvio que si un separado
mantiene una actitud despótica con los hijos se le
otorgue la custodia a la madre. Pero no somos
iguales, y no se nos puede medir con el mismo
rasero. Muchos hombres necesitan estar con sus*
35 *hijos, verlos crecer. Y buena parte del resultado
depende siempre de la actitud que adopte la madre,
de si facilita o no el acercamiento. Un hijo no es
como un televisor que funcione con monedas y
necesites pagar para verlo».*

tajante *sharply*

otorgue *grant*

medir… rasero *treat
everyone the same*

40 *El País Internacional*

Sin embargo, es importante recordar que el grupo
básico a que pertenece el individuo hispánico es su
familia. Ésta inspira una lealtad más fuerte que cualquier
otra. Para la mayoría de la gente, la familia está antes que
45 el empleo, el partido político o la comodidad personal.

comodidad *comfort*

El ensayista mexicano, Octavio Paz, dice lo
siguiente: «La familia es una realidad muy poderosa. Es
el hogar en el sentido original de la palabra: centro y
reunión de los vivos y los muertos, a un tiempo altar,
50 cama donde se hace el amor, fogón donde se cocina,
ceniza que entierra a los antepasados… La familia ha
dado a los mexicanos sus creencias, valores y conceptos
sobre la vida y la muerte, lo bueno y lo malo, lo masculino y lo femenino, lo bonito y lo feo, lo que se debe hacer
55 y lo indebido.»[6]

ensayista *essayist*

hogar *hearth*
a un tiempo *at once*
fogón *fire*
ceniza *ashes*

lo indebido *that which
should not be done*

---

[6]Octavio Paz (1914–), *El ogro filantrópico* (Mexico: Joaquín Mortiz, 1979), p. 23. Paz, winner of the
1990 Nobel Prize for literature, is one of the best-known essayists in Mexico. His book *El laberinto de la
soledad* (trans. *The Labryinth of Solitude*, Grove Press, N.Y., 1961) contains some interesting insights
into the Mexican character, most of which also apply to the Hispanic character. The book cited here contains an update of many of the points made in the earlier book.

Comprensión

A. Responda según el texto.

1. ¿Qué tensiones sufre la familia contemporánea?
2. ¿Dónde son más comunes estas tensiones?
3. ¿Dónde está disminuyendo el tamaño promedio de las familias?

B. Responda a las siguientes preguntas personales.

1. ¿Cuántas personas viven en su casa?
2. ¿Ha vivido Ud. alguna vez con muchos parientes?
3. ¿Cree que sería ventaja o una desventaja vivir con los parientes? Explique.

PRÁCTICA

I. Ejercicios de vocabulario

A. Complete según los modelos.

n → m before p, b or v

Modelo justo _injusto_
probable _improbable_

1. eficaz _ineficaz_
2. _necesario_ innecesario
3. ofensivo _inofensivo_
4. _útil_ inútil
5. posible _imposible_
6. _frecuente_ infrecuente
7. cómodo _incómodo_
8. _personal_ impersonal

Modelo gracia _desgracia_

1. conocido _desconocido_
2. _ventaja_ desventaja
3. acostumbrado _desacostumbrado_
4. _ligar_ desligar
5. aparecer _desaparecer_
6. _cuidar_ descuidar

Modelo costumbre _acostumbrarse_

1. grupo _agruparse_
2. _poder_ apoderarse
3. socio _asociarse_
4. asombro _asombrarse_

B. Defina las siguientes palabras en español.

1. el padre
2. el tío
3. el primo
4. la madrina _god mother_
5. la hermana
6. la abuela

II. Puntos de contraste cultural

1. ¿Qué diferencias se pueden observar entre la familia en el mundo hispánico y en los Estados Unidos?
2. ¿Cuáles son las diferencias en la actitud familiar hacia los niños?
3. ¿Cree usted que es bueno incluir a los niños en las fiestas de adultos?
4. ¿Cómo ha cambiado el concepto estadounidense de la familia en las últimas décadas? ¿Qué opina de estos cambios?

III. Debate

Es irresponsable tener más de tres hijos cuando hay un exceso de población.

IV. El arte de escribir: la carta

Todos tienen que escribir una carta de vez en cuando. A veces es una carta formal, por ejemplo, una carta comercial. Otras veces, es una carta familiar. Como preparación hay que pensar en lo que se quiere escribir o preguntar—tal vez apuntarlo para no olvidar nada. Aquí hay unas frases útiles.

Para comenzar

6 de octubre de 1993
Querida mamá: *Dear Mom*
Queridos padres: *Dear Mom and Dad*

Y para terminar

Reciba(n) un abrazo (beso) de su,   *Receive a hug (kiss) from your,*
Les manda muchos besos su,   *Many kisses from your,*

Ahora escriba Ud. una carta a un miembro de su familia contándole algunas cosas de su vida y preguntándole sobre la suya.

V. Ejercicios de composición dirigida

A. Complete las frases utilizando las palabras entre paréntesis.

1. Se podría decir que la familia... (sociedad, valores, escala, representa, menor)
2. Los insultos más graves... (familia, insultado, suelen, implicar, miembros)
3. La casa familiar... (considerada, hogar, siempre, casados, después, hijos, es)
4. El niño se acostumbra... (bodas, participar, adultos, con, ocasiones, otras, como, bautismos, fiestas)
5. La familia existe... (grupo, significado, tradición, lleno, hecho, siempre, como)

B. Complete las frases de una manera personal.

1. Las prohibiciones contra el nepotismo tienen poco efecto porque...
2. Los propietarios siguen el mayorazgo, que es...
3. Hay muchos casos históricos de segundones...
4. Los factores que impiden el uso de métodos para el control de la natalidad incluyen...
5. La movilidad social no se ha establecido en el mundo hispánico porque...

VI. *Situación*

Imagine Ud. que es propietario(a) de una empresa mediana de 100 empleados. Su hijo de 25 años trabaja para Ud. desde hace tres años pero ahora es obvio que él hace un trabajo pésimo y ya Ud. le ha hablado sobre el asunto cinco o seis veces. Ahora tiene que decidirse. ¿Qué le va a decir Ud.?

El hombre y la mujer en la sociedad hispánica

Hoy día las mujeres toman parte activa en los negocios. ¿Cómo refleja la foto este cambio de actitud?

VOCABULARIO ÚTIL

Estudie estas palabras antes de leer el ensayo.

Verbos

asistir   to attend
desaparecer   to disappear
evitar   to avoid
favorecer   to favor
mejorar   to improve
referirse a (ie)   to refer to
regresar   to return
resolver (ue)   to resolve

Sustantivos

el derecho   right
el, la esposo, -a   spouse

Adjetivos

consciente   conscious

largo, -a   long
único, -a   only, unique
vestido, -a   dressed

Otras palabras y expresiones

a pesar de   in spite of
bastante *adv.*   quite, very
cada vez más   more and more
ha habido   there has (have) been
hacia   toward
la mayor parte   the greater part, the majority
por un lado   on the one hand
toda una serie   a whole series

ENFOQUE

Como en todo el mundo occidental, en la sociedad hispánica existe una larga tradición de orientación masculina. Durante la mayor parte de la historia de la civilización hispánica, el hombre ha dominado en casi todas las esferas de la vida. Aunque ha habido progreso hacia la igualdad en las ciudades, la situación ha cambiado menos fuera de los centros urbanos. En los países hispánicos ha existido y existe una división clara entre los derechos, privilegios y obligaciones de cada sexo. Esta unidad describe esta tradición masculina y algunas de sus manifestaciones.

occidental   *western*

igualdad   *equality*
fuera de   *outside of*

ANTICIPACIÓN

Antes de comenzar la lectura, haga Ud. una lista de las situaciones sociales donde existe la discriminación sexual y prepárese para presentar su lista a la clase.

I. Los nombres hispánicos

El sistema de apellidos refleja la influencia masculina. Los niños llevan los apellidos del padre y de la madre, pero el del padre va primero. El hijo de Juan Gómez Rodríguez
5 y de María López Guitiérrez será Francisco Gómez López, o Gómez y López.[1] Los apellidos de las abuelas, Rodríguez y Gutiérrez, se pierden. Si Francisco se casara con Teresa Vargas Aguilar, su hijo sería Mario Gómez Vargas. Es sólo el apellido del lado masculino el que se
10 conserva, así que si un matrimonio sólo tiene niñas el nombre desaparecerá después de dos generaciones. Las familias muy conscientes de su linaje a veces continúan usando los apellidos por más tiempo, pero eventualmente el resultado es el mismo.

15 Hay, sin embargo, algunos casos en que el hijo ha escogido otro procedimiento. El famoso pintor español Diego Velázquez (1599–1660), hijo de Juan Rodríguez de Silva y de Jerónima Velázquez, debería haberse llamado Diego Rodríquez de Silva y Velázquez. Pero por
20 ser su padre portugués y su madre de una familia aristocrática sevillana, el pintor prefirió usar su apellido materno.

Otro caso semejante es también el de un pintor: Pablo Diego José Francisco de Paula Juan Nepomuceno María
25 de los Remedios Cipriano de la Santísima Trinidad Ruiz Blasco Picasso López, hijo de José Ruiz Blasco y de María Picasso López. También él escogió su apellido materno y se hizo famoso con el nombre de Pablo Picasso (1881–1973). Se ve aquí también un ejemplo de la
30 costumbre de dar toda una serie de nombres cristianos a los hijos a veces, por lo general para honrar a varios parientes. Claro que se escogen uno o dos de los nombres para el uso diario y los otros sólo aparecen en la partida de nacimiento.

apellidos *surnames*

se casara con *married*

linaje (m) *lineage*

escogido *chosen* / **procedimiento** *procedure*

debería haberse llamado *should have been called*

se hizo *became*

diario *daily* / **partida** *certificate*

---

[1] *Gómez y López* The use of *y* between the father's and mother's name is optional. The case with *de* is more complicated: it is used to designate a married name of a woman, for example, María López Gutiérrez de Gómez, where López Gutiérrez is her maiden name. In older names it was also used simply to mean "from" and later was frequently incorporated into the name permanently. All these usages tend to be variable.

Comprensión

A. Decida si las siguientes frases son verdaderas o falsas.

1. El hijo de Juan García y Elena Pérez se llama José García Pérez.
2. Si él se casara con María Tejada, su hija sería Teresa Tejada Pérez.
3. Los pintores Picasso y Velázquez prefirieron el apellido de su madre.

B. Responda a las siguientes preguntas personales.

1. ¿Lleva Ud. el apellido de su madre?
2. ¿Cómo usamos a veces el apellido materno en inglés?
3. ¿Cómo sería su nombre si usara el sistema español?

II. La sociedad patriarcal

Sin embargo, casos como el de Velázquez o el de Picasso son excepcionales; el sistema decididamente favorece la línea paterna. Tradicionalmente las mujeres estaban limi-
5 tadas a las tareas domésticas, o si trabajaban, limitadas a los trabajos más sencillos. Aunque esta situación está cambiando, la mujer hispánica todavía está generalmente en una posición social inferior. Sin duda esto se debe en parte a los factores económicos, pero también contribuye
10 el machismo, que crea criterios sociales muy distintos entre el hombre y la mujer. El machismo es un fenómeno sociosicológico que se define como una preocupación exagerada por la masculinidad—abarca lo físico, lo sexual, lo social y aun lo político. Es un problema cuando
15 se convierte en un anhelo de comprobar la masculinidad porque entonces puede conducir a acciones antisociales y hasta patológicas.

Las distinciones entre el hombre y la mujer se ven en las relaciones sexuales. La actividad sexual del hombre
20 era cosa aceptada mientras que para la mujer toda relación que no fuera con el marido quedaba estrictamente prohibida.

Claro que esta situación está cambiando en el mundo hispánico como en el resto del mundo. En el caso de
25 jóvenes que mantienen relaciones sexuales fuera del matrimonio, sin embargo, las mujeres son criticadas más severamente que los hombres.

A pesar de esta relativa falta de libertad personal y profesional ha habido casos de mujeres que se han desta-
30 cado personalmente en la literatura, la enseñanza y la política, superando los obstáculos que encontraron en su camino.

se debe   is due

abarca   it includes

*anhelo   urge / comprobar
to prove*

mantienen   maintain

*se han destacado   have
excelled / enseñanza
education*
superando   overcoming

Comprensión

A. Elija la respuesta que mejor complete las siguientes frases según la lectura.

1. El machismo es característico de…

   a. los hombres.　　　b. las mujeres.　　　c. los dos sexos.

2. La actividad sexual del hombre era una cosa…

   a. aceptada.　　　b. inexistente.　　　c. criticada.

3. Las mujeres hispánicas sufrían de una relativa falta de…

   a. hombres.　　　c. enfermedades.　　　c. libertad.

B. Responda a las siguientes preguntas personales.

1. ¿Cree que hay hoy en los Estados Unidos empleos vedados a las mujeres? ¿Cuáles?

2. ¿Cree que siempre será así?

III. Las mujeres en la literatura hispánica

 or Juana Inés de la Cruz (1651–1695)—
Durante la época colonial en Hispanoamérica la literatura pocas veces alcanzó el nivel de la de España. La única figura de impor-
5 tancia fue una mujer, Juana Inés de Asbaje y Ramírez de Santillana, más conocida por su nombre eclesiástico, Sor Juana Inés de la Cruz. Sor Juana nació en Nueva España[2] en 1651, época en que las muchachas tenían la **elección** *choice* de casarse o entrar al convento.
10 　　Sor Juana era una niña muy inteligente, que había aprendido a leer a los tres años, y durante su juventud tuvo gran fama intelectual y social en la corte del Virrey.[3] En un **ensayo** *essay* famoso confiesa que trató de convencer a su madre de que debía asistir a la universidad vestida de
15 hombre porque no admitían a las mujeres. La madre **no accedió** *did not give in /* y Sor Juana tuvo que aprender todo por **sí sola.** *on her own* Sin embargo, por razones misteriosas, a los 16 años decidió renunciar a la sociedad y entrar en un convento. Su única explicación fue que no tenía interés en el matri-
20 monio y quería dedicarse al estudio y a la literatura. La vida religiosa tenía cierta atracción porque le ofrecía

---

[2]*Nueva España*　New Spain, the name given the colony that included the known parts of North and Central America.The local center was Mexico City.

[3]*Virrey*　viceroy. In colonial administration the viceroy was the king's representative in the colony. He possessed most of the powers of a monarch and was ultimately responsible only to the king.

sosiego y tiempo para las tareas intelectuales.[4] Los
hombres podían dedicarse a una vida de maestro o
profesor, pero para una mujer de inclinaciones intelec-
25 tuales la única posibilidad era el convento. Durante casi
treinta años Sor Juana escribió poesía, considerada entre
la más bella y original que se ha creado en la lengua española. Su obra muestra las tensiones internas de una mujer,
por un lado sinceramente católica y por otro consciente de
30 las nuevas ideas científicas.

Algunos de sus versos son de tipo amoroso, lo que
hace pensar que Sor Juana entró al convento a causa de un
amor fracasado. Otros creen que los versos son simbó-
licos y que se refieren a los problemas que causaba su
35 curiosidad intelectual frente a la sociedad cerrada de su
época. Versos como éstos no resuelven el misterio:

sosiego tranquility
maestro school teacher

amor fracasado ill-fated
  romance
frente a faced with

Hombres necios que acusáis
a la mujer sin razón,
sin ver que sois la ocasión
40 de lo mismo que culpáis;

Queréis, con presunción necia
hallar a la que buscáis,
para pretendida, Thais,
y en la posesión, Lucrecia.[5]

45 ¿Pues para qué os espantáis
de la culpa que tenéis?
Queredlas cual las hacéis
o hacedlas cual las buscáis.

necios foolish / que
  acusáis who accuse
sin razón wrongly
ocasión cause
culpáis you criticize

presunción conceit
hallar to find
pretendida lover

espantáis fear

Queredlas Love them /
  cual as
hacedlas make them

Cualquiera que fuera el motivo, Sor Juana vertió en sus
50 muchas poesías algún tormento interior y lo supo hacer
dentro de una sociedad que desaprobaba la libertad intelectual, sobre todo de parte de una mujer. Así que la vida
y obra de Sor Juana hacen de esta poeta la primera feminista del continente.
55 *Gabriela Mistral (1889–1957)*—Entre los diez

vertió poured

desaprobaba disapproved
de parte de on the part of

---

[4]*tareas intelectuales* In that period convent life was relatively easy; the discipline was not too strict nor
the demands too great. For many, convents served as places of meditation on religion and life.

[5]*Thais… Lucrecia* Two women of classical mythology; the first a famous Greek courtesan, the second
a Roman model of virtue. The poem criticizes men who seek a sexual relationship with women but want
to marry a virgin.

escritores hispánicos[6] que han recibido el Premio Nobel de Literatura se encuentra una mujer chilena, Gabriela Mistral (nombre literario de Lucila Godoy Alcayaga). Poeta de lirismo intenso, Gabriela también alcanzó fama
60 internacional por su actividad en la educación. En 1922 José Vasconcelos[7] la invitó a México para cooperar en la reforma educacional que llevaba a cabo bajo el nuevo gobierno revolucionario. Muchas de sus ideas todavía forman parte del sistema de enseñanza de México.

65 Cuando sirvió como representante de Chile en las Naciones Unidas fue miembro del Comité sobre los Asuntos de las Mujeres y una de los fundadores de UNICEF. Su poesía refleja sus sentimientos maternales y el consuelo mutuo que frecuentemente representan las
70 madres y los niños, como vemos en esta canción de cuna:

Apegado[8] a mí
Velloncito de mi carne,
que en mi entraña yo tejí,
velloncito friolento
75 ¡duérmete apegado a mí!

La perdiz duerme en el trébol
escuchándole latir:
no te turben mis alientos,
¡duérmete apegado a mí!

80 Hierbecita temblorosa
asombrada de vivir,
no te sueltes de mi pecho:
¡duérmete apegado a mí!

Yo que todo lo he perdido
85 ahora tiemblo de dormir.
No resbales de mi brazo:
¡duérmete apegado a mí!

Ternura

Glosses:
lirismo *lyricism*
llevaba a cabo *he was carrying out*
consuelo mutuo *mutual comfort*
canción de cuna *lullaby*
velloncito *little tuft* / carne *flesh*
entraña *womb* / tejí *I wove*
friolento *shivering*
perdiz *partridge* / trébol *clover*
latir *heartbeat*
turben *disturb* / alientos *breathing*
Hierbecita *Little blade of grass*
asombrada *surprised*
no te sueltes *don't let go*
tiemblo de dormir *I'm afraid to sleep*
No resbales *don't slide down*

---

[6]*diez escritores* The Nobel Prize for literature has gone to ten Hispanic writers: José Echegaray (Spain, 1832–1916) in 1904; Jacinto Benavente (Spain, 1866–1954) in 1922; Gabriela Mistral (Chile, 1889–1957) in 1945; Juan Ramón Jiménez (Spain, 1881–1958) in 1956; Miguel Angel Asturias (Guatemala, 1899–1974) in 1967; Pablo Neruda (Chile, 1904–1973) in 1971; Vicente Aleixandre (Spain, 1900–   ) in 1977; Gabriel García Márquez (Colombia, 1928–   ) in 1982; Camilo José Cela (Spain, 1916–   ) in 1989; Octavio Paz (Mexico, 1914–   ) in 1990.

[7]*José Vasconcelos* One of the best known of the intellectuals who reformed the government of Mexico after the revolution of 1910. Vasconcelos became minister of education and was instrumental in the creation of a system of rural schools staffed by volunteer teachers from the cities. Mistral was by profession a teacher in a rural school.

[8]*apegado* This word combines the meanings of ''close,'' ''devoted,'' and ''attached.'' The last meaning is both literal and figurative here.

En septiembre de 1948, Gabriela Mistral visitó México como invitada del presidente Miguel Alemán.

Se puede ver que han existido varias mujeres entre
90 las grandes figuras literarias del mundo hispánico. En la actualidad podríamos mencionar a las destacadas novelistas españolas Ana María Matute y Carmen Laforet,[9] y a la poeta Carmen Conde, que fue elegida en 1979 como primer miembro femenino de la Real Academia Española
95 de la Lengua.[10] Es de notar que, de todos los que han recibido el Premio Nadal, que se da a la mejor novela española de cada año, más del cuarenta por ciento son mujeres.

Últimamente una novelista chilena, Isabel Allende
100 (1942–   ), ha recibido bastante atención internacional con obras como *La casa de los espíritus* (1982) y *Eva luna* (1987).

---

[9]*Ana María Matute y Carmen Laforet*   Matute (b. 1926) is the author of several prize-winning novels and many short stories. She is perhaps best known for her portrayal of children. Laforet (b. 1921) has also written numerous works including her most famous novel *Nada* (1944) for which she won the *Premio Nadal* at the age of 23. The *Premio Nadal* is the equivalent in Spain of the Pulitzer Prize in U.S. letters.

[10]*Real Academia Española de la Lengua*   The Royal Academy is the official organization in Spain charged with maintaining the purity of the language. Election to one of the 36 lifetime seats is a very high honor. Carmen Conde was born in 1907.

Comprensión

A. Responda según el texto.

1. ¿Por qué entró Sor Juana al convento?
2. ¿Cuántos escritores hispánicos han ganado el Premio Nobel de Literatura?
3. ¿Por qué fue a México Gabriela Mistral?
4. ¿Qué tipo de sentimientos expresa Gabriela en su poema?

B. Responda a las siguientes preguntas personales.

1. ¿Lee Ud. mucha poesía? ¿Por qué sí o por qué no?
2. ¿Qué lee la mayoría del tiempo (fuera de los textos univeritarios)?

IV. Las mujeres en la política

 i la literatura representa una carrera bastante abierta a las mujeres, ¿qué se puede decir de la política? Aunque Gabriela Mistral tuvo algo de participación en la política, todo fue
5 dentro de la educación. A través de la historia, dos reinas han dirigido a España, aunque la más importante fue Isabel I la Católica, quien tuvo la visión de proveer fondos para la expedición de Cristóbal Colón. Isabel I también influyó en la organización de las colonias y su
10 actitud, más humanitaria que la del rey Fernando, mejoró el tratamiento de los indios. Ella fue la que insistió en que los indios debían ser súbditos de la corona de España en vez de ser considerados esclavos. Isabel creía que los indios eran seres humanos con posibilidad de salvación y
15 apoyó mucho la empresa misionera de la Iglesia.

    La otra reina, Isabel II, ocupó el trono brevemente en el siglo XIX y su reino fue marcado por intrigas y guerras internas. La nueva constitución de España, adoptada en 1978, mantiene la tradición de preferencia del hombre
20 sobre la mujer como heredero del trono. La esposa del rey es la reina pero no tiene ningún poder oficial. Si muere el rey, el trono lo ocupa el primogénito.

    Con todo lo dicho sobre la dominación masculina, es interesante que los únicos ejemplos de presidentes feme-
25 ninos[11] en el hemisferio occidental han ocurrido en los

dirigido *governed*
proveer *to supply*
fondos *funds*

tratamiento *treatment*
súbditos *subjects*
esclavos *slaves*

empresa *enterprise*
trono *throne*

heredero *heir*

primogénito *first-born son*

---

[11]*presidentes femeninos* The entry of women into previously all-male positions has created widely variable usage with regard to gender. A female president may be designated as *el presidente* or *la presidente*. «*La presidenta*» is reserved, where it is used at all, for the wife of the president. In Argentina *la presidente Señora Isabel Perón* was considered most proper.

países hispánicos. En 1974 Isabel Perón subió a la presidencia de la República Argentina después de la muerte de su esposo, el presidente Juan Perón (1895–1974). Éste había sido elegido presidente en 1946 y durante los seis
30 primeros años de su mandato, su segunda esposa, Eva («Evita») Duarte lo ayudó a mantener su popularidad. Evita murió en 1952 y Perón fue derrocado en 1955. Después de 18 años de exilio regresó triunfante a la Argentina e insistió en que su tercera esposa, Isabel, fuera
35 candidata para vicepresidente. Al enfermarse Perón poco después de las elecciones, nombró a su esposa como presidente interino. Isabel ocupó el puesto hasta 1976 cuando una junta militar la depuso.

    Otro caso ocurrió en Bolivia, donde Lydia Gueiler
40 fue elegida presidente por el Congreso en 1979 después de varios meses de crisis en el gobierno.

    Más reciente es el caso de Violeta Barrios de Chamorro en Nicaragua. El gobierno revolucionario de los sandinistas, después de más de diez años en poder,
45 tuvo que ceder a la presión internacional y permitir elecciones libres en 1990. Chamorro, miembro de una familia importante, encabezó la coalición de partidos de oposición a los sandinistas. Ganó las elecciones y comenzó la

mandato term

derrocado overthrown
exilio exile

interino interim
depuso deposed

encabezó headed up

En abril de 1990 Violeta Barrios de Chamorro fue inaugurada como presidente de Nicaragua. En su opinión, ¿ha sido ella un líder fuerte o débil?

tarea difícil de reconciliar los varios grupos e intereses
50 después de una década de conflictos violentos. Ya sobrevivió una tentativa de golpe de estado en 1991.

    Así se ve que, aunque la sociedad hispánica ha favo-
recido siempre al hombre, también existen casos de
mujeres ilustres. Actualmente, la mujer hispánica es cada
55 vez más consciente de que su situación social ha de
cambiar. Aun la misma constitución española que
mantiene el dominio masculino en la monarquía, afirma
en el artículo núm. 14 que: «Los españoles son iguales
ante la ley, sin que pueda prevalecer discriminación
60 alguna por razones de nacimiento, raza, sexo, religión,
opinión o cualquier otra circunstancia personal o social».

sobrevivió *survived*
golpe de estado *coup d'etat,
attempted overthrow*

ilustres *famous*

ante *before* / prevalecer *to
prevail*

Comprensión

A. Complete las siguientes frases según el texto.

    1.   La reina más importante de España _____.
    2.   Isabel Perón fue la primera presidente _____.
    3.   Ella ocupó el puesto hasta 1976 cuando _____.
    4.   En los últimos años las mujeres van despertándose a la posibilidad
de _____.
    5.   La presidente Chamorro es la única de las tres presidentes femeninas que
fue _____.

B. Complete las siguientes frases para expresar sus propias ideas.

    1.   Los Estados Unidos tendrá una mujer presidente _____.
    2.   Yo no tendría inconveniente en tener una mujer como presidente
porque _____.
    3.   Para eliminar la discriminación debemos _____.

PRÁCTICA

I. Ejercicios de vocabulario

A. Complete las frases formando sustantivos.

    Modelo   (curioso) Juan no tiene mucha *curiosidad*.

    1.   (masculino) El machismo es una obsesión con la _____.
    2.   (humano) La _____ nunca es perfecta.
    3.   (actual) En la _____ la situación de las mujeres está mejorando
mucho.
    4.   (personal) Su _____ es muy atractiva.

B. Indique los sinónimos.

1.	elegir	a.	trabajos
2.	natalidad	b.	distinguido
3.	únicamente	c.	sólo
4.	tareas	d.	nacimiento
5.	famoso	e.	retener
6.	conservar	f.	ilustre
7.	destacado	g.	escoger

C. Indique las palabras con significado opuesto.

1.	primero	a.	cerrado
2.	prohibir	b.	último
3.	nacer	c.	comenzar
4.	terminar	d.	morir
5.	abierto	e.	permitir

II. Puntos de contraste cultural

1. ¿Las mujeres en el mundo hispánico son más o menos libres que en los Estados Unidos? ¿Cómo se explica que ha habido presidentes femeninos en Hispanoamérica y no en los Estados Unidos?
2. ¿Qué diferencia hay entre la situación de la mujer urbana y la mujer campesina? ¿Por qué existen estas diferencias?
3. ¿Cuáles son las diferencias en la posición social de la mujer en Hispanoamérica y en los Estados Unidos?

III. Debate

Las mujeres no deben participar en combate en caso de guerra.

IV. El arte de escribir: descripción de las personas

La descripción implica el uso de adjetivos que añaden detalles, color y vida al texto. Por ejemplo:

Tiene los ojos negros.

Cobra más interes así:
Tiene los ojos muy negros y muy dulces.

También:
Tengo un hermano mayor que se llama Juan.

Tiene más interés si se añade:
Siempre hemos sido buenos amigos.

Ahora trate Ud. de añadir algo original a este párrafo que lo haga más interesante o detallado.

María y Carlos son mis amigos. Ella es abogada y él es ingeniero. A los dos les
gusta practicar deportes. Especialmente les gusta jugar al tenis.

Ahora, escriba Ud. una descripción de un miembro de su familia o de un amigo que
Ud. conoce bien. Trate de incluir detalles interesantes e importantes.

V. *Ejercicios de composición dirigida*

A. Escriba este párrafo, corrigiendo las oraciones falsas según la lectura.

En el mundo hispánico la mujer tiene una posición superior a la del hombre.
El sistema de apellidos requiere que los hijos lleven sólo el apellido del padre.
No han existido casos de mujeres ilustres. Sor Juana era una poeta destacada.
Gabriela Mistral escribió novelas y participó en la reforma del sistema de educa-
ción en la Argentina. En 1974 Isabel Perón fue elegida presidente del Perú.

B. Complete las frases con las palabras entre paréntesis.

1. Como en todo el mundo occidental ha existido y existe…
   (derechos, entre, clara, privilegios, sexo, división, obligaciones, cada)
2. Generalmente, las mujeres están…
   (domésticas, trabajan, si, limitadas, tareas, trabajos, sencillos, más)
3. A pesar de esta falta de libertad, existen casos de mujeres que…
   (destacado, personalmente, han, literatura, se, enseñanza, política, hasta)
4. La poesía de Gabriela Mistral refleja…
   (maternales, mutuo, sentimientos, niños, madres, consuelo, representan)
5. Con todo lo dicho sobre la dominación masculina, es interesante que los
   únicos ejemplos…
   (occidental, han, presidentes, hemisferio, sido, hispánicos, femeninos,
   países)

VI. *Situación*

Imagine que Ud. es miembro del sexo opuesto. ¿Cuáles serían sus quejas *(com-
plaints)* sobre la desigualdad de los sexos en los Estados Unidos? Compare las
respuestas de los estudiantes con las de las estudiantes.

Costumbres y creencias

Como muchas familias hispanas, esta familia argentina se reúne para el almuerzo casi todos los días. ¿Cuáles son las ventajas de esta costumbre?

▣ VOCABULARIO ÚTIL

Estudie estas palabras antes de leer el ensayo.

Verbos

colocar   to place, locate
consolar (ue)   to console
enterrar (ie)   to bury
morir(se) (ue)   to die
proceder   to come from,
     originate
reflejar   to reflect
sorprenderse   to be
     surprised
trasladar   to transfer

Sustantivos

el ambiente   atmosphere,
     environment
el ataúd   coffin
la creencia   belief

la diversión   amusement, entertainment
el fantasma   ghost
el horario   schedule
la leyenda   legend
el luto   mourning;
     guardar luto   to be in mourning
el miedo   fear;
     dar miedo   to cause fear
la muerte   death
el paraíso   paradise
la prueba   test
la tristeza   sadness

Adjetivos

distinto, -a   different
muerto, -a   dead
semejante   similar

▣ ENFOQUE

Es importante notar que las costumbres populares siempre existen en una matriz de otras costumbres y creencias. A veces es difícil o aun imposible entender una costumbre sin considerarla en relación con otras y con las condiciones económicas y sociales en que existe. Es generalmente imposible saber cómo funcionaría una costumbre aislada trasladada a otra sociedad. Por ejemplo, pensar en cómo sería una corrida de toros en los Estados Unidos no lleva a ninguna conclusión de interés.

matriz   *matrix*

aislada   *isolated*

ANTICIPACIÓN

Antes de comenzar a leer, explique Ud. sus actitudes hacia el trabajo en comparación con la actividad social, y explique su reacción personal frente a la muerte como fenómeno general.

I. El horario y la vida social

Las costumbres tienen distintos orígenes. Como ya se ha dicho, la siesta, muy común en el mundo hispánico, procede de los romanos. Dividieron las horas de luz en
5 doce y trabajaron durante las seis primeras y usaron las otras seis para las diversiones. En los países mediterráneos, el clima no favorece el trabajo en las primeras horas después del mediodía. Aunque hay aire acondicionado hoy día, la costumbre perdura en la forma de un descanso
10 al mediodía de 2 o 3 horas. Después de la siesta se vuelve al trabajo hasta el fin de la jornada a las siete u ocho. Algunos han tratado de cambiar este sistema con un horario que va de 8:00 a 3:00 sin descanso, pero el cambio es difícil.
15   La organización física de las ciudades hispánicas favorece esta costumbre. En las ciudades mucha gente vive cerca de su trabajo, lo cual hace posible que vayan a casa al mediodía. Los niños vienen de la escuela y la siesta es un período familiar.
20   Esta situación resulta en que la comida principal para la mayoría de la gente se come al mediodía, o mejor dicho, a las 2:00 P.M. que se considera todavía el mediodía. Otro resultado es que la cena se come después de las 9:00 y es una comida ligera. Esto explica por qué
25 la gente está en la calle hasta muy tarde.
   Otra costumbre procede de la personalidad gregaria de la gente hispánica: la popularidad del café al aire libre. Es un lugar donde va la gente a reunirse y encontrarse con los amigos y los vecinos.
30   Otra vez la organización de la ciudad facilita esta preferencia porque está generalmente organizada en barrios que contienen tanto residencias como tiendas y cafeterías de todos tipos. El resultado de esta organización es que una persona pasa mucho tiempo entre los
35 vecinos al ir de compras o al café al aire libre, y por eso tiene varias oportunidades de interacción social.
   Se ve la diferencia en este caso de los cafés al aire libre en los Estados Unidos que suelen estar en centros comerciales lejos de cualquier residencia. Los clientes, la
40 gente que pasa y los que trabajan en el café generalmente no se conocen. En algunas ciudades la tradición del bar de la vecindad ocupa un lugar semejante pero va desapareciendo. Es posible que el hecho de que las familias norteamericanas se queden en casa solos (porque las
45 diversiones comerciales están allí) contribuye a la pérdida del sentido de comunidad.

perdura *lasts* / descanso *break*

jornada *work day*

mayoría *majority*

ligera *light*

gregaria *talkative*

reunirse *get together*

tanto… como *both . . . and*

al aire libre *outdoor*

suelen estar *are usually*

vecindad *neighborhood*

Esta comparación es buen ejemplo de cómo un fenómeno muy parecido tiene implicaciones muy distintas entre una cultura y otra. También las dos prácticas son
50 ejemplos de cómo una costumbre depende de varias otras.

Las costumbres descritas están muy arraigadas en la cultura hispánica. Otras tradiciones son más bien creencias que costumbres. Un ejemplo de una creencia es la actitud que tiene la gente hacia la muerte. Es un tema que
55 existe através del tiempo y en todas las culturas y sirve como buen punto de contraste. Como en los otros casos hay varias costumbres y prácticas que resultan de esta creencia.

parecido   *similar*

arraigadas   *deeply seated*

Comprensión

A. Decida cuáles de estas oraciones son verdaderas y cuáles son falsas según la información del texto. Corrija las falsas.

1. La costumbre de la siesta viene de los romanos.
2. En el mundo hispánico termina el trabajo al mediodía.
3. La organización física de la ciudad norteamericana favorece la costumbre de la siesta.
4. La cena y *dinner* son la misma cosa en las dos culturas.
5. Los cafés al aire libre son iguales en el mundo hispánico que en los Estados Unidos.

B. Responda según su propia opinión o experiencia.

1. ¿A qué hora tiene Ud. su comida principal? ¿Por qué?
2. ¿Cree Ud. que sería mejor vivir cerca de su trabajo o prefiere vivir en otro lugar o no le importa?
3. ¿Hay cafés al aire libre en su barrio? ¿Va Ud. a los cafés con frecuencia? ¿Por qué sí o por qué no?
4. ¿Qué aspectos de comunidad tiene la universidad?

II. Las actitudes hispánicas hacia la muerte

 in duda alguna, el anglosajón que visita un país hispánico se sorprende ante la importancia que se le da a la muerte. En vez de ser una cosa escondida, la muerte es una pre-
5 ocupación constante del pueblo hispánico. La gente hispánica parece vivir pensando en la muerte: en los familiares y amigos difuntos (¡que en paz descansen!),[1] en los

difuntos   *deceased*

---

[1]*¡que en paz descansen!*   May they rest in peace! This phrase is typically used whenever mention is made of a dead person, especially a relative or friend. Others are: *Dios lo guarde.* God keep him. *Que descanse con Dios.* May he rest with God.

entierros, en los asesinatos, accidentes, enfermedades y todas las tragedias del mundo moderno.

10   Hay fenómenos lingüísticos que muestran esta preocupación con la muerte. Un «muerto de hambre», una «mosca muerta», «de mala muerte», son términos muy comunes para referirse a un pobre, a un hipócrita o a una cosa sin valor, respectivamente. La última, «de mala
15 muerte», interesa por su sentido figurativo. Refleja una actitud hacia la muerte que también se expresa en la frase: «Dime cómo mueres y te diré quién eres», hecha famosa en un ensayo del mexicano Octavio Paz.[2] Las dos frases implican que de alguna manera la muerte define la vida y
20 que una muerte mala implica un vida mala o sin valor.

La actitud hispánica hacia la muerte se originó en la Edad Media. Durante la época medieval la muerte constituía el paso decisivo hacia la vida eterna; era el principio de la vida verdadera, que sería gloriosa si uno había
25 vivido bien en la tierra. A esta visión consoladora de la muerte, se unía otra: la de *La danza de la muerte,* un largo poema medieval. Se presentaba a la muerte como igualadora de todas las distinciones sociales y económicas de la tierra.
30   Tal vez la expresión española más conocida de esta actitud esté en los versos de un poeta del siglo XV, Jorge Manrique,[3] que dice en sus *Coplas:*

Nuestras vidas son los ríos
que van a dar en la mar,
35 que es el morir;
allí van los señoríos
derechos a se acabar
y consumir;
allí los ríos caudales,
40 allí los otros, medianos
y más chicos;
allegados, son iguales
los que viven por sus manos
y los ricos.

45 Sigue el poema con una lista de los aspectos transitorios del mundo: la belleza física, la fuerza juvenil, la riqueza, el poder político, etcétera.

entierros	*funerals /*
asesinatos	*murders*
mosca	*fly*
sin valor	*worthless*
Edad Media	*Middle Ages*
igualadora	*equalizer*
van a dar	*end up*
señoríos	*dominions*
derechos	*straight*
caudales	*rushing*
medianos	*medium size*
chicos	*small*
allegados	*having arrived*
transitorios	*temporary*

por la muerte su padre

---

[2]The phrase means: ''Tell me how you die, and I'll tell you what you're worth.''

[3]*Jorge Manrique* (1440–1478) A famous medieval Spanish poet. His *Coplas a la muerte de su padre* contain a cogent expression of the medieval attitude toward life and death.

Estos ejemplos revelan que la actitud medieval presentaba a la muerte como algo casi deseable: «al 50 morir, descansamos» dice Manrique. En la época moderna la vida asume más importancia, pero aún existen rastros de la idea medieval, que son suficientes para mantener cierta atracción hacia la muerte, o al menos disminuir el miedo que se le tiene.

rastros *traces*
al menos *at least*

55 En la sociedad hispánica moderna la muerte fascina, intriga y, aun más, desafía al hombre. Los riesgos implícitos en la corrida de toros son un ejemplo de esta atracción. El hombre y el toro luchan a muerte, y el hecho de que el toro muere más frecuentemente no cambia el 60 simbolismo. Muchos toreros han muerto en la corrida a través de los años.

desafía *challenges* / riesgos *risks*
hecho *fact*
toreros *bullfighters*

Octavio Paz sugiere que la propensión del mexicano hacia la pelea violenta con navajas o pistolas durante las fiestas y el uso excesivo de las bebidas alcohólicas 65 reflejan esta misma actitud. Aunque Paz habla del mexicano, su idea es válida para toda Hispanoamérica: «Para el habitante de Nueva York, Paris o Londres, la muerte es la palabra que jamás se pronuncia porque quema los labios. El mexicano, en cambio, la frecuenta, la burla, la 70 acaricia, duerme con ella, la festeja, es uno de sus juguetes favoritos y su amor más permanente.» Paz dice que la muerte no le da miedo al mexicano porque «la vida le ha curado de espantos».[4] Los estudios sicológicos revelan la presencia de la muerte con más frecuencia en 75 los sueños de la gente hispánica.

pelea *fight* / navajas *knives*

quema *burns*
frecuenta *courts* / burla *mocks*
acaricia *caresses* / festeja *celebrates*
juguetes *toys*

Comprensión

A. Escoja la frase más apropiada para completar la oración.

1. Un muerto de hambre se refiere a…
   a. un hipócrita.
   b. un hambre feroz.
   c. una persona pobre.

2. La frase «Dime cómo mueres y te diré quién eres» sugiere…
   a. que los pobres mueren temprano.
   b. que no eres nadie cuando estás muerto.
   c. que la muerte define y da valor a la vida.

---

[4] *«la vida le ha curado de espantos»* "life has cured him of shocks"; that is, he has suffered every possible misfortune in life so death cannot be anything worse.

3. El poema de Manrique dice que después de morir el trabajador…
   a. y el rey son iguales.
   b. vive por sus manos.
   c. es un rico.

4. Octavio Paz dice que en muchos lugares la palabra muerte…
   a. no se entiende.
   b. nunca se dice.
   c. no tiene significado.

B. Responda a las siguientes preguntas personales.

1. ¿Ha visto Ud. una corrida de toros? ¿Tiene interés en ver una?
2. ¿Cree que es importante el riesgo mortal en la vida? ¿Ha saltado Ud. con un «bungee» o en un paracaídas?

III. Las actitudes indígenas hacia la muerte

 os indígenas americanos también tenían sus propias ideas acerca de la muerte, y después de la conquista, éstas pasaron a formar parte de la cultura hispanoamericana
5 en algunos países.

El Obispo Diego de Landa, que investigó la cultura maya en el siglo XVI, nos dice que los mayas sentían gran tristeza ante la muerte. Se lamentaban ruidosamente y atribuían el hecho al diablo o al dios del mal. Enterraban
10 a la gente común bajo el piso de su casa, la cual abandonaban después. A los nobles—los sacerdotes—los enterraban con más cuidado, colocando las cenizas en el centro de las pirámides. Algunas tribus tenían la costumbre de hervir el cadáver hasta poder separar la
15 carne de los huesos, los cuales usaban para reconstruir la cara del muerto con resina. Guardaban estas figuras en una especie de álbum familiar de los antepasados. Los mayas, al igual que otros grupos, practicaban el sacrificio humano.
20 Los incas del Perú tenían un concepto de la muerte muy semejante al europeo. Creían que después de la existencia terrenal había otra vida eterna. Si uno había vivido bien, terminaba en el cielo, que ofrecía todos los placeres, y si no, iba al infierno, que era un lugar muy frío.
25 Quizás los aztecas hayan tenido el concepto más interesante. Dice Eduardo Matos Moctezuma, conocido arqueólogo mexicano, que: «el hombre prehispánico concebía la muerte como un proceso más de un ciclo constante, expresado en sus leyendas y mitos. La leyenda

Obispo burned all Mayan symbols, etc… replaced w/ bible, language, traditions.

lamentaban *lamented /*
  ruidosamente *loudly*
piso *floor*

cenizas *ashes*

hervir *to boil*

resina *resin*
especie (f) *kind /*
  antepasados *ancestors*

terrenal *earthly*
placeres (m) *pleasures*
infierno *hell*

conocido *well-known*

concebía *conceived of*

30 de los Soles nos habla de esos ciclos que son otros tantos
eslabones de ese ir y devenir, de la lucha entre la noche y
el día,… Es lo que lleva a alimentar al sol para que éste
no detenga su marcha y el por qué de la sangre como
elemento vital, generador de movimiento. Es la muerte
35 como germen de la vida.» Concebían la existencia como
un círculo: el nacimiento y la muerte eran sólo dos puntos
en ese círculo. Creían que la humanidad había sido creada
varias veces antes y que siempre sufría un cataclismo
terrible. Lo que determinaba el lugar del alma no era la
40 conducta en la vida sino el tipo de muerte y la ocupación
que en vida había practicado la persona: los guerreros
muertos en batalla o sobre la piedra de sacrificio iban al
paraíso oriental, que era la casa del Sol, donde vivían en
jardines llenos de flores. Después de cuatro años volvían
45 a la tierra en forma de colibríes.

Las mujeres que morían en el parto iban al paraíso
occidental, la casa del maíz. Al bajar a la tierra, lo hacían
de noche como fantasmas. Esta tradición, junto con
algunas historias españolas del mismo tipo, han sido
50 conservadas en la leyenda de «la llorona», una mujer que
camina por la tierra de noche amenazando a las mujeres y
a los niños. Los ahogados o muertos por el rayo iban al
paraíso fértil de Tlaloc, el dios de la lluvia.

El infierno de los aztecas quedaba al norte y presen-
55 taba nueve pruebas para las almas antes de que éstas
pudieran llegar al descanso final: ríos caudalosos, vientos
helados, fieras que comían los corazones, etc. Para
ayudar al muerto en estas pruebas era costumbre enterrar
varios instrumentos y armas con el cadáver.
60 Aunque todas las civilizaciones indígenas conocían
el sacrificio humano, ninguna lo practicó tanto como los
aztecas. Los sacrificios servían, principalmente, como
alimento para los dioses que demandaban la vida conte-
nida en la sangre y el corazón humanos.
65 Buen ejemplo era el culto azteca de Huitzilopochtli,
su dios patrón, identificado con el sol y que todos los días
tenía que luchar contra las estrellas y contra su hermana
la luna para dar otro día de vida al hombre. Los aztecas se
consideraban elegidos del sol y por eso se dedicaban a la
70 guerra ritual—llamada guerra florida—no para conquistar nuevos territorios sino para conseguir prisioneros
para el sacrificio. Según los cronistas, se hacían más de
20.000 sacrificios por año. El público estaba obligado a
asistir a estos ritos bajo pena de castigos severos, lo que
75 hace pensar que la muerte constituía una presencia constante en la vida diaria de los aztecas, como lo era también
en la vida española. Al mezclarse estas dos culturas, la

eslabones *links* / devenir
  becoming

germen *(m) seed*

cataclismo *catastrophe*

guerreros *warriors*

colibríes *(m) hummingbirds*
parto *childbirth*

llorona *crying or moaning*
  woman
amenazando *threatening*
ahogados *drowned* / rayo
  lightning

pruebas *tests*
caudalosos *raging*
fieras *beasts*

estrellas *stars*

florida *select, elitist*

pena *penalty* / castigos
  punishment

Al mezclarse *Upon mixing*

muerte siguió ocupando un lugar central en los cultos de
la vida.

Comprensión

A. Complete según el texto.

1. Los mayas atribuían la muerte a _____.
2. Los incas tenían un concepto de la muerte _____.
3. Según los aztecas, las mujeres que morían en el parto iban a _____.
4. Las civilizaciones que practicaron el sacrificio humano eran _____.

B. Responda a las siguientes preguntas personales.

1. ¿Piensa Ud. que después de la muerte el alma sigue viviendo?
2. ¿Teme Ud. a la muerte? Explique.

IV. Prácticas funerarias

Esta atención que se le da a la muerte resulta
en una serie de prácticas y costumbres que
reflejan las creencias religiosas y las tradiciones populares.

5   Una de las más conocidas es el velorio, una vigilia   velorio *wake* / vigilia *vigil*
para honrar al difunto y consolar a sus familiares.
Frecuentemente se sirven comidas y bebidas y para la
mayoría de los asistentes constituye una ocasión social.
Se hace comúnmente en casa y con el ataúd presente. Para
10 muchos es un acto muy importante.

Otra costumbre importante es la de publicar un
anuncio en el periódico, a veces en la primera plana.   anuncio *advertisement* /
Estos anuncios o «esquelas de defunción» llevan el   plana *page*
nombre del difunto y de los miembros de su familia.   esquela de defunción *death
15 También se ven anuncios publicados por amigos, socios   notice*
o empleados del muerto. Tienen la misma función que los   socios *partners*
obituarios en los Estados Unidos con la diferencia de que
aquéllos son mucho más evidentes que éstos.

La costumbre de vestirse de luto también es muy
20 común en la sociedad hispánica. La viuda guarda luto   viuda *widow*
relativamente severo durante uno, dos o más años y toda
la familia tiene la obligación de llevar una vida restrin- restringida *restricted*
gida, sin fiestas ni diversiones, durante cierto tiempo.

También se acostumbra ofrecer misas especiales por   misas *masses*
25 el alma del difunto y encender velas votivas. Con todo   encender *to burn* / velas
esto se trata de asegurar que entre el alma en el paraíso.   votivas *votive candles*

Esta exposición de arte-
sanía mexicana fue espe-
cialmente diseñada para
el Día de los Muertos.
¿Qué actitud refleja?

Una superstición muy común es que las almas que no
pueden entrar en el paraíso están condenadas a vagar
como fantasmas por la tierra de noche. Cuando una
30 persona muere a manos de un asesino y no recibe la extremaunción, o sea los ritos finales, su alma vuelve a la tierra
para vengarse del responsable. Estas almas «en pena» son
la fuente de muchos cuentos y leyendas que se utilizan
para inspirar miedo a los niños malcriados.

vagar *to wander*

extremaunción *last rites*

«en pena» *in agony*

malcriados *misbehaving*

35 Otra costumbre relacionada con la muerte es la de celebrar el «Día de los Muertos», el dos de noviembre.[5] Durante ese día se recuerda a los muertos o a la muerte como fenómeno. En algunos sitios, como en México, se hacen dulces y panes en forma de calaveras y esqueletos,   calaveras *skulls* /
40 y en los pueblos pequeños hispánicos la gente pasa el día   esqueletos *skeletons* en el cementerio, donde limpian alrededor de los sepul- cros y colocan flores frescas en la tumba de los familiares.   sepulcros *graves* Como en el velorio, el ambiente se vuelve casi festivo. Se ve que la muerte se considera cosa natural y hasta ordi-
45 naria. Los sicólogos contemporáneos sugieren que la tendencia norteamericana a clasificar a la muerte como un tabú para los niños crea efectos negativos en el adulto, ya que éste no aprende a vivir con la muerte y no sabe enfrentarla cuando se presenta. Este problema no existe   enfrentarla *to face it*
50 para el niño hispánico. Al contrario: la muerte puede convertirse en una obsesión.

Un fenómeno interesante en el mundo hispánico es la   restos *remains* preocupación por los restos mortales. En los casos de personas ilustres se pueden crear verdaderas polémicas
55 sobre su destino. Tal es el caso de Cristóbal Colón. Hoy día existen dos tumbas que guardan los restos de Colón, una en la catedral de Sevilla y la otra en Santo Domingo. Colón murió en España, pero su familia hizo trasladar el cadáver a Santo Domingo, la primera colonia del Nuevo
60 Mundo.[6] En la confusión de la época de independencia los restos fueron trasladados otras veces y las autoridades terminaron perdiéndolos. Todavía no se sabe por seguro en qué tumba están verdaderamente los restos de Colón.

Otro caso interesante es el de Evita Perón, esposa del
65 Presidente Juan Perón de la Argentina. Por la popularidad de Evita, el gobierno que depuso a Perón mandó enterrar   depuso *deposed* el ataúd con los restos de su esposa en Italia. Cuando Perón regresó a la Argentina, después de 18 años de exilio, prometió al pueblo la devolución de los restos de   devolución *return*
70 la querida Evita. Cuando el gobierno vaciló en permitirlo, un grupo de «peronistas» robó el cadáver de otra figura pública y demandó la devolución de los restos de Evita a la Argentina a cambio de los restos del otro político.   a cambio de *in exchange for* Constituyeron unos «restos en rehenes». El gobierno   en rehenes *held hostage*
75 consintió y todos los restos se colocaron en su lugar apropiado.

---

[5]*Día de los Muertos* Also called *Día de los Difuntos,* known in English as All Souls' Day. This religious holiday is a more important event in the Hispanic world than in the United States.

[6]*Santo Domingo* An island in the Caribbean where the first Spanish-American government was located. It is now divided between two countries—the Dominican Republic and Haiti (formerly a French colony). The capital city of the Dominican Republic is *Santo Domingo.*

Comprensión

A. Decida si las siguientes frases son verdaderas o falsas según el texto.

1. Una esquela de defunción es un anuncio de muerte.
2. El Día de los Muertos se celebra en diciembre.
3. La muerte en el mundo hispánico se considera una cosa casi ordinaria.
4. La tumba de Colón se encuentra sólo en Sevilla.
5. Evita Perón fue una figura popularísima en la Argentina.

B. Responda a las siguientes preguntas personales.

1. ¿Ha asistido Ud. a un velorio? ¿a un entierro?
2. ¿Cuál fue su reacción?

PRÁCTICA

I. Ejercicios de vocabulario

A. Indique los sinónimos.

1.	muerto	a.	asustar
2.	funeral	b.	sin valor
3.	de mala muerte	c.	hermosura
4.	belleza	d.	tumba
5.	esquela	e.	difunto
6.	sepulcro	f.	nota
7.	espantar	g.	entierro

B. Complete con una palabra relacionada a la palabra entre paréntesis.

1. (atraer) La muerte ejerce una _____ fuerte.
2. (victoria) Anuncia su regreso _____.
3. (enfermo) Las _____ a veces traen la muerte.
4. (consolar) La viuda necesita el _____ de los amigos.
5. (igual) La muerte puede verse como la gran _____.
6. (investigación) Es necesario _____ el concepto.
7. (ruido) Los mayas lamentaban _____ la muerte.

C. Elija la palabra más apropiada de la lista para completar las oraciones.

contraste	mezcla	fantasma
acostumbrado	diaria	enterrar
disminuir	alma	obsesión
elegido		

1. Los aztecas se creían el pueblo _____ del sol.
2. La cultura hispanoamericana es una _____ de la cultura indígena y la española.
3. El concepto de la muerte presenta un punto de _____ cultural.

4. El niño del mundo hispánico está _____ a la muerte.
5. La llorona es un _____ conocido.
6. La muerte está presente como parte de la vida _____.
7. La preocupación con los restos mortales se vuelve a veces una _____.

II. Puntos de contraste cultural

1. ¿Qué actitud hacia la muerte es más saludable, la hispánica o la norteamericana?
2. ¿Cómo se comparan *Halloween* y el Día de los Muertos?
3. ¿Sabe Ud. dónde están los restos de George Washington o de Abraham Lincoln?

III. Debate

Los niños no deben tener contacto con la muerte si es posible evitarlo.

IV. El arte de escribir: descripción de paisajes y objetos

La descripción de los paisajes o las cosas es semejante a la descripción de las personas. Es cuestión de utilizar adjetivos y otras palabras para hacer que el lector visualice el paisaje o el objeto. Por ejemplo:
La casa de la estancia era grande y las dependencias del capataz estaban cerca.

La descripción se puede mejorar con más detalles:
La casa de la estancia era grande y un poco abandonada; y las dependencias del capataz, que se llamaba Gutre, estaban muy cerca.

Con los compañeros de clase escriba una descripción de su salón de clase. Cada alumno debe añadir un detalle.

Escriba Ud. una descripción de algo que conoce bien o que puede observar mientras escriba. Trate de incluir todos los detalles importantes.

V. Ejercicios de composición dirigida

A. Llene los espacios en blanco para crear un resumen de la lectura.

La *gente* _____ hispánica hacia la muerte es _____ a la actitud de la mayoría de los norteamericanos. Los hispánicos ven la _____ como una cosa natural que da _____ a la vida. No _____ de esconderla ni de los niños, quienes aprenden a experimentar las emociones de la muerte desde muy _____. Muchos sicólogos _____ que esta _____ es más saludable que nuestra práctica de esconder lo más _____ su presencia.

B. (De aquí en adelante se presentarán en esta sección algunos temas de composición que requerirán su opinión o actitud personal. Las palabras entre paréntesis deberán ser suplementadas por otras donde sea conveniente.) Describa su actitud personal hacia:

1. la presencia cotidiana de la muerte
   (dar miedo, natural, escondido, gustar, creer, evitar, vida)
2. los entierros
   (costoso, lujoso, sencillo, asistir, preferir, deber, gastar, niño)
3. sus propios restos mortales
   (entierro, cementerio, querer, cerca de, no importa, es mejor, preocuparse)
4. el tipo de muerte más atractivo
   (ninguno, heroico, violento, pacífico, rápido, lento, joven, viejo)

VI. Situación

Imagine Ud. que un amigo le ofrece una medicina que ha descubierto él que le hace a Ud. vivir hasta la edad de 200 años. ¿La tomaría o no? Discuta las ventajas y desventajas de una vida larga. ¿Cómo tendríamos que cambiar para ser felices durante 200 años?

Aspectos económicos de Hispanoamérica

La bolsa de Santiago de Chile es uno de los grandes centros financieros hispanoamericanos. Aquí se venden acciones de todo tipo. ¿Qué otros centros financieros conoce Ud.?

◫ VOCABULARIO ÚTIL

Estudie estas palabras antes de leer el ensayo.

Verbos

aumentar   to increase
crecer   to grow (in size)
estimular   to stimulate
mejorar   to improve
producir   to produce

Sustantivos

el comercio   trade
el cultivo   crop, growing
el desempleo
   unemployment
la deuda   debt;
   la deuda externa
   foreign debt
el empleo   employment,
   job
el, la extranjero, -a
   foreigner

el extranjero   abroad, outside the country
el intercambio   interchange, trade
el negocio   business
la pobreza   poverty
el, la propietario, -a   property-owner
la renta   income
la riqueza   richness, riches
la teoría   theory

Adjetivos

actual   current
agrícola   agricultural
creciente *adj.*   growing
extranjero, -a   foreign, alien
fabricado, -a   manufactured, made
interno, -a   internal
lento, -a   slow
pobre   poor
rico, -a   rich

◫ ENFOQUE

Una de las mayores preocupaciones políticas y sociales de los gobiernos de Hispanoamérica ha sido el desarrollo económico. Aunque sus suelos son ricos en materia prima, mucha gente vive en la pobreza, lo que hace difícil cualquier tentativa de mejorar su nivel de vida. Este problema tiene sus raíces en la historia de cada región.

materia prima   *raw materials*

   En esta unidad se presentan algunas de las razones históricas que pueden explicar este problema económico y algunos de los resultados actuales.

ANTICIPACIÓN

¿Cuánto sabe Ud. sobre los problemas económicos de Hispanoamérica? Antes de comenzar a leer, con unos compañeros de clase, haga una lista de los puntos que probablemente aparecerán en la lectura.

I. Los antecedentes históricos

Uno de los motivos básicos de los viajes de Cristóbal Colón fue el económico. El interés en el comercio hizo que se buscara una nueva ruta a las tierras del Oriente.   *ruta*   route
5 Antes de darse cuenta del descubrimiento de un «nuevo mundo» los Reyes Católicos, Fernando e Isabel,[1] lo llamaron «las Indias».[2]

Lo primero que atrajo la atención de los agentes de los monarcas fue la gran riqueza mineral que represen-
10 taban el oro, la plata y las piedras preciosas que usaban los indígenas. Casi inmediatamente se comenzó a desa-rrollar una gran industria minera. En la ciudad de Potosí, en lo que hoy es Bolivia, se descubrió en 1545 una verda-dera montaña de oro y plata. Todavía hoy se dice en
15 español que algo de gran valor «vale un potosí». En un siglo, Potosí llegó a ser la ciudad más grande del hemis-ferio, con más de 150.000 habitantes y un teatro donde la entrada costaba unos cincuenta dólares.   *entrada*   admission

En la agricultura, los reyes de España estimularon el
20 cultivo de varios productos no conocidos en Europa, como la caña de azúcar, el tabaco, el cáñamo y el lino. También hicieron llevar a América semillas de casi todas las plantas que existían en España.   *caña*   cane / *cáñamo*   hemp / *lino*   flax / *semillas*   seeds

La presencia de los indios proveyó a los colonos de
25 mano de obra en cantidad suficiente. Los indios tenían una tradición ya establecida de entregar gran parte de sus productos a sus jefes, así que fue fácil para ellos sustituir un amo por otro.   *proveyó… obra*   provided the colonists with manual labor   *amo*   master

A pesar de todo esto, el desarrollo se vio obstaculi-
30 zado por las teorías económicas de esa época. El monarca español veía las colonias como posesión personal y prohibía el comercio con otros países. También se pensaba que la riqueza nacional consistía en la acumula-ción más que en la venta de productos. Esta idea favorecía
35 los minerales preciosos y desfavorecía los productos agrí-colas y manufacturados.   *obstaculizado*   hindered   *venta*   sale   *desfavorecía*   slighted

Además de esas teorías, era la práctica premiar a los que servían bien a la monarquía con grandes parcelas de   *premiar*   to reward

---

[1]*los Reyes Católicos, Fernando e Isabel*   The marriage of Fernando of Aragon and Isabel of Castile in 1469 unified Spain as a single nation. Fernando and Isabel were king and queen of Spain in 1492 when America was discovered and were responsible for the creation of colonial policy.

[2]*las Indias*   The official name of the new world colonies. It was given because they were originally thought to be the East Indies, for which Columbus was searching.

tierra. Este sistema, llamado «la encomienda»,[3] también
40 exigía que los indios trabajaran para el encomendero,
quien vivía cómodamente de sus rentas. Resultó en una
clase social de «criollos»,[4] que poseían casi toda la tierra
para el fin de la época colonial.

    Cuando ganaron la independencia de España en el
45 primer cuarto del siglo XIX, casi todas las naciones
nuevas dependían de los minerales o de un cultivo o un
producto único. Los gobiernos necesitaban urgentemente
dinero y mercados para sus productos. Los productos que
exportaban servían para pagar la importación de artículos
50 fabricados y como resultado no hubo nunca mucho intercambio económico con los países vecinos. Llegó cada
país a tener dos economías: una internacional en que
participaban principalmente los ricos, y otra interna de
intercambio de mercancías elementales. A los propieta-
55 rios ricos, que dependían del extranjero, no les interesaba
el desarrollo interno del país, y no lo facilitaban con la
construcción de caminos y sistemas bancarios. Además,
como los ricos controlaban la economía, los gobiernos
reformistas no tenían suficientes recursos para poder
60 hacer mejoras.

exigía   demanded

ganaron   they gained

mercancías   merchandise

bancarios   banking

recursos   resources

Comprensión

A.   Elija la respuesta más adecuada según el texto.

1.   Un motivo básico de los viajes de Colón fue…

     a. el Nuevo   b. el económico.   c. el hambre.
        Mundo.

2.   Algo que tiene mucho valor «vale un…

     a. brazo».   b. Taxco».   c. potosí».

3.   En el Nuevo Mundo el sistema de dar tierra a los españoles se llamaba…

     a. la encomienda.   b. la indepen-   c. cultivar.
                             dencia.

4.   Los nuevos gobiernos independientes necesitaban…

     a. tierra.   b. dinero.   c. burócratas.

5.   Los países desarrollaron dos economías, una internacional y otra…

     a. externa.   b. rica.   c. interna.

---

[3]*encomienda*   The feudal system of granting land and its inhabitants to a loyal and faithful colonist. The latter received a tax from the natives who lived on and tilled the land and in return was obligated to protect and defend his serfs. Although the people were not technically slaves, the result was practically the same. The holder of the land grant was called the *encomendero*.

[4]*criollos*   Creoles: in colonial Spanish America, people of pure European descent born and raised in the colonies.

B. Responda a las siguientes preguntas personales.

1. ¿Piensa Ud. ganar mucho dinero después de graduarse?
2. ¿Dónde quiere trabajar?
3. ¿Le importa más la seguridad económica o las condiciones de trabajo? Explique.
4. ¿Le interesa trabajar para un gobierno? ¿Por qué sí o por qué no?

II. Soluciones modernas

uando a fines del siglo XIX surgió la idea del desarrollo económico, hubo tres elementos importantes que llegaron a formar el lema de los partidos reformistas.

5 El primero era el de estimular la industrialización interna para reducir la importación de productos fabricados. El obstáculo principal era que se necesitaba invertir grandes capitales sólo disponibles en el extranjero, y esto significaba una creciente deuda externa. También condujo con
10 frecuencia a sistemas de protecciones y preferencias para las industrias nacionales que tuvo el efecto de disminuir su capacidad competitiva en el mercado externo. Esto resultó en un fracaso total de la economía como ocurrió en la Argentina en la década de 1980.

15 Otro paso deseable era la distribución de la tierra, que estaba concentrada en las pocas manos de la clase criolla, a los pequeños propietarios, o campesinos. Este proceso, llamado «reforma agraria»,[5] tiene el propósito de disminuir el poder económico de la oligarquía y de
20 aumentar la producción de comestibles. Sin embargo, el resultado es que los pequeños propietarios no tienen ni los recursos ni la voluntad de producir más de lo que consumen y la producción disminuye. Frecuentemente se ven obligados a vender su tierra a empresas con más moti-
25 vación económica.

El tercer elemento era el de establecer una mejor posición frente a las naciones avanzadas, especialmente frente a los Estados Unidos. La idea era conseguir una unión económica de los países hispanoamericanos, seme-
30 jante a la que habían formado las naciones europeas. La tradición de competencia por los mismos mercados, sin embargo, hace difícil este paso. Además, en muchos países, el capital extranjero tiene interés en impedir que se desarrolle el mercado, ya que esto disminuiría su

surgió *appeared*

lema *(m)* *slogan*

invertir *to invest*
disponibles *available*

capacidad *ability*

campesinos *peasants*

comestibles *(m)* *food*

recursos *resources /*
voluntad *will*
obligados *obliged /*
empresas *enterprises*

conseguir *to achieve*

semejante *similar*
competencia *competition*

disminuiría *would diminish*

---

[5]*reforma agraria* The general term used to mean some kind of redistribution of land into smaller parcels owned by a larger number of people.

35 dominio. En 1960 fue formada la Asociación Latinoame-
ricana de Libre Comercio,[6] una tentativa hacia la integra-   tentativa *attempt*
ción económica, a la cual pertenecen muchas naciones.
Los países centroamericanos han intentado estimular el
comercio regional y también la Argentina y el Brasil han
40 tomado algunos pasos en esa dirección.

Comprensión

A. Estas frases son falsas. Corríjalas según el texto.

1. Estimular la producción de un sólo producto es importante para el desarrollo económico.
2. La protección de la industria nacional siempre favorece el desarrollo
económico.
3. La reforma agraria es para estimular la industrialización.
4. La competencia entre los países hispanoamericanos favorece la cooperación económica.
5. No existe cooperación económica en Hispanoamérica.

B. Responda a las siguientes preguntas.

1. ¿Cómo es la economía de los Estados Unidos en estos días? ¿Qué
problemas existen?
2. ¿Cuáles son algunas medidas económicas deseables para los Estados
Unidos?
3. ¿Qué se puede hacer para ayudar a los pobres en los Estados Unidos? ¿Qué
medidas prefiere Ud.?

III. La situación actual

En vista de esta serie de dificultades, es obvio   En vista *In view*
que el progreso será lento. Hoy día la pobla-
ción hispanoamericana crece a un promedio   promedio *average*
de 2,7% por año. Aun los países más indus-
5 trializados no pueden proporcionar empleo para tal can-   proporcionar *to provide*
tidad de gente. Las grandes ciudades experimentan un   experimentan *experience*
aumento anual mucho mayor a causa de la migración
constante del campo a la ciudad. Como resultado, es
posible que el desempleo de las ciudades llegue al 20%.
10 El caso de México, con su dependencia económica en

---

[6]*Asociación Latinoamericana de Libre Comercio* (ALALC) Latin America Free Trade Association
(LAFTA); a loosely-structured common market to which most of the nations of Latin America belong.
Regional trade still accounts for less than 20% of the total in Latin America, however.

un solo producto, el petróleo, ilustra este problema del desempleo.

Las alzas y bajas en el precio y la demanda del petróleo ha causado problemas graves en la economía
15 mexicana. Durante la presidencia de José López Portillo (1976–82) el gobierno se dedicó al uso de sus reservas petroleras, calculadas en unos 40 mil millones[7] de barriles, para financiar el desarrollo industrial. Parecía una política bastante segura mientras el precio del
20 petróleo quedaba por las nubes en los años setenta. México se valió de préstamos de bancos extranjeros contra el valor aparentemente alto de sus reservas. Alcanzaron una tasa de desarrollo de 7% por año y crearon medio millón de puestos de trabajo por año. Aunque esto
25 representa un avance bastante notable, el hecho es que casi un millón de personas nuevas por año comenzaron a buscar trabajo.

De repente, sin embargo, cuando el precio del petróleo comenzó a bajar—debido a la incapacidad de la
30 OPEP[8] de mantener su unidad—México se encontró incapaz de pagar su deuda externa. En la crisis internacional que se produjo, México tuvo que tomar medidas fuertes de austeridad económica para sobrevivir.

El caso de El Salvador demuestra que la reforma
35 agraria todavía desafía a los gobiernos de muchos países hispanoamericanos.

El Salvador es el país más pequeño de Hispanoamérica y también el país con más densidad de población. Las siguientes estadísticas revelan el problema: unas seis
40 familias ricas poseían más tierra que 133.000 familias pobres; unas 2000 propiedades abarcaban casi 40% de la tierra; unas 300.000 familias rurales no poseían tierra alguna. Se calcula que la cantidad mínima de tierra necesaria para sostener a una familia es de 9 hectáreas. Para
45 una población de casi 5.000.000 de habitantes se requeriría un país de un tamaño doble el de El Salvador.

Esta situación produjo una creciente actividad guerrillera durante la década de 1980. El gobierno moderado trató de establecer un sistema de reforma agraria y
50 produjo reacciones igualmente violentas de parte de los dos extremos: izquierda y derecha. Esta violencia duró

alzas y bajas *rising and falling*

calculadas *estimated*

por las nubes *sky high*
se valió de *made use of /*
préstamos *loans*
tasa *rate*

De repente *Suddenly*
incapacidad *inability*

medidas *measures*
sobrevivir *survive*

desafía *challenges*

poseían *possessed*
abarcaban *took in*

tierra alguna *any land at all*
9 hectáreas *about 22 acres*

---

[7]*40 mil millones* Forty billion in U.S. terms. *Billón* in Spanish means a million million or what is called a trillion in the U.S.

[8]OPEP (OPEC in English) *Organización de Países Exportadores de Petróleo.* Venezuela, which has exported oil for some 50 years—mostly to the U.S.—is where the organization was founded.

El petróleo es uno de los productos principales de Venezuela. Aquí se ven unos pozos en el Lago Maracaibo. ¿Por qué es la producción del petróleo tan importante? Mencione algunos de sus usos.

varios años hasta que elementos de países vecinos y de la ONU[9] intervinieron para producir un acuerdo de paz en 1992. Sin embargo, el acuerdo no resolvió el problema
55 básico de la disposición de la tierra. Todo esto es otro ejemplo del peso de la historia colonial que creó esta imposible situación económica.

Después de la muerte en 1975 del dictador Franco, España ha tenido interés en establecer mejores relaciones
60 comerciales con sus antiguas colonias. Aprovecha su cultura, idioma e historia comunes en una búsqueda de intercambios económicos y culturales. De su lado España ha concedido préstamos y créditos a algunos países. España ingresó en 1986 en la Comunidad Europea[10] y las
65 relaciones con el inmenso mercado de Hispanoamérica representa un elemento bastante atractivo para todos los miembros de la Comunidad. La entrada por medio de España al mercado europeo también es atractivo para los hispanoamericanos.
70 Las celebraciones del V centenario del viaje de Cristóbal Colón han intensificado las relaciones culturales

intervinieron *intervened /* acuerdo *agreement*

peso *weight, importance*

Aprovecha *[Spain] is taking advantage of*

concedido *granted*

por medio de *through*

V centenario *500th anniversary*

---

[9]ONU *(Organización de las Naciones Unidas)* The United Nations.

[10]*Comunidad Europea* The European Community, or Common Market, is made up of twelve industrialized countries of Western Europe.

entre España y las naciones hispanoamericanas. Para España, 1492 representa mucho más que la llegada de Colón al Nuevo Mundo. Los reyes católicos expulsaron a
75 los últimos musulmanes de Granada en 1492 y Antonio de Nebrija publicó en Salamanca la primera gramática del español—la primera gramática de una lengua neolatina. También el año de 1992 produjo otros pasos hacia la integración de los países europeos y nuevos compromisos
80 para los años venideros.

expulsaron *expelled*
musulmanes *Moslems*

compromisos *commitments*
venideros *to come*

Otra mejora de los últimos años en Hispanoamérica es que se ha visto una baja en la evasión de capital que tanto frenaba el progreso económico. Cuando los ciudadanos de un país no tienen confianza en su economía y su
85 dinero, mandan su capital al extranjero. Esto resulta en una falta de capital doméstica para financiar el crecimiento económico. Con la estabilidad política que han podido lograr en la región, esa capital se está repatriando rápidamente en los últimos años, lo cual promete un
90 futuro con más esperanza.

evasión *flight*
frenaba *slowed down*

falta *lack*
crecimiento *growth* /
    estabilidad *stability*
lograr *achieve* /
    repatriando *repatriating*

Con todo, la mayoría de los países distan mucho de eliminar la pobreza, la cual constituye uno de los mayores problemas actuales. Esta situación contribuye a la inestabilidad política y social y ha resistido los esfuerzos de los
95 gobiernos mejor intencionados.

distan *are far from*

esfuerzos *efforts*

Comprensión

A. Responda según el texto.

1. ¿Qué aspectos de las crisis económicas de México y El Salvador reflejan prácticas de la época colonial?
2. ¿Para qué quería México usar sus ingresos del petróleo?
3. ¿Qué programa se creó frente a la creciente actividad guerrillera en El Salvador?
4. ¿De qué tamaño tendría que ser El Salvador para su población actual?
5. ¿Por qué volvió España a mostrar interés en sus relaciones económicas con Hispanoamérica?

B. Responda a las siguientes preguntas personales.

1. ¿Debe el gobierno de los Estados Unidos ayudar a los países del Tercer Mundo? ¿Por qué sí o por qué no?
2. ¿Qué ventajas y desventajas hay en esa ayuda?
3. ¿Debe los Estados Unidos ayudar económicamente a la CEI (Comunidad de Estados Independientes, antigua Unión Soviética)? ¿Por qué sí o por qué no?
4. ¿Debemos ayudar sólo a los gobiernos amistosos o a todos los que lo necesitan?

IV. La cultura de la pobreza

 a pobreza en Hispanoamérica tiene una larga tradición, tan larga que, según la opinión de muchos observadores, adquiere aspectos de una cultura o subcultura. Este estilo de vida o cultura pasa de generación en generación y sirve de mecanismo de supervivencia en un mundo hostil. El antropólogo Oscar Lewis[11] ha sugerido que esta cultura no varía mucho de un país a otro; las medidas adoptadas por la gente en situaciones similares muestran una cierta universalidad, y la pobreza en cualquier nación moderna presenta las mismas dificultades humanas.

El profesor Lewis describe varias características de la pobreza en la capital de México que pueden ser observadas fácilmente en cualquier otro país. La tercera parte de la población es pobre; esta gente tiene una mortalidad más alta y un promedio vital más bajo que los otros dos tercios. Contiene por lo tanto una mayor proporción de jóvenes.

Por su falta de instrucción los pobres tienden a existir al margen de la sociedad en que viven. No son miembros de los sindicatos de trabajadores ni de los partidos políticos. Tampoco hacen uso de los elementos considerados como índices del progreso: los bancos, los hospitales, las tiendas grandes, los aeropuertos o los museos.

El sector pobre de la población tiene varias características económicas. Una es la escasez de empleo. Por eso hay un gran porcentaje de niños que trabajan para ayudar a la familia. Los que pertenecen a esta cultura no saben ahorrar dinero y tienden a vivir al día o aún de comida en comida, comprando lo necesario varias veces al día. Viven en el presente. Su actitud hacia el futuro es fatalista, y tienen poco interés en planear su vida.

Socialmente, hay una tendencia a recurrir a la violencia para resolver los conflictos—entre vecinos, entre esposos, entre padres e hijos. La madre ejerce la mayor influencia en las familias, de las cuales una alta proporción no tiene padre. El alcoholismo es común porque la bebida hace olvidar las pésimas condiciones de vida.

Existe además bastante desconfianza hacia las instituciones políticas y sociales como la policía, las agencias del gobierno y aun la iglesia. Hay una actitud cínica hacia

adquiere *acquires*

supervivencia *survival*

tercera parte *one third*
mortalidad *death rate*
promedio vital *life expectancy*
por lo tanto *therefore*

sindicatos de trabajadores *labor unions*

escasez (f) *scarcity*

pertenecen *belong*
ahorrar *to save* / al día *day by day*

recurrir *to resort*

desconfianza *mistrust*

---

[11]Oscar Lewis (1914–1970) a North American anthropologist who studied poverty in Mexico extensively. His books *Five Families* and *The Children of Sánchez* are major contributions to the understanding of the culture of poverty.

En algunas regiones en Hispanoamérica todavía utilizan métodos agrícolas primitivos. Este paraguayo ara su tierra con la ayuda de unos bueyes. ¿Cómo lo podría ayudar la tecnología?

las medidas para mejorar las condiciones de vida que son aprobadas por la sociedad establecida. Al mismo tiempo, hay una creciente conciencia entre los pobres de su situa-
45 ción económica, y de la gran diferencia entre ellos y las clases media y alta. Esta creciente conciencia ha hecho que los partidos tradicionales tengan que pensar al menos en alguna solución. El hecho de que los pobres son el blanco principal de movimientos revolucionarios que
50 utilizan tácticas guerrilleras constituye una preocupación constante de casi todos los gobiernos actuales de Hispanoamérica.

aprobadas   *approved*

blanco   *target*
guerrilleras   *guerrilla*

Comprensión

A. Complete según el texto.

1. La pobreza ha existido durante tanto tiempo que ha adquirido _____.
2. El profesor Lewis describió la pobreza _____.
3. En la cultura de la pobreza la actitud hacia el futuro es _____.
4. En esa cultura hay mucha desconfianza _____.
5. Socialmente, hay una tendencia a recurrir a la violencia para _____.

B. Responda a las siguientes preguntas.

1. ¿Hay una cultura de la pobreza en los Estados Unidos?
2. ¿Ahorra Ud. dinero? ¿Piensa que va a ahorrar después de graduarse?
3. ¿Hace Ud. uso de algunas instituciones de la sociedad como los museos, los bancos y los aeropuertos?
4. ¿Compra su familia mucha comida a la vez *(at one time)*? ¿Por qué sí o por qué no?

PRÁCTICA

I. Ejercicios de vocabulario

A. Encuentre en el texto seis pares de palabras que deriven de la misma palabra básica.

Modelo   economía / económico

B. Escriba la forma apropiada de la palabra entre paréntesis.

Modelo   (economía) el desarrollo *económico*

1. (pobre)   la cultura de la _____
2. (reforma)   un gobierno _____
3. (producir)   aumentar _____ de alimentos
4. (colonia)   el gobierno _____
5. (favor)   un elemento que _____ al progreso
6. (exportar)   estimular la _____ de minerales
7. (construir)   la _____ de caminos
8. (industria)   fomentar la _____ del país
9. (universo)   la pobreza muestra cierta _____
10. (crecer)   una _____ conciencia de sus condiciones

II. Puntos de contraste cultural

1. ¿Cuáles son algunas de las diferencias entre la organización económica de las colonias hispanoamericanas y las inglesas?
2. El siglo XIX es una época de gran progreso en los Estados Unidos. ¿Existe el mismo progreso en Hispanoamérica?
3. ¿Por qué no ha sido muy importante la idea de la reforma agraria en los Estados Unidos?

III. Debate

La ayuda financiera que el gobierno da a los pobres tiende a quitarles las ganas de trabajar.

IV. El arte de escribir: narración

La narración generalmente describe alguna serie de acciones. Aunque no siempre, la mayoría de las veces se cuentan en el tiempo pasado. El pretérito y el imperfecto son los tiempos verbales más comunes. El imperfecto generalmente describe el fondo o la situación de la narración mientras el pretérito normalmente describe lo que pasó.

Para escribir una narración se comienza igual que con los otros tipos de composición—decidiendo qué tema se va a tratar y qué detalles se van a incluir, tal vez haciendo una lista de los detalles. Después, hay que darles algún orden razonable—frecuentemente se usa el orden cronológico.

Generalmente hay tres partes diferentes de la narración: la que describe el fondo o la situación, la serie de acciones específicas y la sección final que narra el resultado de las acciones o una nueva situación.

Ahora, lea esta serie de oraciones y póngalas en un orden lógico.

1. Los europeos querían una ruta marítima al Oriente.
2. Los Reyes Católicos estaban en Granada.
3. Las noticias cambiaron el mundo para siempre.
4. Colón salió de Palos hacia las Islas Canarias.
5. Después de explorar un poco, volvió a España.
6. Colón les pidió a los Reyes Católicos que le pagaran el viaje.
7. Viajó más de dos meses sin ver tierra.
8. La reina Isabel auspició *(sponsored)* el viaje.
9. Creía que la isla que descubrió en ese viaje estaba cerca del Japón.
10. Era el año 1492.

Ahora, escriba Ud. una composición sobre algo que hizo recientemente. Primero, prepare una lista de los detalles que va a incluir y luego póngalos en orden lógico.

V. Ejercicio de composición dirigida

Dé su opinión personal utilizando las palabras apropiadas de la lista.

1. la idea de la pobreza como una «subcultura»
   (desempleo, gobierno, educación, violencia, alcoholismo, abandono, desconfianza, conciencia)
2. la pobreza en los Estados Unidos
   (ciudad, campo, empleo, población, crecer, jóvenes, familia, programa, trabajar, público)
3. soluciones a los problemas económicos de los Estados Unidos
   (petróleo, inflación, importar, exportar, transporte, automóviles, gobierno, gastar)
4. el salario mínimo
   (joven, empleo, edad, difícil, fácil, trabajo, inflación, explotación, pobreza, nivel)

VI. Las noticias

En esta sección se presentarán artículos periodísticos sobre el tema de la unidad. Lea los siguientes artículos y prepárese para informar a sus compañeros de clase del significado general y su relación al tema del capítulo.

España negocia un acuerdo preferencial de México con la CE

El ministro español de Asuntos Exteriores, Francisco Fernández Ordóñez, anunció el jueves 5 en México que España estudia la posibilidad de plantear un acuerdo preferencial de este país iberoamericano con la Comunidad Europea (CE), que sea compatible con el tratado de libre comercio (TLC), que actualmente negocian Estados Unidos y Canadá. Este último acuerdo permitirá, en breve plazo, un mercado único en América del Norte.

Fuentes diplomáticas mexicanas subrayaron que, de alcanzarse este logro, México se convertiría en un país clave en las relaciones intercontinentales y, a la vez, serviría de plataforma para la entrada de inversiones europeas, canalizadas desde España, en Estados Unidos.

…El ministro de Asuntos Exteriores calificó a México de país preferente en lo político y lo económico para España.

El País Internacional
(Madrid)

Asuntos Exteriores *Foreign Affairs*
plantear *to propose*

tratado… comercio *free-trade treaty*
en breve plazo *shortly*
Fuentes *sources* / subrayaron *underlined*
de… logro *on achieving this*
clave *key*
inversiones *investments*
canalizadas *channeled*
calificó *classified*

Proponen que el sector privado eleve iniciativas para mejorar el MERCOSUR

MERCOSUR *Mercado Común del Sur*

El embajador Félix Peña convocó a los representantes del sector privado a que presenten iniciativas «para asegurar el mejor funcionamiento, desde el punto de vista del interés argentino, del MERCOSUR» y anunció que la próxima reunión de presidentes de ese foro se hará en nuestro país el 26 de junio con la presencia de los mandatarios de Argentina, Brasil, Paraguay y Uruguay… [el embajador] explicó que la política de integración se compatibiliza y es uno de los instrumentos de apertura general de la economía, de desregulación y de privatización…

La Prensa (Buenos Aires)

foro *forum*

mandatarios *chiefs*
integración *economic alliance*
compatibiliza *is coming together* / apertura *opening*

VII. Situación

Imagine Ud. que acaba de heredar 10 millones de dólares que no esperaba heredar. Ahora tiene una serie de decisiones que hacer sobre su futuro. ¿Cuáles son las decisiones más importantes? ¿Qué actos de caridad haría Ud.? ¿Dónde y cómo viviría? ¿Qué haría? ¿Trabajaría o se dedicaría a pasar largas vacaciones? ¿Qué compraría?

Los movimientos
revolucionarios del siglo XX

〗 *Esta manifestación organizada por
los sindicatos de mineros tuvo
lugar en Lima, Perú. ¿Cuáles son
otras razones por las cuales la
gente hace manifestaciones?*

▣ VOCABULARIO ÚTIL

Estudie estas palabras antes de leer el ensayo.

Verbos

efectuar to effect, cause
  to occur
ejercer to exercise
eliminar to eliminate
encabezar to head, lead
exigir to demand
expropiar to expropriate,
  nationalize
fracasar to fail
modificar to modify,
  change
pertenecer to belong
reforzar to reinforce
sacrificar to sacrifice

Sustantivos

el apoyo support

la dictadura dictatorship
el ejército army
el éxito success;
  tener éxito to succeed
el fracaso failure
la fuerza force
la huelga strike;
  en huelga on strike
la ideología ideology, political belief
el poder power
el, la rebelde rebel
el secuestro kidnapping

Otras palabras y expresiones

algo something, somewhat
autocrático, -a autocratic, dictatorial
poderoso, -a powerful

▣ ENFOQUE

En gran parte del mundo hispánico existen una serie de condiciones básicas que pueden producir movimientos revolucionarios. La gran pobreza, los gobiernos a veces autocráticos, la poca movilidad económica y otras condiciones favorecen la creación de grupos de guerrilleros urbanos y rurales. Aunque la frase «las revoluciones latinoamericanas» ha llegado a ser un cliché, para poder entenderla es necesario examinar más de cerca algunos fenómenos políticos.

Esta unidad va a tratar de aclarar algunos de estos fenómenos para que Ud. pueda entender mejor las noticias actuales.

ANTICIPACIÓN

Veáse los mapas al principio de este texto. Haga una lista de los países y sus capitales en Centroamérica y Norteamérica. Indique en qué parte del país está situada cada capital. ¿Cómo influye la geografía de un país en su desarrollo político y económico?

I. Revolución y «golpe de estado»

Durante nuestro siglo, en casi todos los países hispanoamericanos se han efectuado más cambios de gobierno por la fuerza que por vía democrática. Estos cambios, sin
5 embargo, raramente tienen las características de revoluciones verdaderas, sino que son simples golpes de estado. Éstos se pueden definir como cambios que sólo sustituyen un elemento por otro sin que se modifiquen los verdaderos poderes socioeconómicos. Algunos autores
10 sugieren que en algunos países el golpe de estado ha asumido la misma función que tienen las elecciones parlamentarias en el sistema europeo. Es decir que cuando un presidente pierde el apoyo del congreso, sus rivales organizan un golpe en vez de fijar elecciones. El proce-
15 dimiento tiene una serie de reglas tradicionales y generalmente se lleva a cabo con gran eficacia.[1] Claro que se elimina el elemento popular porque el cambio es de una fuerza militar a otra, de un grupo económico poderoso a otro grupo semejante o de un partido autocrático a otro de
20 tendencias iguales. Lo esencial es que las verdaderas bases del poder no cambian, sino sólo los individuos que lo ejercen.

Las verdaderas revoluciones implican cambios mucho más profundos en la distribución del poder.
25 Ocurren de una clase social a otra, de los propietarios a los empleados o de los oficiales a los soldados rasos del mismo ejército. Según la mayoría de los especialistas en política hispanoamericana, ha habido sólo tres revoluciones en el siglo XX: la de México de 1910, la boliviana
30 de 1952 y la cubana de 1959. Esto significa que en los tres casos se efectuó una modificación radical en la organización de los elementos del poder. El movimiento sandinista en Nicaragua, si hubiera logrado resistir las grandes presiones internacionales, habría sido el cuarto caso de
35 una revolución verdadera. Han existido otros movimientos que casi alcanzaron niveles de revolución, como la elección y caída de Allende en Chile[2] y el movimiento peronista en la Argentina,[3] pero la gran mayoría de los cambios han sido más bien golpes de estado.

---

golpe *(m)* de estado   *coup d'état, palace revolt*

por vía   *by way of*

sugieren   *suggest*

fijar   *set a time for*

soldados rasos   *common soldiers*

radical   *basic*

---

[1]It has been said that some coups are settled by a phone call between two generals who compare forces and declare a winner. Although some are violent, many involve little or no actual shooting.

[2]*Allende*   Allende came to power in 1970 by the electoral process but with a somewhat revolutionary platform which was beginning to change the actual power base until he was overthrown by the military in 1973.

[3]*movimiento peronista en la Argentina*   Juan Perón became president twice, in 1946 and 1974, with a very specialized power base.

Comprensión

A. Elija la respuesta que mejor complete las siguientes frases.

1. En Hispanoamérica se han efectuado más cambios de gobiernos por...

   a. revoluciones.   b. elecciones   c. golpes de estado.
   democráticas.

2. Una verdadera revolución ocurrió en...

   a. Ecuador.   b. México.   c. Perú.

3. El golpe de estado sólo cambia... en el poder.

   a. los individuos   b. las bases   c. las fuerzas militares

4. Si los sandinistas hubieran resistido la presión, habría(n) sido...

   a. la cuarta   b. otro movi-   c. más conocidos.
   revolución.   miento más.

5. Las verdaderas revoluciones implican un cambio en la distribución del...

   a. ejército.   b. poder.   c. estado.

B. Responda a las siguientes preguntas.

1. ¿Qué condiciones causarían que Ud. se hiciera revolucionario(a)?
2. ¿Sabe Ud. lo que dice la Declaración de Independencia norteamericana sobre la revolución?
3. ¿Dónde hubo un golpe de estado recientemente? ¿Por qué ocurrió? ¿Quién ganó?
4. ¿Cree Ud. que podría haber una situación donde las fuerzas armadas norteamericanas tomaran el poder? Explique.
5. ¿Qué pasaría si lo hicieran?

II. La revolución mexicana de 1910

Después de un largo período de dictadura, un pequeño ejército formado principalmente por hombres del norte de México se levantó violentamente, produciendo en el año 1910
5   una revolución en el país. La guerra duró varios años y terminó con una nueva constitución nacional en 1917. Como ocurre en muchos movimientos violentos, la ideología se creó después de la guerra. Pancho Villa y Emiliano Zapata,[4] que luchaban al frente de ejércitos
10   desorganizados y populares, se convirtieron en héroes nacionales. Los soldados respondían al carisma de los

se levantó   *rose up*

carisma *(m)*   *charisma*

[4]*Pancho Villa y Emiliano Zapata*   The two most popular revolutionary leaders of the Mexican Revolution of 1910. Neither was really an ideological leader, and both were eventually excluded from the new government. Both men, however, retain an almost mystical image to the present day.

Emiliano Zapata fue una de las grandes figuras de la Revolución mexicana. ¿Qué imagen de un revolucionario proyecta esta foto?

líderes sin saber mucho de ideologías ni de teorías políticas. También sentían deseos de vengarse de la opresión que habían sufrido bajo la dictadura de Porfirio Díaz.[5] Sin
15 embargo, la lucha produjo una ideología que favoreció a las clases bajas a expensas de los ricos del régimen anterior.

    La constitución de 1917, que todavía rige en México, incluyó varios artículos dedicados a la justicia social,
20 especialmente para los trabajadores urbanos. Permitió por primera vez los sindicatos, y éstos vinieron a ocupar un puesto de poder en la vida nacional. Además, se promulgaron leyes para disminuir el poder de dos grupos importantes del régimen anterior: la Iglesia y las compañías e
25 individuos extranjeros.

    En el primer caso, se estableció un sistema de enseñanza pública para todo el pueblo. La educación había estado en manos de la Iglesia desde los principios de la colonia. En el segundo caso, se declaró que el suelo
30 mexicano, incluso los minerales del subsuelo, pertenecía al pueblo. Esto daba al gobierno el derecho de prohibir la explotación del petróleo por elementos extranjeros. Bajo el presidente Lázaro Cárdenas (1934–1940) todo el petróleo fue expropiado; ahora quedaba en manos del

régimen *(m)*   *regime*

rige *rules*

promulgaron *passed*

suelo   *ground, soil*
incluso   *including*

petróleo   *oil*

---

[5]*Porfirio Díaz*   President of Mexico from 1872 to 1911. His oppressive regime and his reluctance to relinquish the office formed the basic political motivation for the revolution.

35 gobierno. En vista de los descubrimientos recientes, este
    hecho ha asumido ahora muchísima importancia
    económica.

       Muchos han criticado la revolución por ayudar prin-
    cipalmente la clase media y los capitalistas nacionales y
40 no beneficiar al pueblo. Entre las únicas verdaderas
    mejoras figuran el aumento del alfabetismo y la construc-   alfabetismo   *literacy*
    ción de un mayor número de hospitales y otras obras
    públicas.

       Ya para finales de 1991, el presidente Carlos Salinas
45 de Gortari propuso, y el congreso aprobó, varias reformas   aprobó   *approved*
    en la Constitución de 1917. Una reforma de importancia
    fundamental es que ahora la tierra queda en manos de su
    dueño en forma absoluta y se puede comprar y vender   dueño   *owner*
    libremente. Antes la tierra se consideraba un bien público   bien   *resource*
50 y propiedad del estado. Una de las mayores críticas de la   propiedad   *property*
    revolución ha sido la ineficaz ayuda al campesino. Las
    nuevas reformas no cambian el propósito de eliminar los
    latifundios sino que le dan al campesino más control sobre   latifundios   *large*
    sus tierras.   *landholdings*
55   El gobierno también abolió varias prohibiciones   abolió   *abolished*
    contra la Iglesia como la prohibición contra la enseñanza   enseñanza   *teaching*
    religiosa en escuelas particulares. Ahora se permite la   particulares   *private*
    posesión por los grupos religiosos de sus propiedades reli-
    giosas y la práctica pública de los ritos. También se   ritos   *religious rites*
60 prohibe que el gobierno ponga restricciones en las prác-
    ticas religiosas. Todas estas últimas reformas reflejan la   reflejan   *reflect*
    idea que la Iglesia ya no tiene la influencia que tenía
    antes. Constituyen un paso importante en el proceso revo-
    lucionario.
65   Aunque no ha sido perfecta la revolución, no se
    puede negar que ha llegado a crear un orgullo de ser mexi-
    cano entre el pueblo de ese país.

Comprensión

A. Responda según el texto.

   1. ¿Por qué siguieron los soldados a los hombres como Villa y Zapata?
   2. ¿Qué documento produjo la revolución de 1910?
   3. ¿Qué cambios trajo la revolución mexicana al sistema de educación en México?
   4. ¿Cuál ha sido la reforma que ha tenido menos éxito durante la época de la revolución?
   5. ¿Cómo modificaron recientemente las prohibiciones contra la Iglesia de la Constitución de 1917?

B. Responda a las siguientes preguntas.

1. ¿Puede nombrar unos revolucionarios en la historia de los Estados Unidos?
2. ¿Ha visitado México Ud.? ¿Quisiera visitar ese país? ¿Qué parte?
3. ¿Cuáles son los problemas más graves del México contemporáneo?

III. La revolucion boliviana de 1952

    Las condiciones de Bolivia a mediados del siglo XX incluían una gran población indígena sin tierra, una dependencia económica de las minas de estaño (en gran parte en manos de la familia Patiño) y el honor dudoso de ser el único país del continente sin puerto marítimo. En 1952 el Movimiento Nacional Revolucionario se apoderó del gobierno con dos propósitos: la reforma agraria y la expropiación de las minas de estaño.

    La reforma agraria tuvo la misma suerte de muchos movimientos: los campesinos, viéndose dueños de las tierras, no supieron aprovecharlas y la producción de comestibles disminuyó con efectos negativos en la economía nacional.

    Las minas de estaño requerían tecnología y trabajadores baratos pero los mineros no estaban dispuestos a sacrificarse por los campesinos. Dentro de poco tiempo el mercado mundial del estaño desapareció y la economía se hundió.

    El resultado ha sido una revolución sin mucho progreso ni muchas esperanzas. Sin embargo, en 1992, el Perú cedió a Bolivia el uso libre del puerto de Ilo, en su costa, y de un corredor con un ferrocarril por territorio peruano hasta la frontera cerca de La Paz. También comienza a atraer más inversiones del extranjero. Nuevas tecnologías han creado nuevo interés en los depósitos minerales.

a mediados del around the middle of
indígena indigenous
minas de estaño tin mines

puerto marítimo seaport
apoderó took over

suerte fate

aprovecharlas to take advantage of
disminuyó diminished
requerían required
mineros miners / *dispuestos* willing

se hundió collapsed

esperanzas hope
cedió granted / *libre* free

frontera border

Comprensión

A. Responda según el texto.

1. ¿Cómo era la población de Bolivia a mediados del siglo XX?
2. ¿De qué dependía el país económicamente?
3. ¿Cuál era el puerto principal de Bolivia en 1952?
4. ¿Qué pasó con la reforma agraria?
5. ¿Qué cosas dan cierta esperanza para la economía?

B. Responda a las siguientes preguntas.

1. ¿Por qué cree Ud. que no hay movimientos revolucionarios en los Estados Unidos?
2. ¿Está Ud. de acuerdo con la idea de que los ricos se están enriqueciendo más *(getting richer)* en los Estados Unidos? Explique.
3. ¿Cree Ud. que debemos redistribuir la tierra en los Estados Unidos?

IV. La revolución cubana de 1959 y la revolución sandinista de 1979

De todas las revoluciones hispanoamericanas de este siglo, la que despertó más atención en los Estados Unidos ha sido la revolución cubana del 26 de julio[6] encabezada por
5 Fidel Castro con la ayuda de Ernesto «Che» Guevara. Hubo una diferencia importante entre la experiencia cubana y la boliviana: en Cuba el movimiento ya estaba en la conciencia del pueblo antes de llegar al poder. Cuando Castro entró victorioso en La Habana, el primero
10 de enero de 1959, todos sabían lo que se proponía. Además, la personalidad de Fidel y ciertas acciones suyas contribuyeron a atraerle el apoyo popular. La barba, la gorra militar, el rechazo del lujo asociado con su puesto, lo identificaron—sinceramente o no—con el pueblo. El
15 «Che» Guevara le ayudó a reforzar esta identificación y la llevó aún más lejos cuando fue a Bolivia a participar en la lucha guerrillera que estalló allí cuando la revolución no dio resultado. Al morir heroicamente en 1967 en esa lucha, el «Che» aumentó aún más la imagen algo sobre-
20 natural o mística que tenían los líderes del 26 de julio.

El problema básico de Cuba ha sido su producto principal: el azúcar. Antes de la revolución gran parte de la industria azucarera—tanto el cultivo de la caña como la maquinaria para refinarla—estaba en manos de compa-
25 ñías norteamericanas. El azúcar se vendía a los Estados Unidos a precio elevado por acto del congreso norteamericano. Cuando el gobierno cubano expropió esta industria, el mercado se hundió y desapareció el apoyo al precio. Entonces, Castro buscó mercado en la Unión
30 Soviética, lo cual causó una reacción poco favorable de parte del gobierno norteamericano. Sin embargo, la revolución cubana ha podido mantenerse en el poder a pesar

conciencia *consciousness*

se proponía *was planned*

barba *beard*
gorra *cap* / rechazo *rejection*

estalló *broke out*

---

[6]*26 de julio* This is the date, in 1953, of the first attack by the rebels and so became the name of the movement.

de tener muchos problemas similares a los de otros movimientos revolucionarios. La falta de tecnología local, el
35 problema de la maquinaria industrial y, por razones políticas, la disminución del mercado exterior han dificultado el proceso.

Durante los años 70 y 80 del siglo XX Castro apoyó varios movimientos en África y América con tropas y
40 armas y recibió apoyo económico indispensable de la Unión Soviética. En 1991, cuando este país efectivamente desapareció y se cortó la ayuda económica, Cuba comenzó a sufrir más y más dificultades, pero siguió Fidel en su puesto como el único dictador de Hispanoamérica.

45 En Nicaragua mucho del poder político y económico había estado en manos de la familia de Anastasio Somoza. La represión y corrupción de su gobierno hizo posible el triunfo del grupo llamado la «Frente Sandinista de Liberación Nacional».[7] Los sandinistas proclama-
50 ron una ideología izquierdista y recibieron ayuda del gobierno de Castro. Durante una década (1979–1990), el gobierno sandinista trató de imponer su sistema en Nicaragua mientras combatía una oposición violenta interna y mucha presión internacional que veía a los sandinistas
55 como una amenaza a toda la región.

presión   *pressure*
amenaza   *threat*

Durante su período en el poder, los sandinistas mejoraron el sistema de educación y la salud pública, pero no pudieron lograr estabilizar la economía. El gobierno y el presidente, Daniel Ortega, cedieron a las demandas inter-
60 nacionales y las demandas internas y tuvieron elecciones. Ganó la presidente Violeta Chamorro y esto puso fin a la revolución sandinista, aunque los sandinistas han mantenido algunos puestos de poder en el nuevo gobierno.

cedieron   *gave in to*

puso fin   *brought an end to*

Comprensión

A. Responda según el texto.

1. ¿Qué hombres famosos se asocian con la revolución cubana?
2. ¿Dónde murió el «Che» Guevara?
3. ¿Qué producto dominaba la economía cubana antes de la revolución?
4. ¿Quiénes eran los dueños de la industria azucarera?
5. ¿Qué mejoras hicieron los sandinistas?

B. Responda a las siguientes preguntas.

1. ¿Cree que Castro apoya otros movimientos revolucionarios en este hemisferio? ¿Cuáles?

---

[7]*sandinistas*   The name is derived from Augusto César Sandino (1895–1934) who headed the resistance in Nicaragua to the U.S. occupation (1927–1933) and was thus a national hero.

2. ¿Por qué salieron tantos cubanos de su país después de la revolución?

3. ¿Dónde vive la mayoría de los cubanos en los Estados Unidos? ¿Por qué?

4. ¿Qué piensa Ud. de la cuestión de la inmigración a los Estados Unidos?

V. Los guerrilleros

no de los héroes del movimiento del 26 de julio en Cuba fue Ernesto «Che» Guevara (1928–1967), prototipo del guerrillero hispanoamericano. Los rebeldes cubanos
5 pasaron varios años en la sierra sirviendo como símbolo de la oposición a la dictadura de Fulgencio Batista, el presidente cubano. «Che» Guevara sirvió en esa época como maestro material y espiritual en los métodos de la guerra de guerrillas. La base de esta guerra, tan común en
10 la época contemporánea, es el ejército popular, secreto y móvil, que cuenta con el apoyo del pueblo para obtener provisiones. Guevara, en su manual sobre la organización de los guerrilleros (libro que forma parte de la lectura básica sobre el asunto), dice acerca de las posibilidades
15 de éxito: «Donde un gobierno haya subido al poder por alguna forma de consulta popular, fraudulenta o no, y se mantenga al menos una apariencia de legalidad constitucional, el brote guerrillero es imposible de producir por no haberse agotado las posibilidades de la lucha cívica.»
20 Es decir que la guerrilla no puede funcionar sin el apoyo del pueblo ni puede funcionar contra un gobierno que mantenga la apariencia de libertad.

Por motivos propagandísticos los grupos guerrilleros por lo general se llaman a sí mismos «frente de libera-
25 ción» o «ejército popular» mientras los gobiernos amenazados los denominan «terroristas».

El caso de España muestra la dificultad que presentan tales grupos. La región vasca del norte de España tiene una larga historia de sentimiento separatista. Los vascos
30 tienen una cultura algo distinta y su lengua es de origen desconocido.[8] Han luchado contra el dominio del gobierno de Madrid por muchos años, pero últimamente esta lucha ha resultado en una trágica violencia de tipo guerrillero. Los vascos rebeldes exigen la separación
35 completa del país vasco para crear una nación independiente. La nueva constitución española, adoptada en

cuenta con   *depends on*

consulta   *consent*

brote *(m)*   *outbreak*
haberse agotado   *having exhausted*

denominan   *call*

vasca   *Basque*

---

[8]*origen desconocido*   Basque, unlike the other regional languages of Spain, is not a romance language. The region is called *Euzkadi* in Basque. The terrorists use the initials ETA for *Euzkadi ta Askatasuna* or "Euzkadi and freedom."

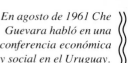

En agosto de 1961 Che Guevara habló en una conferencia económica y social en el Uruguay.

1978, hace posible cierto grado de autonomía para las regiones españolas,[9] pero este no parece satisfacerles. Sus métodos incluyen ataques de sorpresa contra la policía
40 nacional, bombas que estallan en lugares públicos, secuestros de personas ilustres y poderosas y otros actos de violencia. Su influencia en los sindicatos vascos es tan grande que los empresarios se ven obligados a pagar un «impuesto revolucionario» a los rebeldes para evitar que
45 llamen a una huelga. Así los rebeldes ganan dinero para sus otras actividades. Según un informe de *El País,* periódico de Madrid, una carta de los dirigentes etarras a los terroristas dice que «la vida de un terrorista ‹vale cien veces más que la de un hijo de un txakurra› (término
50 despectivo para designar a un policía)... [y] los dirigentes ordenan a los terroristas que sigan colocando bombas en

grado   *degree*

estallan   *explode*
ilustres   *famous*
sindicatos   *unions*

dirigentes etarras   *leaders of ETA*
vale   *is worth*
despectivo   *pejorative*
colocando   *placing*

[9]*las regiones españolas*   Spain has fourteen traditional regions: Galicia, Asturias, León, Navarra, Cataluña, Aragón, Castilla la Vieja, Castilla la Nueva, Extremadura, Andalucía, Murcia, Valencia, Canarias (islands in the Atlantic), and Baleares (islands in the Mediterranean of which Mallorca is the largest). The regions had not had official status for some time, but the 1978 constitution allowed those wishing it to acquire some autonomy similar to that enjoyed by the states in the U.S.

automóviles de policías, pese al riesgo de que también mueran niños.» El resultado de estas declaraciones es que, según un sondeo de 1992, el problema que más les
55 preocupa a los españoles es el terrorismo. Debemos notar claramente que hoy ni el pueblo vasco da su apoyo al reducido grupo de terroristas de ETA, y se puede esperar que desaparezca la amenaza por su cuenta.

El mayor peligro siempre es que los terroristas
60 presionen tanto a un gobierno que éste recurre a métodos extraordinarios para combatir la amenaza a su autoridad. En España debaten una nueva ley que permite ciertas actividades policíacas como la entrada de sorpresa en una vivienda. También permite que la policía exija que la
65 gente se identifique en la calle. En otros casos han surgido cuerpos ilícitos de antiterrorismo que han practicado un terrorismo propio. Puesto que una meta de los rebeldes es provocar al gobierno hasta que tome medidas represivas, estos cuerpos armados tienden a aumentar el apoyo
70 popular de los terroristas.

pese al riesgo   *despite the risk*
sondeo   *survey*

desaparezca   *disappears* / por su cuenta   *on its own*
presionen   *pressure* / recurre   *has recourse to*

vivienda   *dwelling* / exija   *demand*
han surgido   *have appeared*
meta   *goal*
medidas   *measures*

Comprensión

A.   Responda según el texto.

1.   ¿Qué manual escribió Che Guevara?
2.   ¿A quién derrocaron los sandinistas? ¿Dónde?
3.   ¿Qué exigen los terroristas vascos? ¿Dónde?
4.   ¿Qué es el «impuesto revolucionario» de los vascos?
5.   ¿Qué quieren los terroristas provocar de parte del gobierno?

B.   Responda a las siguientes preguntas.

1.   ¿Ha participado Ud. en una manifestación? ¿A favor o en contra de qué?
2.   ¿Cree que valen la pena las manifestaciones?
3.   ¿Va a votar Ud. para el próximo presidente?
4.   ¿Le gusta participar en la política de la universidad? Explique.
5.   ¿Presta mucha atención a la política nacional? ¿Por qué sí o por qué no?

PRÁCTICA

I. Ejercicios de vocabulario

A.   Indique la palabra que corresponde a la definición.

1.   un sistema de pensamiento político
2.   un grupo basado en afinidad de ideologías
3.   un partido de rebeldes secretos

a. partido
b. secuestros
c. ideología

4. táctica de los guerrilleros
5. los soldados como grupo
6. una actividad del ejército
7. opuesto a la guerra
8. método de un gobierno tiránico
9. un gobierno que usa represión

d. guerra
e. dictadura
f. represión
g. guerrilleros
h. paz
i. ejército

B. Complete con la forma apropiada de la palabra entre paréntesis.

1. (economía)   las condiciones _____
2. (violencia)   una rebelión _____
3. (espíritu)   el héroe _____
4. (constitución)   poderes _____
5. (revolución)   las tácticas _____

C. Indique los sinónimos.

1. cambios
2. jefe
3. guerrilleros
4. obrero
5. baja

a. líder
b. rebeldes
c. modificaciones
d. disminución
e. trabajador

II. Puntos de contraste cultural

1. ¿Cuáles son las diferencias en la importancia de la agricultura entre los Estados Unidos e Hispanoamérica?
2. ¿Por qué no ha habido necesidad de una reforma agraria en los Estados Unidos?
3. Han existido grupos de guerrilleros en los centros urbanos de los Estados Unidos, pero nunca en el medio rural. ¿Por qué es distinta la situación en Hispanoamérica y los Estados Unidos?

III. Debate

Un país debe ayudar un movimiento revolucionario en un país vecino si es ideológicamente atractivo.

IV. El arte de escribir: exposición (primera parte)

La exposición es esencialmente una explicación o una declaración de algo. Frecuentemente es algo abstracto o literario pero puede ser cualquier cosa.

En un ensayo el objectivo es hacer que entienda el lector la idea, de modo que por lo general se dirige a su inteligencia y no a sus sentimientos.

Para escribir una exposición es necesario formular una pregunta y responder a esa pregunta en el ensayo. La extensión y la complejidad del ensayo resultarán de la complejidad del tema. Si se hace una pregunta como *¿De qué tratan las obras de Borges?*, se tendría que escribir un libro entero para agotar el tema. Pero, si se pregunta, *¿De qué trata el cuento «Espuma y nada más» del colombiano Téllez?*, se podría contestar así:

Téllez presenta uno de los mejores estudios que se han hecho del culto al coraje, El problema se dramatiza por medio de dos personajes que se encuentran en un momento de crisis y por medio del doble nivel del conflicto: el social y el sicológico.

Claro, en cualquier ensayo puede variar la cantidad de puntos que se incluyen.

Ahora, lea estas preguntas posibles y con unos compañeros de clase decida cómo se puede reformularlas para hacer una exposición más corta.

1. ¿Qué ideología tenía la Revolución mexicana?
2. ¿Qué querían los sandinistas?
3. ¿Por qué se va a la universidad?
4. ¿Qué es la literatura?
5. ¿Qué hace un presidente?
6. ¿Quién es Fidel Castro?

Ahora, escriba una exposición sobre algo que ha aprendido en otra clase. No se olvide de poner atención en el proceso de limitar el tema.

V. Ejercicio de composición dirigida

Dé su opinión personal, utilizando las palabras apropiadas de la lista.

1. las razones por la violencia en la política
   (opresión, frustración, desconfianza, proceso electoral, fraudulento, tortura, libertad)
2. la reacción oficial apropiada frente a los secuestros políticos
   (rescate, asilo político, desalentar, preso, tener éxito, fracasar, animar, cooperación)
3. la violencia política en los Estados Unidos
   (asesinar, presidente, seguridad, policía, candidato, carisma, televisión, campaña electoral)
4. la violencia urbana y la inseguridad personal en los Estados Unidos
   (autoridad, respeto, familia, móvil, ataque, escuela, pobreza, miedo, robo, violación sexual)

VI. Las noticias

Haga Ud. un resumen de estos artículos.

Duros combates provocaron más de 50 muertos en Perú

Choques armados entre dos facciones del procastrista «Movimiento Revolucionario Túpac Amaru» (MRTA)[10]

Choques *(m)* *Clashes /*
procastrista *pro-Fidel Castro*

---

[10]*Túpac Amaru* There were two Incan rebel leaders by this name, one in 1579 and one in 1780, who struggled against the Spanish. The name is used by rebel groups in much of Latin America. The guerrilla group *Sendero Luminoso* (Shining Path) follows the teachings of Mao Zedong, the late Chinese Communist leader.

y un enfrentamiento posterior entre uno de esos grupos y miembros del Ejército, en la selva oriental del país, dejó al menos cuatro soldados, un civil y 50 sediciosos muertos, además de seis heridos…

En la zona selvática del país no sólo operan las dos facciones del «MRTA», sino también el grupo maoísta «Sendero Luminoso», que se vincularon con las mafias del narcotráfico para enfrentar a las fuerzas del orden.

En tanto dos muertos, quince heridos graves y dos edificios públicos virtualmente destruidos fue el saldo de una cruenta asonada subversiva que se produjo el viernes en Lima… La explosión de aproximadamente veinte kilogramos de dinamita no sólo destruyó parte de los edificios contiguos, sino que también alcanzó a un ómnibus que transportaba a unos cuarenta pasajeros.

En otras zonas de Lima también se registraron atentados con bombas que afectaron a entidades bancarias y a edificios públicos.

La Prensa (Buenos Aires)

enfrentamiento	*confrontation*
selva	*jungle*
sediciosos	*rebels*
heridos	*wounded*
maoísta	*Maoist*
vincularon	*hooked up*
fuerzas del orden	*government forces*
saldo	*balance*
cruenta asonada	*bloody demonstration*
contiguos	*adjoining* /
ómnibus	*passenger bus*
se registraron	*there were*
atentados	*attacks* /
entidades bancarias	*banking establishments*

Tenaza de Sendero sobre la pobreza peruana   Tenaza   *Pincer*

Sendero Luminoso, el grupo terrorista peruano de orientación maoísta, parece haber desplazado su acción guerrillera desde el campo hacia Lima, donde pretende constituir un verdadero cinturón de hierro para cercar a «la gran burguesía y sus fuerzas represivas»…

Situada entre la sierra y el océano Pacífico, Lima, con sus casi siete millones de habitantes, vive rodeada de un cinturón de miseria. Crece cada vez más, alimentado por la política económica de choque del presidente Alberto Fujimori, y por la continua aparición de nuevas barriadas (barrios de chabolas) formadas por campesinos que huyen de la guerra y del hambre. Llegan a la ciudad, se organizan, ocupan terrenos y plantan sus esteras en medio del arenal…

El País Internacional
(Madrid)

desplazado	*moved*
campo	*countryside*
cinturón de hierro	*steel belt* / cercar *surround*
burguesía	*bourgeoisie*
rodeada	*surrounded*
cinturón de miseria	*poverty belt* / cada vez más *more and more* / alimentado *nourished*
choque	*shock*
chabolas	*shacks*
huyen	*flee*
terrenos	*plots* / esteras *mats*
arenal *(m)*	*sandy ground*

VII. *Situación*

Imagine Ud. que es víctima de un secuestro político. Los guerrilleros le dicen que lo han hecho para conseguir la libertad de unos presos políticos y que lo(la) van a matar si no cooperan las autoridades. ¿Qué les diría Ud. a los guerrilleros en su propia defensa? Si permiten que Ud. haga una llamada a las autoridades, ¿qué les diría Ud.?

La educación en el mundo hispánico

Estos estudiantes universitarios asisten a una clase en Barcelona. ¿Cómo compara esta clase con las suyas?

▣ VOCABULARIO ÚTIL

Estudie estas palabras antes de leer el ensayo.

Verbos

contratar   to contract
convenir   to be
   convenient; to suit
dictar   to teach, lecture
diferir (ie)   to differ, be
   different
elegir   to choose
especializarse   to major,
   specialize

Sustantivos

la elección   choice
la instrucción   instruction,
   teaching
la investigación   research
el, la maestro, -a   teacher

la manifestación   demonstration
la matrícula   tuition
la nota   grade
el título   degree (education)

Adjetivos

educativo, -a   educational
escolar   pertaining to school
estudiantil   pertaining to students
explícito, -a   explicit
gratis   free
implícito, -a   implicit
primario, -a   primary
privado, -a   private
secundario, -a   secondary, high school
superior   higher

▣ ENFOQUE

La organización y los métodos de enseñanza reflejan los valores, los ideales y la situación socioeconómica de un pueblo. Además de aumentar los conocimientos tecnológicos, el sistema de enseñanza se dedica a transmitir la cultura de una generación a otra.

Esto se hace explícitamente en las clases de historia, de política o de religión; pero el sistema de enseñanza también tiene una influencia implícita en la sociedad a través de los métodos usados en la enseñanza, los cursos ofrecidos o la selección de alumnos.

Este ensayo se dedica a la explicación de las grandes diferencias entre el sistema de enseñanza del mundo hispánico y el del norteamericano.

ANTICIPACIÓN

Trate Ud. de adivinar el significado de las palabras subrayadas dentro del contexto de la educación.

1.   Durante la primera época árabe España fue el centro de la enseñanza superior en Europa.

2. La meta final era el ingreso a la universidad. *entrance*
3. Hasta el siglo XIX la facultad de teología era la más importante, después la facultad de derecho o de jurisprudencia comenzó a prevalecer. ← *prevail*
4. Para pasar de un año a otro el alumno tiene que aprobar los exámenes finales. *pass*

I. Historia de la enseñanza hispánica

Durante la primera época árabe (siglos VIII–XIII) España fue el centro de la enseñanza superior en Europa. La tradición griega, traída por los moros, se extendió por todo el

5 continente desde Córdoba. La conocida tolerancia de los moros hacia las ideas heterodoxas les colocó al frente de los impulsos renovadores de la época. Sobre esta tradición fueron establecidas las primeras universidades españolas: las de Salamanca, Palencia y Sevilla en el siglo

10 XIII. Estas universidades, como también sus contemporáneas de Oxford, Bolonia (Italia) y París, tenían una estructura bastante floja—consistían en un grupo de profesores privados que se ponían de acuerdo para dar sus clases en un sitio común. Su categoría oficial venía de una

15 carta real y de una autorización del Papa. En la Universidad de París el profesorado tenía el poder mientras que en la de Bolonia el poder estaba en manos de los estudiantes. Las universidades españolas, y las hispanoamericanas, siguieron el modelo italiano. Las universidades del

20 resto de Europa y de los Estados Unidos prefirieron el modelo francés. Esto, en parte, explica algunas diferencias básicas en las actitudes de los estudiantes aún hoy día. El concepto principal de Bolonia era que un grupo de estudiantes contrataba a un profesor para que éste les

25 dictara una clase de filosofía, por ejemplo. En París, los estudiantes tenían que pagar la matrícula de las clases que les recomendaban los profesores. Esta distinción todavía se mantiene hasta cierto punto, pero con la diferencia de que en la mayoría de los casos es el gobierno o un grupo

30 religioso el que paga a los profesores.

Durante el Renacimiento (siglos XV–XVII) aumentó la importancia de la educación y en esta época se fundaron en España la Universidad de Alcalá de Henares—hoy de Madrid—y la mayoría de las ameri-

35 canas: Santo Domingo en 1538; México y Lima en 1551; Bogotá en 1563; Córdoba, en la Argentina, en 1613; Quito en 1622; Sucre, Bolivia, en 1624; Guatemala en

se extendió *spread*

heterodoxas *heretical /*
les... frente *situated*
them in the forefront
impulsos renovadores
impulses toward change

floja *loose*

categoría *status*
carta real *royal degree /*
Papa *(m) Pope*
profesorado *faculty*

les... clase *would teach*
them a class

1676, etcétera. Casi todas estas instituciones fueron fundadas por órdenes religiosas, principalmente por los
40 dominicos y los jesuitas.

Estas universidades tenían cuatro facultades:[1] teología, leyes, artes y medicina. La primera, dedicada a la formación de sacerdotes, era la más importante hasta el siglo XIX, cuando la facultad de derecho o de jurispru-
45 dencia comenzó a prevalecer. La facultad de medicina también creció en importancia en ese siglo. Las facultades de artes (hoy llamadas más frecuentemente de Filosofía y Letras) tenían dos funciones tradicionales: 1) preparación para las otras facultades y 2) preparación de
50 maestros de enseñanza secundaria.

No es hasta la segunda mitad del siglo XIX que las universidades asumen su segundo papel: el de ser centros de investigación científica apoyados por el gobierno. También comienza a aumentar el número de facultades:
55 las de ingeniería, de comercio, de farmacia, etcétera.

Durante toda esta época la enseñanza primaria y secundaria era una actividad exclusivamente religiosa o privada. La actitud era que este aspecto de la vida era una responsabilidad personal. La entrada a la universidad se
60 obtenía mediante un examen abierto. El joven se preparaba por medio de una escuela secundaria o de maestros privados, o por sus propios estudios y lecturas. La meta final era el examen de ingreso a la universidad. Hasta el siglo XIX no existía el concepto de la educación como
65 bien nacional. Las ideas económicas del siglo XIX comenzaron a dar valor monetario a un pueblo educado. Además, los ideales democráticos dieron doble impulso al desarrollo de sistemas públicos de enseñanza: 1) la igualdad de oportunidad exigía escuelas pagadas por el
70 gobierno; 2) para poder ejercer sus nuevas obligaciones cívicas, el pueblo necesitaba alcanzar cierto nivel de conocimientos.

En el siglo XX aparece la idea de asistencia obligatoria, aunque por lo general ésta era más un ideal que una
75 realidad. La falta de recursos impedía que la enseñanza llegara a los niños rurales. Hoy día la asistencia es obligatoria hasta los 12 o 14 años en la mayoría de los países hispanos, pero la instrucción también es gratis.

derecho *law*

mitad *(f)* *half*

ingeniería *engineering*

mediante *by means of*

meta *goal*
ingreso *entrance*

bien *(m)* *asset*

exigía *demanded*

alcanzar *to reach*

asistencia *attendance*

impedía *prevented*

---

[1]*facultades* The word *facultad* means "faculty" only in the specialized sense of the professors of a "school" or "college." The more usual translation for the *Facultad de Medicina* would be the School of Medicine. Faculty in its most common sense in English is *profesorado* (professoriate) or *cuerpo docente* (teaching corps).

Comprensión

A. Responda según el texto.

1. ¿Cuáles fueron las tres primeras universidades de España y cuándo se fundaron?
2. ¿Cuál era la diferencia entre la organización de las universidades de París y Bolonia?
3. ¿Cuándo comenzaron a ser importantes las facultades de derecho y de medicina?
4. ¿Qué significa el concepto de la educación como bien nacional?
5. ¿Cuándo apareció la idea de asistencia obligatoria?

B. Responda a las siguientes preguntas.

1. ¿Cree Ud. que la universidad debe ser gratis como la escuela secundaria?
2. ¿Cuánto cuesta matricularse en su universidad? ¿Le parece mucho?
3. ¿Tienen los estudiantes mucho poder en la dirección de su universidad? ¿Cree que deben tenerlo?
4. ¿Cree Ud. que la educación va a tener mucha importancia en su vida futura? ¿Por qué?
5. ¿Cree que la universidad debe proporcionar más o menos materias electivas en su programa? Explique.

II. «Educación» y «enseñanza»

Para entender algo del concepto de la enseñanza en el mundo hispánico y de cómo difiere del de los Estados Unidos es necesario aclarar algunas cuestiones de terminología. La palabra «educación» tradicionalmente se refiere al proceso total de formar un adulto de un niño. Incluye, pero no se limita a la instrucción recibida en la escuela. El niño también recibe su educación de su familia, de la iglesia y de sus experiencias. El proceso académico es la «enseñanza». La palabra deriva de «enseñar», la tarea del maestro. Sólo recientemente se encuentra la palabra «educación» usada en el sentido del proceso escolar.

Los niveles de la instrucción académica son la enseñanza pre-escolar, la enseñanza primaria o elemental, la enseñanza media o secundaria y la enseñanza superior o universitaria. Como se verá, estos niveles no son exactamente iguales a sus equivalentes del sistema norteamericano.

Otros términos pueden confundir al estudiante norteamericano. La palabra «curso» significa todo un año escolar: por ejemplo, «el sexto curso de medicina». «Materia» es una serie de clases dedicadas a un curso. El curso, entonces, consiste en varias materias que por lo

aclarar   to clarify

tarea   task

curso   degree program

Materia   Course

*Estos estudiantes asisten a
la Academia San Jorge en
Puerto Rico. Describa a
los estudiantes de la foto.*

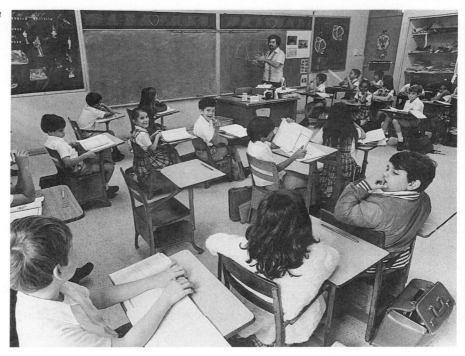

general están prescritas sin que el estudiante tenga
25 ninguna elección. El concepto de «requisitos» apenas
existe puesto que casi todas las materias dentro del curso
son obligatorias. Hay casos en que el alumno puede elegir entre secciones: por ejemplo, el curso de lenguas
modernas ofrece elección entre varias lenguas, pero en
30 cualquier caso se estudia la misma serie de materias—
gramática, cultura, literatura, etcétera.

El «bachillerato» es más o menos equivalente al
diploma secundario en los Estados Unidos y no al título
universitario. Éste, por ser más especializado, no tiene
35 nombre genérico sino que se le llama por el título profesional: profesor para los graduados de la Facultad de Filosofía y Letras, médico para los de Medicina, ingeniero
para los de Ingeniería, abogado o licenciado para los de
Leyes (Derecho)[2], etcétera. Las «facultades» equivalen
40 más o menos a las «escuelas» profesionales de las universidades norteamericanas con la diferencia de que se hacen
responsables de la enseñanza total del alumno. Esto
quiere decir que hay profesores de inglés o de castellano

prescritas *prescribed,
required*
requisitos *requirements*

genérico *general*

---

[2]*Leyes (Derecho)*   These two terms are used interchangeably to refer to law. *Licenciatura*, properly a
law degree, has more and more come to be used to refer to what is the equivalent of a master's degree in
the United States.

en la Facultad de Medicina y otros en la Facultad de Inge-
45 niería. Esto muestra dos contrastes muy importantes con
el sistema norteamericano: la especialización que, en
algunos países, comienza temprano, y la falta de posibilidad de elección de las materias por el alumno. Es
posible, por lo general, tomar clases en otras facultades
50 pero no cuentan para el título.

Comprensión

A. Complete según el texto.

1. El proceso total de formar a un individuo se llama _Educacion_.
2. Un curso consiste en varias _materias_.
3. Cuando un individuo termina su enseñanza secundaria, recibe un _bachillerato_
4. Al graduarse de la Facultad de Filosofía y Letras, uno lleva el título de _profesor_.
5. En las universidades hispánicas comienza temprano la _especializacion_

B. Responda a las siguientes preguntas personales.

1. ¿Cuántos años va a tardar Ud. para completar su educación superior? ¿Cuatro? ¿Más? ¿Por qué?
2. ¿Cuándo va a graduarse?
3. ¿Cree Ud. que es mejor especializarse temprano o esperar para estar más seguro?
4. ¿Le parece su universidad muy, poco o nada difícil?

III. La organización de la enseñanza hispánica

Aunque sería imposible describir en detalle todos los sistemas de enseñanza de los países hispánicos, se puede dar una idea general de éstos.

5 Hay jardines de infancia que aceptan alumnos desde los dos o tres años hasta los seis. Esta etapa no es obliga-toria y relativamente pocos niños asisten.

La enseñanza primaria abarca desde los seis años hasta los doce. En la mayoría de los países hispánicos es
10 obligatoria y gratuita. Termina con un certificado de sexto grado.

La próxima etapa es la de los «colegios» o «liceos».[3] La enseñanza media o secundaria en Hispanoamérica

jardines *(m)* de infancia *kindergartens*
etapa *level, stage*

abarca *covers*

gratuita *free* / sexto *sixth*

colegios *high schools* / liceos *high schools*

---

[3]*«colegios» o «liceos»* The European system of names is used both in Spain and Spanish America. Many universities have their own *colegios* to prepare students for entrance. The *«bachillerato»* is difficult to compare to the U.S. system.

generalmente se divide en dos ciclos que suman cinco o
15 seis años en total. Por lo general el primer ciclo, o ciclo
básico, termina en el bachillerato elemental o general y el
segundo en el bachillerato. Este segundo ciclo representa
una preparación más especializada para una carrera profesional y sólo los alumnos que piensan entrar en la uni-
20 versidad siguen hasta ese punto. Muchas veces se hace
distinción entre el bachillerato de humanidades o de
ciencias.

En muchos sistemas existen escuelas separadas especializadas para comercio, para maestros y para las
25 fuerzas militares. Estas escuelas comienzan por lo
general después de la escuela primaria, o sea a los 13 o 14
años. Esto requiere una decisión relativamente temprana
sobre el destino del alumno. También es interesante notar
que los maestros de las escuelas primarias se especializan
30 desde los 12 o 14 años en las escuelas normales de magis-
terio y los 17 o 18 años pueden comenzar a ejercer su
profesión. Sólo los maestros o profesores de enseñanza
secundaria tienen que prepararse en la universidad o en
institutos normales más avanzados que la escuela
35 secundaria.

Las materias de la escuela primaria son las mismas
que en los Estados Unidos: idioma, matemáticas elementales, estudios sociales (historia y geografía, nacional y
mundial), ciencias naturales, ciudadanía, higiene y esté-
40 tica (arte y música). Hay generalmente también cursos de
desarrollo moral y social que tienen el propósito de transmitir valores personales a los niños.

El día escolar en la escuela primaria es generalmente
más corto que en los Estados Unidos: dura cinco horas en
45 vez de seis. Sin embargo, la enseñanza tiende a ser más
concentrada durante este tiempo. Algunas materias como
la gimnasia o la práctica de la música y del arte no se
incluyen en el currículum general.

La ensenanza media o secundaria generalmente
50 inicia la especialización del alumno. Después de recibir el
certificado de la escuela primaria, los jóvenes eligen entre
varios campos de estudio: las humanidades, para los que
piensen cursar la carrera de maestro o profesor en la
universidad; las ciencias para la ingeniería o la medicina;
55 la escuela vocacional, etcétera. Por lo general tienen que
aprobar un examen de ingreso o de selección antes de ser
aceptados en la escuela elegida.

Existe en los países hispánicos un número relativamente grande de escuelas secundarias militares que dan el
60 título de bachiller y también un nombramiento a la categoría de oficial en las fuerzas armadas. Esto casi nunca

normales   *teacher-training*
ejercer   *to practice*

idioma   *language*

ciudadanía   *civics*

propósito   *purpose*

en vez de   *instead of*

se hace en el nivel universitario como en los Estados Unidos.

En muchos países hispánicos los exámenes finales en
65 las escuelas secundarias se dan por materia y el alumno recibe una nota final entre 0 y 10. Generalmente el 6 es la nota mínima de aprobación. Si recibe menos de 6 en cualquier materia, tiene que repetirla, pero puede seguir al próximo nivel en las materias aprobadas. Un 10 se cali-
70 fica de «sobresaliente» y un 9 de «notable» en muchos casos. En algunos países no se acostumbra mucho dar exámenes parciales durante el año—el alumno se juega todo en la nota recibida en el examen final. Este examen casi siempre tiene al menos una parte oral, en la que el
75 alumno se presenta ante un tribunal de profesores que le hacen preguntas sobre la materia en cuestión. Por lo general el alumno tiene muy poca idea del nivel de sus conocimientos antes de ese momento. No es necesario decir que la época de los exámenes, que dura dos o tres
80 semanas debido al tiempo requerido para los exámenes orales, inspira cierto miedo en el alumno.

En casi todos los países hispánicos el sistema escolar se organiza a nivel nacional. Hay, por lo general, un ministerio de educación que, con sus consejeros profesio-
85 nales, determina la forma que tendrá el sistema en todos los niveles.

sobresaliente *excellent /*
  notable *very good*
exámenes parciales *(m)*
  midterm exams
se juega todo *everything*
  rides on
tribunal *(m) panel*

Comprensión

A. Responda según el texto.

1. ¿Qué nivel es el colegio en los sistemas hispánicos?
2. ¿Cuándo pueden comenzar a ejercer su profesión los maestros de la escuela primaria?
3. ¿Qué materias no tiene el día típico en la escuela primaria?
4. ¿Cuándo comienza la especialización entre humanidades y ciencias?
5. ¿Qué notas se usan en el sistema hispánico?

B. Responda a las siguientes preguntas.

1. ¿Qué opina Ud. de la práctica de los exámenes orales en el sistema hispánico?
2. ¿Qué piensa Ud. del concepto de dar clases sobre el desarrollo moral y social?
3. ¿Piensa Ud. que el fútbol, el arte y la educación física deben ser parte del «currículum» de la universidad?
4. ¿Cree que debemos tener un «currículum» nacional uniforme? ¿Por qué?
5. ¿Le gustan sus clases generalmente? Explique.

IV. Las universidades en el mundo hispánico

Desde el establecimiento de la Universidad de Salamanca en el siglo XIII hasta la actualidad, la universidad ha ocupado una posición de importancia en la sociedad
5 hispánica. El título universitario de doctor en medicina o licenciado en derecho es muchas veces un símbolo de prestigio más que una preparación práctica. Así que se encuentran en todas las carreras personas que poseen un título profesional que no tiene mucha relación con su
10 verdadera profesión. Además de esto, las facultades se componen en gran parte y a veces casi exclusivamente de profesionales. Invitar a un médico de la comunidad a dar una clase en la facultad de medicina es uno de los honores más grandes que se le puede hacer.

15   Esta costumbre tiene la ventaja de proveer instrucción práctica especializada y variada. La desventaja es que el médico o abogado que sólo se presenta en la universidad tres o cuatro veces a la semana para dictar sus clases tiene poca oportunidad para el contacto fuera de clase,
20 que forma parte importante de la experiencia educativa.[4]

    La mayoría de las universidades mantienen cierta autonomía sobre sus asuntos internos aunque, como en cualquier país, existen presiones sociales. Por lo general el sistema de universidades se encuentra bajo la juris-
25 dicción del gobierno nacional, y no de los estados o provincias. Aun cuando hay centros provinciales, están obligados a seguir el currículum de la universidad nacional si quieren que sus títulos sean legalmente válidos. Esta práctica refuerza el control que ejerce el
30 gobierno federal sobre el sistema entero. Sólo las universidades privadas, que casi siempre son religiosas, tienen algo de libertad en el campo de la experimentación educativa. Esto ha resultado en la creación y expansión de las universidades católicas en el mundo hispánico. Éstas han
35 sido centros de innovación y modernización en muchos de los países.[5]

ventaja   advantage

presiones (f)   pressures

refuerza   reinforces

---

[4]Most administrators feel that the widespread practice of part-time teaching is undesirable; salaries are kept low, teacher-student contact is minimal, rational curriculum planning is difficult, faculty communication is poor, etc. Typically, universities outside large cities have made progress toward establishing a full-time faculty since they have fewer community resources to draw on. The same prestige factor which induces eminent physicians and attorneys to teach for very little pay makes eliminating the practice difficult. In the humanities, it is not uncommon for a professor to have three or four different schools to go to each day.

[5]Many administrative and curricular reforms are impossible in the traditional universities due to several factors mentioned. The tenure system in which one professor is chosen in each subject for a life term stifles change. The private universities can avoid some of these problems as can new public institutions.

En la mayoría de las universidades hispánicas la matrícula es casi gratis y por eso teóricamente accesible a todos. En la práctica, sin embargo, los jóvenes pobres
40 tienen que trabajar para ganarse la vida. Además, los exámenes de ingreso muchas veces requieren preparación especial que sólo puede ser alcanzada por medio de escuelas privadas.

      Hay un debate continuo sobre quién debe pagar el
45 costo de la educación superior. En México, por ejemplo, la matrícula en la Universidad de Baja California Sur, una de las más caras porque está en un lugar de poca población, es de un millón de pesos ($350) al año. En los otros centros pagan cuotas semejantes. Según el periódico
50 mexicano, *El Nacional,* uno de los participantes en una conferencia sobre la financiación de la educación superior, dijo así: «La Universidad Nacional Autónoma de México requiere diversificar sus fuentes de financiamiento e incrementar sus ingresos, en donde las cuotas de
55 sus alumnos son importantes por razones de equidad y compromisos con la institución, pero las aportaciones de los propios estudiantes deben ser sólo una fuente, entre otras, para ampliar sus recursos…» Otro propuso un aumento en las cuotas de los alumnos, señalando que «las
60 cuotas de la UNAM requieren de un ajuste fundamental. Esto es necesario si se quiere establecer una educación de calidad y una universidad competitiva.»

ingreso *entrance*
alcanzada *gained*

cuotas *fees*

Autónoma *Autonomous*
fuentes (f) *sources*
incrementar *increase /*
  ingresos *income*
equidad *equity*
compromisos *commitments /*
  aportaciones *contri-*
  butions
ampliar *enlarge /*
  recursos *resources*
señalando *indicating*
ajuste *adjustment*
calidad *quality*

Comprensión

A. Elija la respuesta que mejor complete la frase según el texto.

    1.   La Universidad de Salamanca fue creada…

        a. en el siglo XX.   b. antes de Cristo.   c. en el siglo XIII.

    2.   Los profesorados hispanos se componen en gran parte de…

        a. profesores.   b. mujeres.   c. profesionales.

    3.   Últimamente las universidades católicas han sido centros de…

        a. desestabilización.   b. experimentación educativa.   c. control monetario.

    4.   Generalmente las universidades son controladas a nivel…

        a. local.   b. nacional.   c. católico.

B. Responda a las siguientes preguntas.

    1.   ¿La universidad a la que Ud. asiste queda bajo el control del gobierno o de una organización nacional, estatal o local? Explique.

    2.   ¿Qué ventajas y desventajas tiene su sistema?

3. ¿Es fácil o difícil ingresar en su universidad? ¿Por qué?
4. ¿Cuál es el departamento más famoso de su universidad? ¿Por qué?
5. ¿Cuáles son las ventajas y desventajas de una universidad privada?

V. La vida estudiantil

e puede decir que los estudiantes universitarios componen una clase aparte. Tienen más contacto que el resto de la población con las actividades políticas de la nación y del
5 mundo. Están más conscientes de los problemas y de sus posibles soluciones. Durante el siglo XX esta conciencia a veces se ha manifestado en forma de actividades importantes para la política nacional. En algunas ocasiones el resultado ha sido la violencia, como ocurrió durante las
10 manifestaciones de los estudiantes mexicanos en Tlatelolco en 1968.[6] En Hispanoamérica los estudiantes universitarios participan activamente en el gobierno de la universidad; por lo general mucho más que sus colegas norteamericanos. La primera manifestación estudiantil
15 del siglo XX fue el movimiento de la reforma universitaria iniciado en la Universidad de Córdoba, Argentina, en 1918. Rápidamente se extendió por el continente y en muchos centros se convirtió en un nuevo sistema de gobierno universitario con mucho poder en manos de las
20 juntas estudiantiles.

    Es importante recordar que el sistema de exámenes finales donde el candidato se presenta a fin de curso y el hecho de que la asistencia a clases no es obligatoria dejan al individuo el tiempo necesario para la política. Aunque
25 la mayoría de los cursos son de cuatro o seis años, es bastante común encontrar estudiantes que llevan el doble de ese tiempo sencillamente porque no han querido presentarse a los exámenes.

    Debido a la división de la universidad en facultades
30 especializadas, los centros hispánicos muchas veces no tienen un solo «campus» como en los Estados Unidos. Los estudiantes que asisten a la Facultad de Ingeniería, por ejemplo, no toman clases en otras facultades. Frecuentemente las facultades están en varias partes de la
35 ciudad y por eso la vida estudiantil es distinta.

    La mayoría de los estudiantes viven en casas particulares o en pensiones porque pocas universidades

manifestaciones (f)
demonstrations

juntas estudiantiles *student councils*

se presenta a *presents him/herself for*

Debido a *Due to*

---

[6]*Tlatelolco* A historical plaza in Mexico City where a student demonstration was stopped by the military. A large number of students died—some people claimed as many as 500—although the government vigorously denied it.

hispánicas tienen residencias oficiales para estudiantes. Las pensiones que se encuentran cerca de la universidad suelen estar llenas de estudiantes y así hay cierto contacto entre ellos. Como en los Estados Unidos, hay cafeterías en las facultades donde los estudiantes se reúnen durante el día.

suelen estar   *are usually*

se reúnen   *get together*

45 Los estudiantes hispánicos también tienen sus actividades sociales—bailes, fiestas, grupos dedicados a intereses especiales. Estas actividades son casi siempre funciones de los estudiantes de una facultad porque se identifican más fuertemente con su facultad que con la universidad total. Los grupos musicales, por ejemplo,
50 llamados «tunas» o «estudiantinas» siempre representan una facultad.

Algunas universidades nuevas y las que se han reconstruido en el siglo XX a veces sí tienen su «campus» general, pero la falta de residencias y el hecho de que
55 están generalmente ubicadas en un medio urbano, no apoya ese sentido típico de muchas universidades norteamericanas de ser el centro de la vida del estudiante. El sentido algo apartado del «campus» ubicado en el medio rural o en un pueblo pequeño, como en muchos casos
60 de universidades norteamericanas, es muy raro en el mundo hispánico. La universidad no tiene ni quiere tener una función social en la vida del estudiante. Después de todo, no fomenta el concepto de la carrera universitaria como una época definida en que el estudiante deja al lado
65 la vida real. Se limita la universidad hispánica a su función pedagógica.

reconstruido   *rebuilt*
sí tienen   *do have*
hecho   *fact*
ubicadas   *located*

algo apartado   *somewhat apart*

fomenta   *foster*
deja al lado   *leaves aside*

El sistema de enseñanza se crea como reflejo de los valores sociales del país, pero puede constituir una fuerza que actúa sobre esos mismos valores para cambiarlos o
70 para modificarlos. Aunque la organización y la tradición del sistema son conservadoras, el proceso de educar a los jóvenes es revolucionario y crea las condiciones propias para el cambio.

reflejo   *reflection*

propias   *appropriate*

Comprensión

A. Responda según el texto.

1. ¿Por qué son una clase aparte los estudiantes universitarios?
2. ¿Qué ocurrió en la Universidad de Córdoba en 1918?
3. ¿Por qué es fácil tomar mucho tiempo para terminar la carrera en la universidad hispánica?
4. ¿Por qué no es necesario tener un «campus» en las universidades hispánicas?
5. ¿Cómo son diferentes las universidades hispánicas y las norteamericanas en cuanto a la función social?

B. Responda a las siguientes preguntas.

1. ¿Cree Ud. que es bueno tener residencias para estudiantes en las universidades? ¿Por qué?
2. ¿Dónde y cómo vive Ud. mientras asiste a la universidad?
3. ¿Por qué vive donde vive?
4. ¿Está contento(a) o quisiera mudarse?
5. ¿Cree que es mejor que un(a) estudiante universitario(a) viva en casa con sus padres? Explique.

PRÁCTICA

I. Ejercicios de vocabulario

A. Indique la palabra que corresponda a la definición.

1. una sección profesional de la universidad	a. bachillerato
2. los profesores	b. colegio
3. curso de estudios secundarios	c. aprobar
4. el conjunto de materias que llevan al título	d. profesorado
5. la escuela secundaria	e. educar
6. lo que estudian los abogados	f. facultad
7. salir bien en el examen final	g. autonomía
8. grupo de profesores que juzgan el examen	h. curso
9. el control sobre sus propios asuntos	i. derecho
10. proceso de formar un adulto	j. tribunal

B. Dé la forma apropiada de la palabra entre paréntesis.

1. el día (escuela) _____
2. la asistencia (obligar) _____
3. la enseñanza (segundo) _____
4. un grupo (estudiante) _____
5. la investigación (ciencia) _____

C. Indique los sinónimos.

1. colocar	a. derecho
2. leyes	b. lugar
3. crecer	c. aumentar
4. enseñanza	d. asentar
5. excelente	e. por separado
6. entrada	f. ingreso
7. aparte	g. instrucción
8. sitio	h. sobresaliente

D. Complete con una palabra relacionada a la palabra entre paréntesis.

1. (conocer)
   a. Es el _____ profesor de español.
   b. Se dedica a aumentar los _____ tecnológicos.
   c. Yo lo _____ en la escuela secundaria.

2. (autorizar)
   a. Necesita la _____ del profesor.
   b. Es un acto _____ ante la ley.
   c. ¿Quién _____ este movimiento?

3. (educar)
   a. Hay necesidad de reforma _____.
   b. Los padres tienen la responsabilidad de _____ al niño.
   c. Muestra su mala _____.

4. (obligar)
   a. Cumple con sus _____.
   b. Es una clase _____.
   c. Se vio _____ a repetirla.

II. *Puntos de contraste cultural*

1. ¿Cuáles son algunas implicaciones de la diferencia de modelos universitarios entre el mundo hispánico y el mundo anglosajón?
2. ¿Qué diferencia implica el hecho de que se distingue entre educación y enseñanza en la cultura hispánica mientras que *education* abarca las dos cosas en inglés?
3. ¿Qué diferencias hay en el «currículum» secundario de los dos sistemas?
4. ¿Qué diferencias hay entre el método de control oficial de los sistemas hispánicos y el sistema norteamericano? ¿Cuáles son algunas ventajas y desventajas de cada uno?

III. *Debate*

Las universidades no deben cobrar la matrícula sino que deben ser mantenidas por el estado.

IV. *El arte de escribir: exposición (segunda parte)*

Este segundo tipo de exposición no es muy diferente al tipo que vimos en la unidad anterior. Es cuestión de explicar su opinión o su visión de algún tema. Frecuentemente se pueden usar las técnicas siguientes: los ejemplos aclaran las ideas, la descripción es más detallada, hay una comparación o un contraste con algo que el lector ya conoce, etcétera.

Generalmente la exposición es un modo de escribir algo formal. Por eso requiere alguna distancia de la personalidad del autor y es común el uso de la voz pasiva y de las expresiones impersonales. Es de notar que la exposición no trata de convencer al lector que acepte su opinión sino claramente explicarla. Sugiere también el uso de un tono neutral y una actitud objetiva de parte del autor.

Ahora, con unos compañeros de clase escoja las oraciones que son y las que no son apropiadas para una exposición. En el caso de las que no son apropiadas trate de cambiarlas.

1. ¡Ojalá que creas lo que te voy a decir!
2. Es obvio que se trata de una opinión personal.
3. Siempre he pensado que eso es indudable.
4. No dejes de leer ese libro.
5. ¡Qué película más fenomenal!
6. Muchas personas comparten esta opinión.
7. Es necesario entender el origen de esta idea.
8. Esta pintura es muy divertida en su tema.

Ahora, escriba Ud. una exposición sobre una opinión o una interpretación suya de una obra de arte, una película o una novela.

V. *Ejercicio de composición dirigida*

Dé su opinión personal, utilizando las palabras apropiadas de la lista.

1. la elección de la carrera a los 16 años
   (temprano, arrepentirse, decidirse, joven, maduro, equivocarse, malgastar)
2. la educación vocacional y el estudio de filosofía y letras
   (útil, trabajo, dinero, moralidad, desarrollo, ampliar, mundo)
3. el poder estudiantil contra el poder del profesorado
   (equilibrio, contribución, joven, anciano, exámenes, notas, sistema, democrático)
4. el costo de la educación superior
   (público, privado, impuestos, matrícula, bien social, mejora personal, gratuito, gobierno)

VI. *Las noticias*

Haga Ud. resumen de cada uno de estos articulos.

El Gobierno español aprueba el bachillerato del año 2000

...Serán materias obligatorias y comunes a las cuatro modalidades [Artes, Ciencias de la Naturaleza y de la Salud, Ciencias Humanas y Sociales, y Tecnología] las de lengua castellana (y la lengua oficial autonómica,[7] en

modalidades *areas*

---

[7]*lengua oficial autonómica*   The official language of an autonomous region. Catalán, Basque and Galician are some of the official languages.

su caso) y su literatura, filosofía, historia, educación física e idioma extranjero…

El nuevo bachillerato entrará en vigor plenamente a partir del año académico 1997–1998… | entrará… plenamente *will take effect completely* / a partir del *starting with* normativa *rules* / reitera *repeats* / superar *pass*

La normativa oficial reitera la necesidad de superar una «prueba de acceso» para ingresar en la Universidad una vez que el alumno haya obtenido el título de bachiller…

La asignatura de religión, como en los niveles de primaria y secundaria, será de obligatoria oferta para los centros y voluntaria para los alumnos… | asignatura *subject* oferta *offering*

El País Internacional
(Madrid)

Serias dificultades en la Universidad de Mar del Plata

…Tan sólo 600 de los 4.430 jóvenes inscriptos aprobaron el examen de ingreso a la universidad, de lo que se deduce que casi 3.800 estudiantes deberán realizar el curso de preparación que se había iniciado el pasado 10 de febrero y que tendrá un duración de aproximadamente tres semanas. | inscriptos *registered* realizar *complete*

Los alumnos se quejaron de que se trata de reducir la universidad a «su mínima expresión», y que a través de mecanismos «autoritarios y subjetivos» se intenta fijar un cupo mínimo para así responder «al ajuste que proponen los ministros de Educación y Economía…» | a través de *through* se intenta fijar *they are trying to fix* cupo *quota*

Por su parte, el secretario académico señaló que las causas habrá que buscarlas en las deficiencias que se advierten en la enseñanza media y en la mala preparación del estudiantado para acceder a la universidad. Además, destacó que las fallas más comunes que se observan entre los jóvenes son falta de capacidad de abstracción, de pensamiento formal y de comprensión de textos. «Estas falencias se convierten en una de las mayores causas de deserción, muy alta en el primer año de carrera», apuntó. | se advierten *are noted* estudiantado *student body* / acceder *have access* destacó *pointed out* / fallas *faults* capacidad *ability* falencias *weaknesses* deserción *dropouts*

La Prensa (Buenos Aires)

VII. *Situación*

Imagine Ud. que puede cambiar de lugar con uno(a) de sus profesores(as). ¿Con cuál cambiaría? ¿Por qué? Ahora, su profesor(a) es un(a) «estudiante». ¿Cómo lo(la) va a tratar? ¿Cómo va a tratar a los estudiantes en general? ¿Da Ud. muchos exámenes? ¿Qué les va a decir el primer día de clase?

La ciudad en el mundo hispánico

Los grandes centros urbanos en Hispanoamérica reflejan el progreso y el desarrollo económico que se han hecho en estos países en las últimas décadas. ¿Qué aspectos tiene Bogotá en común con las grandes ciudades estadounidenses?

▣ VOCABULARIO ÚTIL

Estudie estas palabras antes de leer el ensayo.

Verbos

almorzar (ue) to eat lunch

asociar to associate

atraer to attract

fundar to found, create

provenir (ie) to come from

reunirse to meet, join with

rodear to surround; **rodeado de** surrounded by

Sustantivos

el almuerzo lunch

el banco bank, bench

el barrio neighborhood, area of a city

la compra purchase; **hacer compras** to shop; **ir de compras** to go shopping

el centro center; downtown

la esquina corner (outside)

el lazo tie, connection

el museo museum

el núcleo nucleus, center

el piso floor, story (of a building)

la población population

el recuerdo memory

el sabor flavor, taste

la soledad solitude, loneliness

el tesoro treasure

el, la vecino, -a neighbor, resident of a ''barrio''

Adjetivos

antiguo, -a old, antique

campestre rural

▣ ENFOQUE

Según los historiadores, las primeras ciudades de la región mediterránea nacieron de la alianza de varias tribus motivadas por necesidades económicas, sociales y religiosas. Las descripciones de la fundación de las grandes ciudades como Atenas y Roma siempre hacen hincapié en el aspecto religioso: se consultaba con los dioses para saber dónde se debía construir la ciudad. Lo primero que se hacía era consagrar el lugar a un dios cívico, lo que creaba lazos permanentes para la gente, que así no podía abandonar la ciudad. El templo, las ceremonias, los sacerdotes, todo se relacionaba con el lugar. Para los pueblos antiguos la ciudad era el centro de su religión y la razón principal de su existencia. Ésta es la tradición en que se formó la sociedad española.

hacen hincapié en
emphasize

consagrar *to consecrate*

Las grandes ciudades indígenas de América tenían orígenes semejantes. Tenochtitlán, el centro de la civilización azteca, fue establecido en el lugar indicado por un dios. Los aztecas eran una tribu del norte que había vagado por el valle de México, llamado Anáhuac («cerca del agua»), hasta que recibieron la visión maravillosa de un águila, con una serpiente en la boca, posada sobre un nopal. Allí se pararon y construyeron su ciudad sobre un lago, poniendo las casas sobre largas estacas.

vagado   *wandered*

águila   *eagle*

posada   *perched* / nopal *(m)* *cactus*

estacas   *stakes, sticks*

La ciudad ejerció siempre una gran atracción sobre el pueblo como el centro de lo bueno de la vida. Esta atracción aumentó durante el Renacimiento europeo[1] con el nuevo papel comercial que asumieron las grandes ciudades mediterráneas.

En esta lectura vamos a examinar algunas de las grandes ciudades hispánicas y las actitudes de los hispanos hacia la vida urbana.

ANTICIPACIÓN

¿Conoce Ud. una ciudad hispánica? Con un(a) compañero(a) de clase, haga una lista de todas las ciudades hispánicas posibles. ¿Cuáles son algunas características de cualquier ciudad grande? ¿Cuáles son las ventajas y las desventajas de la vida urbana?

I. Las ciudades en el mundo hispánico

Desde la dominación romana, la historia de España ha sido una historia de ciudades. El concepto romano—y por lo tanto occidental—de civilización se ve en la raíz de la
5 palabra misma: *civitas,* que se refería a las asociaciones religiosas y políticas que formaban las asambleas de familias y tribus. En otras palabras, la «civilización» es el resultado de la ciudad. El espacio en el cual se juntaban las asambleas se llamaba *urbs,* de donde proviene la
10 palabra «urbano».

se juntaban   *gathered*

En la península ibérica, los romanos utilizaron los centros de población ya existentes y éstos vinieron a ser

---

[1]*Renacimiento europeo*   The Renaissance (or rebirth of classical culture after the Middle Ages) during the 14th and 15th centuries also marked the rise of the city in Western civilization. Cities were centers of culture and, because of the rise of the banking and export-import systems, they became commercial centers of great economic power.

los lugares más importantes. Allí se situaron primero las
autoridades romanas y después el senado y los centros
15 culturales y recreativos.

Las invasiones germánicas no cambiaron mucho esta
situación. Los visigodos se adaptaron a la forma de vida
romana, aunque tenían más interés en la sociedad rural
del feudalismo. La única ciudad importante de la época
20 visigoda era Toledo, que fue la primera capital de la
península. Esta ciudad simboliza la gloria medieval de
España.

Cuando los árabes invadieron España ocuparon las
ciudades que encontraron, pero establecieron su centro en
25 la ciudad sureña de Córdoba. Gran parte de esta culta y
brillante ciudad fue destruida durante la Reconquista por
ser símbolo del poder islámico. Sólo queda la mezquita
principal como recuerdo de su pasado glorioso. Un poco
más al sur de Córdoba está la ciudad de Granada, donde
30 se encuentra la Alhambra, el magnífico palacio de los
reyes moros. Viajeros extranjeros, entre ellos Washington Irving, se han maravillado ante esta creación de
formas geométricas y abstractas comparable sólo al Taj
Mahal de la India.

35 La capital actual, Madrid, recién comenzó a ocupar
un lugar de importancia en la vida española en el siglo
XVI. Fue Felipe II el que trasladó la corte de Toledo a la
comunidad de Majrit en 1560, a fin de observar la construcción de su propio monumento, El Escorial.[2] Felipe
40 quería situar la capital en el centro para afirmar la unidad
nacional, concepto bastante tenue en aquella época. En
poco tiempo Madrid se convirtió en el núcleo de la vida
nacional.

Hoy día Madrid es una ciudad de 4,1 millones de
45 habitantes que sintetiza la cultura moderna española. La
historia de España se refleja en la Plaza Mayor,[3] que
recuerda los primeros años de la ciudad, en el Palacio
Real y en la Plaza de España, rodeada de rascacielos
modernos. En el Museo del Prado y en el Escorial se
50 encuentra el tesoro artístico de España: obras no sólo de
artistas españoles sino también de los holandeses e

situaron	*situated*
senado	*senate*
sureña	*southern* / culta
	cultured
mezquita	*mosque*
Viajeros	*Travellers*
maravillado	*marveled*
tenue	*tenuous*
sintetiza	*synthesizes*
rascacielos (m)	*skyscrapers*
tesoro	*treasure*

---

[2]*El Escorial* The Moorish name for Madrid was *Majrit*. Felipe II ordered the construction of *El Esco-rial*, a group of buildings containing a church, a monastery, and a palace, because of a vow made to St. Lawrence *(San Lorenzo)* prior to an important victory over the French in 1557. It is 30 miles northwest of the modern city.

[3]*Plaza Mayor* Virtually all Hispanic cities have a main *plaza* or open space surrounded by government buildings and usually the cathedral. It may be called the *Plaza Mayor* or it may bear the name of some national hero or in Mexico it may be called the *Zócalo*.

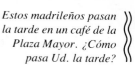

italianos de los siglos XVI y XVII cuyos países formaban parte del Imperio español.

Otra ciudad española que floreció en el siglo XVI fue
55 Sevilla. Ésta simboliza la España romántica de Carmen, de Don Juan, de los gitanos. La imagen española más conocida en el resto del mundo, y que generalmente se reproduce en los afiches de viajes, corresponde a la región de Andalucía en el sur y a su capital, Sevilla. Esta
60 ciudad, que perteneció al reino árabe desde 712 hasta 1248, experimentó su verdadero florecimiento en el siglo XVI, época en que fue el principal puerto fluvial de España. Después del descubrimiento de América, Sevilla se convirtió en el centro de las grandes casas comerciales
65 que financiaban las nuevas expediciones. Atrajo a gente de toda Europa y su nombre se llegó a asociar con lo exótico, lo romántico y lo misterioso. Por eso fue elegida para tener la Expo 92, una exposición mundial y parte de las celebraciones del V Centenario de los viajes de Colón
70 al Nuevo Mundo.

Sevilla ha mantenido esa personalidad hasta hoy. La Triana, barrio gitano, el espectáculo de la Semana Santa[4]

floreció *flourished*

gitanos *gypsies*

afiches *(m)* *posters*

puerto fluvial *river port*

Atrajo *It attracted*

---

[4]*la Semana Santa* Holy Week is traditionally one of the more elaborate spectacles in Spain, with religious processions and ceremonies. In Sevilla the passion and fervor of this period are considered to be unequaled anywhere in the world.

la famosa feria[5] traen el recuerdo del pasado romántico. Velázquez y Murillo nacieron en Sevilla y la catedral del
75 siglo XV, uno de los mayores edificios góticos del mundo, contiene muchos de los tesoros traídos del Nuevo Mundo.

góticos *Gothic*

Otra ciudad interesante de España es Barcelona, escena de los Juegos Olímpicos en 1992 y un puerto
80 comercial importante del Mediterráneo. A diferencia de Sevilla, Barcelona ha sido siempre el punto de contacto entre Europa y España. Es considerada hoy día la ciudad más europea de la península. Debido a que tuvo menos influencia árabe—sólo un siglo—mantiene aún sus lazos
85 romanos y góticos, pero Barcelona es en realidad producto del siglo XIX y de la revolución industrial.

Barcelona se encuentra en la provincia de Cataluña. Esta provincia simboliza la independencia e individualismo del carácter español. A pesar de los esfuerzos del

A pesar de *In spite of*

90 gobierno del dictador Franco por imponer el idioma castellano, el catalán, que es una lengua distinta, todavía dominaba en las calles de Barcelona. Los conocidos pintores Miró y Dalí se consideraban catalanes antes que españoles. Ahora que el gobierno de España es democrá-
95 tico, el catalán se habla oficialmente en toda Cataluña.

Barcelona se enorgullece de su modernidad, mientras que Sevilla pone énfasis en su pasado romántico y Madrid en sus tradiciones reales e imperiales. Son tres ciudades que muestran claramente la diversidad de la

se enorgullece de *takes pride in*

100 España de hoy.

Con la importancia de la ciudad, tanto en la península ibérica como en las culturas indígenas, era natural que durante la colonización se pusiera mucho énfasis en los centros urbanos del Nuevo Mundo. México y Lima eran
105 las ciudades principales de las colonias, pero Buenos Aires no tardó en cobrar suma importancia comercial. La

suma *extreme*

Habana, Caracas, Bogotá y Santiago de Chile asumieron su verdadera importancia en el siglo XIX pero México, Lima y Buenos Aires contienen el pasado colonial.
110 Como se ha visto, México fue construida sobre la ciudad imperial azteca de Tenochtitlán. En un acto

---

[5]*famosa feria* Just as Holy Week is observed with religious fervor, the *feria* or fair of Sevilla which follows it is characterized by a similar, though secular, intensity. Ten square blocks of colorful private booths, a large carnival and numerous restaurants are constructed and serve as the scene of ten days of constant partying. By day the grounds are filled with men and women on horseback or in horse-drawn carriages, dressed in typical costumes. The origin of the *feria* was a stock show, but it has become the major festival of the year for the *sevillanos*.

simbólico, los españoles construyeron su capital encima
de la de los aztecas, esperando reemplazar a éstos como
pueblo dominador de Anáhuac. El templo de forma
115 circular, que se descubrió al excavar la ruta del tren
subterráneo en la década del sesenta, se encuentra conser-
vado en medio de una parada del metro—lo nuevo y lo
antiguo de la ciudad de México.

Por ser el centro original de la colonia de la Nueva
120 España. México siempre ha sido la principal ciudad del
país. Demuestran esta permanencia los edificios identifi-
cados con cada época de su historia: hay una serie de
casas de hidalgos coloniales en la calle Pino Suárez que
conduce a la Plaza Mayor, llamada también el Zócalo,
125 donde se encuentra la catedral principal. Al norte se
encuentra La Plaza de las Tres Culturas—Tlatelolco—
que incluye una plaza azteca, una iglesia católica y
muchos edificios modernos de viviendas públicas.

Yendo hacia el oeste desde el Zócalo se ve la parte
130 más moderna de la ciudad, casas del siglo XIX y construcciones modernas. Uno de los edificios más altos es la
Torre Latinoamericana. Lo notable no es su altura—tiene
apenas 43 pisos—sino el hecho de que contiene un
sistema hidráulico que mantiene la presión del agua en
135 que flota el edificio, para que no se hunda.[6] Con este
fondo de lodo mojado el edificio también sobrevivió
varios temblores.

Más al oeste se encuentra un recuerdo de la época del
Emperador Maximiliano,[7] el Paseo de la Reforma, una
140 calle ancha con grandes árboles al estilo europeo. El
paseo conduce al Parque de Chapultepec, donde muchos
mexicanos van para pasear los domingos. En este parque
está el magnífico Museo Nacional de Antropología, cons-
truido en el siglo XX para honrar y recordar el pasado
145 indígena.

Al sur de la ciudad se encuentra la Ciudad Universitaria, un conjunto de edificios modernos que abarca tres
millas cuadradas. Dedicada en 1952, ostenta pinturas
murales dentro de la famosa tradición de Rivera, Orozco
150 y Siqueiros, lo cual crea una vista impresionante para los

encima *on top of*

excavar *to excavate*
tren subterráneo *(m)*
   subway
parada *stop* / metro
   subway

viviendas *housing*
Yendo *Going*

altura *height*
apenas *only*
presión *pressure*
se hunda *sink*
lodo *mud* / mojado *wet*
temblores *(m)* *earthquakes*

ostenta *it boasts*

---

[6]*para que no se hunda.* The water-filled subsoil of Mexico City has allowed many buildings to sink—
up to fifteen feet in some cases.

[7]*el Emperador Maximiliano* Maximilian of Austria was emperor of Mexico for a short time in the 1860s
as a result of a French move to acquire a colony with the help of some misguided Mexican conservatives
who were disenchanted with the liberalism of the government. Maximilian naively thought the people
supported him until he died in front of a firing squad. His beautiful wife, Carlota, who had urged him to
assume the position, went insane. The story is one of the great romantic tragedies of world history.

casi 200.000[8] estudiantes y sus 26.000 profesores y representa la visión hacia el futuro de esta ciudad antigua.

La capital del Perú moderno, Lima, también muestra el pasado lejano pero con una importante diferencia: los
155 incas establecían sus centros urbanos en las montañas y los españoles preferían la costa. Por eso en 1535 abandonaron Cuzco, en los Andes, que había sido la primera capital. Lima, entonces, no fue construida sobre las ruinas de una ciudad indígena. Lima fue llamada la
160 Ciudad de los Reyes por el conquistador Pizarro. Su nombre actual deriva de *Rimac,* nombre quechua del río cercano.

quechua   *language of the Incas*

cercano   *nearby*

Lo que distingue a Lima hoy es su sabor colonial. La Plaza de Armas, la más importante de la ciudad está
165 rodeada de antiguos edificios e iglesias, y la Plaza de la Inquisición[9] recuerda que Lima fue el centro de esa institución en la colonia. La iglesia de Santo Domingo, construida en 1549, contiene los restos de Santa Rosa de Lima, la primera religiosa canonizada del Nuevo Mundo.
170 Esta mujer, Isabel de Flores y de Oliva, pasó la vida ayudando a los pobres y es considerada la creadora del servicio social en el Perú.

creadora   *creator*

La capital de la República Argentina, Buenos Aires, fue fundada en 1536 con el nombre de Puerto de Nuestra
175 Señora de los Buenos Aires—la santa patrona de los marineros sevillanos—y fue destruida poco después por los indios. Aunque fue fundada por segunda vez, la ciudad no tuvo gran importancia hasta el siglo XVIII, porque España no permitió que los productos salieran
180 sino por Lima hasta fines de ese siglo. Cuando el puerto de Buenos Aires fue abierto al comercio, su posición geográfica le aseguró un crecimiento continuo. Además, la ciudad fomentó la inmigración de europeos, que continuó durante un siglo y medio y que dio a Buenos Aires el
185 carácter único de ser la ciudad más europea de América. Ingleses, alemanes, italianos, franceses y otros europeos vinieron en grandes números y se establecieron en diferentes barrios donde mantienen hasta hoy muchas costumbres étnicas y también su lengua nativa. Las lenguas
190 europeas, especialmente el italiano, han influido mucho en el español que se habla en Buenos Aires.

marineros   *sailors*

sino por   *except through*

crecimiento   *growth*

---

[8]*200.000 estudiantes* In Spanish, the functions of the period and comma in cardinal numbers are the reverse of English: e.g., *$100.000,00* in Spanish is $100,000.00 in English.

[9]*Inquisición* The Holy Inquisition was a major instrument of the Catholic Church in the Counter-Reformation. Its function was to seek out heretics, and it was frequently marked by violence.

La ciudad actual es uno de los grandes centros comerciales de todo el continente. Es muy industrializada y tiene las dársenas más grandes de Hispanoamérica. 195 Muchos de los edificios son relativamente nuevos porque el crecimiento rápido en el siglo XIX trajo la destrucción de los edificios viejos a fin de ampliar las calles para el automóvil que comenzaba a llenar la ciudad. En 1913 se inauguró el servicio de subterráneos, uno de los primeros 200 del mundo. La Avenida 9 de Julio con sus 480 pies de ancho es la mayor del mundo.

Buenos Aires es el ejemplo perfecto de la ciudad que sintetiza la nación y la domina con su poder económico y su energía perpetua.

dársenas *docks, wharves*

a fin de *in order to /* ampliar *to widen*

480 pies *(m)* de ancho *480-foot width*

Comprensión

A. Responda según el texto.

1. ¿Cuáles son las características principales de Sevilla y Barcelona?
2. ¿Quién estableció Madrid y por qué?
3. ¿Qué tienen en común Granada y Córdoba?
4. ¿Por qué se construyó la ciudad de México sobre las ruinas de Tenochtitlán?
5. ¿Cómo y por qué fue distinta la fundación de Lima?

Responda a las siguientes preguntas.

1. ¿Piensa viajar por el mundo hispánico? ¿Adónde quisiera ir primero? ¿Por qué?
2. ¿Cuál de las ciudades descritas le parece más interesante? ¿Por qué?
3. ¿Le gusta más viajar principalmente por centros urbanos o prefiere el campo y los pueblos pequeños? Explique.
4. ¿Qué elementos de la ciudad atraen al turista? Explique.

II. El aspecto físico de la ciudad hispánica

Hay ciertos aspectos físicos casi universales en la típica ciudad hispánica. En primer lugar, las grandes ciudades son más antiguas que las ciudades norteamericanas y
5   retienen por lo tanto un sabor más antiguo. Aun las del Nuevo Mundo fueron fundadas en el siglo XVI. Tienden a tener calles estrechas con los edificios muy juntos a la calle. Claro que existen secciones nuevas con calles anchas construidas para el automóvil, pero esto es más
10 típico de las afueras que del centro de la ciudad. Por lo general, ha habido menos tendencia a derribar los edificios antiguos que en los Estados Unidos: se reforman por dentro y por fuera mantienen su apariencia original.

Otro aspecto notable de muchas ciudades hispánicas
15 es la falta de simetría de las calles: corren en todas direcciones sin preocuparse por los ángulos rectos, lo cual crea cruces de una complicación formidable donde se cruzan seis u ocho calles en un mismo punto. Tanto en España como en América continúan el plan europeo de usar
20 círculos para el tránsito de estos cruces. Los círculos frecuentemente contienen monumentos, fuentes, estatuas u otros elementos decorativos.

En general, las ciudades han crecido alrededor de una plaza central donde se encuentra la catedral, la casa
25 de gobierno, los bancos, los negocios grandes y los mayores hoteles. Se han añadido otras plazas menores en un patrón al azar, que forman los centros de los barrios residenciales de la ciudad.

Lo más típico es encontrar alrededor de las plazas
30 menores una iglesia, varias tiendas pequeñas, un café al aire libre, el quiosco de diarios y revistas y otras necesidades de la vida de los vecinos. Cada habitante de la ciudad vive a poca distancia de una de estas plazas y es allí donde hace sus compras diarias.
35   La gente en su gran mayoría vive en grandes edificios de apartamentos—frecuentemente «condominios», lo

estrechas *narrow*

afueras *outskirts*
derribar *to tear down*
se reforman *they are remodelled*

ángulos rectos *right angles*
cruces *(m)* *intersections /*
    cruzan *cross*

estatuas *statues*

alrededor de *around*

patrón al azar *random pattern*

café al aire libre *sidewalk cafe*
quiosco… revistas *newsstand*

que produce una concentración de población relativamente alta. De esta manera las ciudades no se desarrollan como las ciudades norteamericanas de igual población.
40 Esta concentración resulta en ciertas ventajas y ciertas desventajas. Las distancias son cortas, el transporte público es muy eficaz y muy usado y es menor la necesidad de un automóvil particular. En cambio el amontonamiento de gente en todas partes, el tráfico abrumador y el
45 ruido callejero pueden ser desagradables. Sin embargo, los habitantes se acostumbran a los aspectos negativos y gozan de una vida activa e intensa.

amontonamiento *crowding*
abrumador *overwhelming*
ruido callejero *street noise*

Comprensión

A. Complete según el texto.

1. Tres cosas que se encuentran con frecuencia en los círculos de tráfico son _____.
2. Por lo general, un edificio que se suele ver en la plaza central es _____.
3. Las ventajas de concentrar la población en relativamente poco espacio son _____.
4. Las desventajas son _____.
5. Los habitantes de las ciudades típicamente gozan de una vida _____.

B. Responda a las siguientes preguntas personales.

1. ¿Piensa Ud. vivir en una ciudad después de terminar los estudios? ¿Por qué?
2. ¿Prefiere vivir en una casa separada o en un apartamento? ¿Por qué?
3. ¿Qué elementos de las ciudades le atraen más?
4. ¿Le gusta la ciudad en que está su universidad? Explique.
5. ¿Utiliza Ud. el transporte público? ¿Por qué sí o por qué no? ¿Hay un sistema bueno donde Ud. vive?

III. La vida urbana

Como se ha dicho anteriormente, la vida diaria del habitante de una ciudad hispánica se concentra en el barrio. Es aquí donde es conocido y donde conoce a sus vecinos.
5 Cuando hace buen tiempo tiene una fuerte tendencia a salir a la calle en busca de contacto humano.
　Prefiere hacer sus compras en las pequeñas tiendas especializadas del barrio. Estas tiendas son comúnmente negocios familiares que pertenecen a una familia local. Ir
10 de compras, que generalmente se hace a pie, se convierte

negocios *stores*

en una ocasión social. A la persona hispánica—gregaria por naturaleza—no le atrae mucho la anonimidad de los grandes supermercados ni los grandes almacenes, aunque sí existen éstos en todas las ciudades. Los dueños de las

almacenes department stores

15 panaderías, carnicerías, pescaderías, fruterías, lecherías, papelerías, tabaquerías, ferreterías, farmacias, etcétera, consideran parte de su servicio el conocer los gustos de sus clientes regulares y también a las familias de éstos. Es muy importante charlar un rato con la persona que ha

papelerías stationery stores / ferreterías hardware stores

20 llegado a comprar algo, especialmente si ha ocurrido un cambio en el gobierno o la política del momento.

Generalmente, las personas que tienen que trabajar fuera del barrio vuelven a casa a almorzar. Puesto que es todavía común en varios países observar la siesta del

fuera outside

25 mediodía, todo se cierra por unas tres horas después de la 1:00. Los niños vuelven de la escuela y es en este período que las familias tienen su comida principal del día. Algunos aprovechan esta oportunidad para pasar un rato en el café charlando con los amigos o para pasearse por la

30 plaza en los días de sol. A las 3:00 o 4:00 de la tarde los niños vuelven a la escuela y los padres al trabajo para completar la jornada—hasta las 7:00 u 8:00 de la noche.

jornada day's work

Lo más importante de este estilo de vida es el sentido de comunidad que mantiene frente a la gran masa imper-

35 sonal de las grandes ciudades modernas. En las calles del barrio, o en la plaza, o reunida con los amigos en el café de la esquina, la persona no sufre la crisis de identidad. Aun cuando hace las tareas diarias—ir de compras, ir al trabajo, etcétera—se siente rodeada de vecinos que saben

40 que uno existe y que se preocupan por su bienestar.

bienestar (m) welfare

Comprensión

A. Decida si las siguientes frases son verdaderas o falsas. Corrija las falsas.

1. En la ciudad hispánica los vecinos raramente se conocen.
2. A la persona hispánica le gustan las tiendas pequeñas.
3. Para la mayoría de los hispanos la comida más importante se come un poco después del mediodía.
4. En el mundo hispánico la vida social en el barrio no tiene importancia.

B. Responda a las siguientes preguntas personales.

1. ¿Conoce Ud. a muchos de sus vecinos? Explique.
2. Cuando Ud. va de compras, ¿prefiere las tiendas pequeñas o los almacenes grandes? ¿Por qué?
3. ¿Va Ud. de compras frecuentemente? Explique.
4. ¿Qué cosas le gusta comprar? ¿Qué no le gusta comprar? ¿Por qué?

IV. El significado de la ciudad en el mundo hispánico

Un artículo en el períodico *El Mundo* de San Juan, Puerto Rico, dice así: «La más grande empresa de creación de ciudades llevada a cabo por un pueblo, una nación o un
5 imperio en toda la historia, fue la desarrollada por España en América a partir de 1492, que llenó un continente de ciudades...» dice Fernando Terán, catedrático de Urbanismo... Las estadísticas indican que actualmente la tasa de crecimiento de las ciudades llega al doble de la de la
10 población total. Fuera de los problemas obvios, como la incapacidad de los centros urbanos de asimilar a tantas personas, y el desempleo, la pobreza y el descontento social resultantes, existen otros factores negativos. El éxodo de gente del campo es cada vez más grave: España,
15 antes predominantemente rural, sólo cuenta hoy con una fuerza agrícola del treinta y tres por ciento de los trabajadores. Esta gran migración también efectúa cambios profundos en algunas de las antiguas instituciones de la cultura: la familia, la iglesia y la moral tradicional pierden
20 algo de su importancia cuando las personas cortan sus raíces rurales para mudarse a los centros urbanos.

Si estos problemas son graves ahora, el futuro promete algo espantoso. Se anticipa que el porcentaje de población urbana en Latinoamérica subirá del 49%
25 actual al 80% en el año 2000. En números absolutos irá de 102.000.000 de habitantes urbanos en 1960 hasta 608.000.000 en el año 2000. En ese caso, una ciudad como México contaría con cerca de 30.000.000 de habitantes; ¡tres veces más que la población actual de Nueva
30 York! El dilema es obvio. Si el gobierno mejora las condiciones de los servicios sociales, viviendas, trabajos, etcétera, atraerá a más gente. Además quedaría sólo un 20% de la población del continente para producir los comestibles necesarios para el otro 80%, lo que sería difícil
35 aun con los métodos más mecanizados de agricultura.

En el siglo XIX un argentino, Domingo Faustino Sarmiento,[10] formuló una interpretación de la sociedad hispanoamericana a través del conflicto entre «la civilización y la barbarie». Con la «civilización», Sarmiento

empresa *enterprise* / **llevada a cabo** *carried out*

imperio *empire* / **desarrollada** *developed*
a partir de *starting in*

estadísticas *statistics* / **tasa** *rate*

asimilar *to assimilate*

resultantes *resulting*

cortan *cut*
mudarse *to move*

promete *promises* / **espantoso** *horrible*

barbarie (*f*) *barbarism*

---

[10]*Domingo Faustino Sarmiento* (1811–1888) Sarmiento was one of Spanish America's greatest essayists. He felt that the future of Argentina lay in allowing the cities, with their higher level of culture and civilization, to dominate the provincial areas. His long essay (of 1845) on a brutal gaucho named Juan Facundo Quiroga showed how the rural element was backward and primitive. Juan Manuel de Rosas was the dictator, from the provinces, who exemplified the harm done when the gaucho achieved political dominance.

identifica a la ciudad de Buenos Aires y con la «barbarie»
40 a la pampa argentina. Este concepto sirvió como base del
pensamiento hispanoamericano durante todo un siglo. La
actitud hispánica hacia la ciudad como centro de la civilización todavía existe como valor básico de la vida y como
lo dijo hace más de un siglo Sarmiento: «... veremos...
45 la campaña sobre las ciudades, y dominadas éstas en su   campaña   *countryside*
espíritu, gobierno, civilización, formarse al fin el
gobierno central unitario, despótico, del estanciero Juan   estanciero   *rancher*
Manuel de Rosas, que clava en la culta Buenos Aires el   clava   *buries*
cuchillo del gaucho y destruye la obra de los siglos, la   cuchillo   *knife*
50 civilización, las leyes y la libertad».

Comprensión

A. Responda según el texto.

1. ¿Qué porcentaje de los trabajadores españoles constituye la fuerza agrí-
    cola?
2. ¿Qué instituciones tradicionales sienten el efecto de migración hacia la
    ciudad?
3. ¿Cómo crecerá la población urbana de Latinoamérica para el año 2000 si
    sigue el curso actual?
4. ¿Qué significaba «civilización y barbarie» para Sarmiento?

B. Responda a las siguientes preguntas personales.

1. ¿Cree Ud. que la vida urbana es mejor que la vida del campo? ¿Por qué?
    ¿Cuáles son algunas ventajas y desventajas?
2. ¿Preferiría criar a sus hijos fuera de la ciudad? ¿Por qué?
3. ¿Nació Ud. en una ciudad o en el campo?
4. En su opinión, ¿cuáles serían las condiciones de vida ideales?

PRÁCTICA

I. Ejercicios de vocabulario

A. Complete con una palabra relacionada a la palabra entre paréntesis.

1. (urbano)

    a. El proceso de ＿＿＿＿＿＿ es constante.
    b. Los centros ＿＿＿＿＿＿ atraen a la gente.
    c. La población del mundo se ＿＿＿＿＿＿ cada vez más.

2. (unir)

    a. La ciudad ＿＿＿＿＿＿ la oportunidad y la dificultad.
    b. La gente de la ciudad está más ＿＿＿＿＿＿.
    c. Los Estados ＿＿＿＿＿＿ es un país norteamericano.

3. (centro)

   a. En las ciudades hispánicas siempre hay una plaza _____.
   b. La actitud etno- _____ es común.
   c. La ciudad es el _____ de los servicios.

4. (imperio)

   a. La política _____ existe siempre.
   b. La capital de la España _____ fue Madrid.
   c. El _____ hace difícil las relaciones entre países.

5. (descubrir)

   a. Colón fue el _____ del Nuevo Mundo.
   b. Sus _____ sorprendieron a los europeos.
   c. Las islas del Caribe fueron _____ en 1492.

B. Indique los sinónimos.

1. comercio	a. oeste
2. caminante	b. indicar
3. monarca	c. negocios
4. nativo	d. indígena
5. sacerdote	e. peatón
6. señalar	f. cura
7. occidente	g. rey

II. Puntos de contraste cultural

1. La tradición anglosajona es de comunidades pequeñas y rurales. La mediterránea es bastante distinta. Hoy día, ¿cuáles son las diferencias entre una y otra tradición?
2. ¿Cree usted que lo más valioso de una sociedad está en los centros urbanos o en el campo? ¿Existe una actitud antiurbana en los Estados Unidos?
3. ¿Qué diferencias existen entre los problemas de urbanización en Hispanoamérica y en los Estados Unidos?
4. ¿Qué diferencias hay entre la orientación de la vida urbana en las dos regiones?

III. Debate

A causa de la contaminación y el crimen es mejor criar a los niños en el medio rural en vez del urbano.

IV. El arte de escribir: repaso

De aquí en adelante esta sección sugerirá algunos temas de composición para que Ud. utilice todas las estrategias que ha aprendido. También repasaremos los puntos más importantes de las unidades anteriores.

Escriba Ud. una composición que resuma lo que dice el texto sobre dos de las ciudades principales. No se olvide de enumerar lo que dice el texto y poner la lista en orden lógico. Luego decida cuáles de los detalles va a incluir y cuáles no son necesarios.

V. Las noticias

Indique Ud. los puntos principales de estos artículos.

Definitivo: en el DF 8.235.744 Habitantes

Los resultados definitivos del XI Censo General de Población y Vivienda en el Distrito Federal, ratifican que se ha reducido su población. Radican 8.235.744 personas, casi la mitad jóvenes…

Además, uno de cada cuatro habitantes del DF no nació en la capital del país; emigraron en cinco años hacia esta metrópoli 318.000 y salieron a radicar a otras entidades 1.087.000, de los cuales 549.000… se asentaron en el Estado de México… En únicamente 0,4 por ciento del territorio nacional vive 20 por ciento de los habitantes del país.

Excelsior
(Ciudad de México)

Censo   *census*
Vivienda   *housing /*
  ratifican   *verify*
radican   *are settled*

emigraron   *immigrated*
metrópoli *(f) city*
entidades   *places /* se
  asentaron   *settled*

La contaminación de la ciudad de México se hace insoportable

insoportable   *unbearable*

La gravísima polución atmosférica de la capital de México se acentuó en el pasado invierno hasta extremos insoportables. La proverbial contaminación de la capital del distrito federal es la causa de que diariamente 10 niños de cada aula falten a clase, afectados por enfermedades respiratorias.

Abrir la ventana una mañana cualquiera en la ciudad de México es una oportunidad única de recibir una bocanada de plomo mezclado con azufre y monóxido de carbono. Al salir, uno puede encontrarse en la calle con los cadáveres de los pájaros que no han resistido el aire envenenado… Los expertos consideran que 75% del envenenamiento del aire es culpa de los cerca de tres millones de automóviles particulares, 60.000 taxis y 17.000 autobuses que circulan en la mayor urbe del mundo.

El País Internacional
(Madrid)

se acentuó   *was greater*

aula   *classroom /* falten
  miss

bocanada   *mouthful /*
  plomo   *lead /*
  mezclado   *mixed /*
  azufre *(m) sulphur*
envenenado   *poisoned*

culpa   *fault*
particulares   *private*
circulan   *circulate /*
  urbe *(f)   city*

VI. *Situación*

Imagine que usted es un gran arquitecto que ha recibido una comisión de planear una ciudad nueva para 100.000 habitantes. ¿Cómo sería su ciudad? ¿Cómo viviría la gente? ¿En casas? ¿apartamentos? ¿condominios? Para usted, ¿qué aspectos serían más importantes en el plan? ¿Las diversiones? ¿los centros comerciales? ¿el transporte? ¿las viviendas?

Los Estados Unidos y lo hispánico

)) *Se ve la presencia de las grandes instituciones bancarias estadounidenses por casi todo el mundo. ¿Por qué querría establecer Citibank una sucursal en la Ciudad de Panamá?*

▣ VOCABULARIO ÚTIL

Estudie estas palabras antes de leer el ensayo.

Verbos

amenazar   to threaten
caracterizar   to characterize
compartir   to share
conseguir (i)   to acquire, get
enfrentarse (a)   to confront, face
firmar   to sign
imponer   to impose, force on
lograr   to manage, achieve, get
proclamar   to proclaim, announce
quejarse   to complain
reconocer   to recognize
rechazar   to reject, refuse

Sustantivos

el acuerdo   accord, agreement;
   ponerse de acuerdo   to reach an agreement
la amenaza   threat
la amistad   friendship
el, la ciudadano, -a   citizen
la enemistad   enmity
el peligro   danger
la pérdida   loss
el, la político, -a   politician;
   la política   policy, politics
el tratado   treaty

Adjetivos

aliado, -a   allied, ally
mutuo, -a   mutual
político, -a   political

▣ ENFOQUE

Al examinar la historia de las relaciones entre los Estados Unidos y los países hispánicos lo que más sorprende es la larga tradición de desconfianza y de sospechas mutuas que la han caracterizado. Tal vez sea por las grandes desigualdades económicas, o por las profundas diferencias culturales y religiosas, pero lo cierto es que no se encuentran muchas ocasiones que revelen verdadera amistad o alianza política. En el caso de España sería posible atribuir esto a la falta de intereses comunes y al hecho de que la mayor parte del territorio de los Estados Unidos perteneció en una época al imperio español. Después de todo, España era un país colonizador que se identificaba con Europa, pero ése no era el caso de los países hispanoamericanos. Todos comparten varias tradiciones: el pasado colonial, las guerras de independencia, la proximidad geográfica y el americanismo que ésta produce, un liberalismo fundamental nacido en el siglo XVIII. Sin embargo, lejos de verificar la teoría

desconfianza   *distrust*
sospechas   *suspicions*

de Herbert Bolton[1] sobre «el destino común de las naciones americanas», la realidad ha sido otra. El análisis de la historia de las relaciones interamericanas resulta relativamente pesimista.

Esta unidad repasa la historia de esas relaciones y busca algunas causas importantes.

ANTICIPACIÓN

¿Qué sabe Ud. de las relaciones interamericanas? ¿Sabe cuándo ocurrió la guerra entre México y los Estados Unidos? ¿Entre España y los Estados Unidos? ¿Cómo fue que los Estados Unidos logró tener control sobre el canal de Panamá? ¿Qué otras cosas ha estudiado sobre este tema? Con un(a) compañero(a) de clase, haga una lista. Prepárese para presentar su lista a la clase.

I. Los Estados Unidos, España y la independencia americana

 Los primeros contactos importantes entre los Estados Unidos y España ocurrieron en el siglo XVIII. Debido a una larga historia de conflictos entre España e Inglaterra, los
5 españoles apoyaban el movimiento de independencia en las colonias inglesas. Esta posición se basaba más en el deseo de ver la pérdida de las colonias que en los principios filosóficos. El imperio español compartía una larga frontera con las colonias inglesas y francesas (aproxima-
10 damente a lo largo del río Misisipí). Sin duda, España pensaba que sería más fácil defender esta frontera contra la nueva nación pequeña—los Estados Unidos—que contra Inglaterra.

Sea cual fuere el motivo, la realidad es que los espa-
15 ñoles, aliados con los franceses, comenzaron a incomodar a los ingleses en Europa, especialmente en Gibraltar, la colonia inglesa estratégicamente situada en la península para controlar la entrada al mar Mediterráneo. El ataque español comprometió a la marina
20 inglesa en Europa en el momento más grave de la guerra en América. No se sabe si esto cambió el resultado de la lucha pero indudablemente acortó la guerra y facilitó la victoria de las trece colonias.

Poco después comenzó el largo proceso de pérdidas
25 coloniales para España. Cedió el territorio del río Misisipí

apoyaban   supported

a lo largo   along

Sea... fuere   Whatever might have been

incomodar   to harass

comprometió   committed, engaged / marina   navy

acortó   (it) shortened

---

[1]Herbert Bolton   One of the best-known historians of the Southwestern United States.

(conocido como Luisiana) a Francia, y poco después, se vio obligada a vender la región que ahora es el estado de Florida. Además, inspirados por el ejemplo norteamericano, los criollos hispanoamericanos también lograron

30 separarse de la madre patria. Ya para 1830 el imperio español se había reducido a las islas del Caribe, las Filipinas y algunas colonias pequeñas en la costa de África. Los Estados Unidos fueron uno de los primeros países en reconocer la legalidad de las nuevas naciones, con expre-

35 siones de simpatía ideológica y moral. Declararon su apoyo en la famosa Doctrina Monroe (1823) que proclamaba la soberanía del hemisferio sobre su propio destino y decía además que los Estados Unidos no mirarían con indiferencia cualquier tentativa de imponer un sistema

40 europeo en el continente.[2]

Después de esta época, el problema básico en las relaciones entre España y los Estados Unidos hasta 1898 fue el caso de la isla de Cuba. Aunque Cuba fue parte del imperio, siempre existieron sentimientos de indepen-

45 dencia. Los Estados Unidos, al mismo tiempo, valoraban la isla y no hay duda de que querían anexarla a la unión norteamericana. Había más posibilidades que esto ocurriera si Cuba era independiente y no una colonia española. En 1848, los Estados Unidos se ofrecieron a

50 comprar el territorio alegando como motivo el peligro de que cayera en manos de otro poder europeo. El Presidente Buchanan ofreció $50.000.000, pero en 1854 se llegó a ofrecer $120.000.000 por la isla. En ese mismo año el gobierno norteamericano tomó una posición algo agresiva

55 basada en el peligro que podría representar Cuba para los Estados Unidos: si la isla cayera en manos de otro poder o si siguiera importando esclavos africanos —que eran ya un problema en los Estados Unidos— los Estados Unidos tendrían el derecho de tomarla por la fuerza. Esta política,

60 que siguió en efecto hasta fines del siglo, sirvió de base a la invasión de 1898.

En 1895 los Estados Unidos comenzaron a sentirse suficientemente fuertes como para apoyar la rebelión iniciada años antes por los patriotas cubanos bajo la inspi-

65 ración de José Martí. Ya para 1898 el sentimiento a favor de la guerra era tal entre el pueblo norteamericano que habría sido difícil evitarla. Cuando el acorazado *Maine* explotó en el puerto de La Habana, la causa, desconocida hasta ahora, fue atribuida a una mina explosiva colocada

simpatía   *congeniality*

soberanía   *sovereignty, rule*

valoraban   *valued*

suficientemente fuertes
    strong enough

acorazado   *battleship*

---

[2]*Doctrina Monroe*   So called because it was expressed by President James Monroe in a message to Congress in 1823.

70 por los españoles. En abril de 1898, el Presidente Mc-
Kinley pidió al congreso permiso para entrar en la guerra
entre Cuba y España.[3] Alegó como justificación cuatro
razones: 1) el deseo humanitario de poner fin a la
matanza, 2) la necesidad de proteger a los ciudadanos   matanza   *slaughter*
75 norteamericanos residentes en Cuba, 3) la protección del
comercio entre Cuba y los Estados Unidos, 4) la amenaza
que significaba la guerra para los estados situados a poca
distancia de la isla. Es interesante comparar estas razones
con las ofrecidas en el caso más reciente de Granada. La
80 guerra duró menos de un año, durante el cual la marina
norteamericana tomó Cuba, Puerto Rico y las Filipinas.
El tratado de paz firmado en París en diciembre de 1898
cedió las Filipinas, Puerto Rico y la isla de Guam a los
Estados Unidos y dejó a Cuba bajo el control de una
85 fuerza norteamericana de ocupación. La guerra marcó el
fin del imperio colonial de España en América. A causa
de ella, surgió en la península un movimiento cultural   surgió   *there arose*
llamado la Generación del 98, que buscaba la causa de la
decadencia de España y la manera de volver a la grandeza
90 anterior.

En la actualidad las relaciones entre España y los
Estados Unidos incluyen cuestiones sobre las bases
militares que éstos tienen en España, las relaciones comerciales, ahora que España está en la Comunidad
95 Económica Europea, y la presencia de España en la
OTAN.[4] España participó de forma mínima en la guerra
del Golfo Pérsico en 1991.

Comprensión

A. Responda según el texto.

1. ¿Cómo ayudó España a las trece colonias?
2. ¿Qué territorios españoles pasaron a los Estados Unidos?
3. ¿Qué es la Doctrina Monroe?
4. ¿Qué quería hacer Buchanan con Cuba?
5. ¿Quién era José Martí?
6. En la actualidad, ¿en qué se basan las relaciones entre España y los Estados Unidos?

---

[3]*guerra entre Cuba y España* Called the Spanish-American War in U.S. history. It began as a struggle by Cuba for independence. José Martí was one of the inspirational leaders of the movement. The Hearst newspapers were in a circulation war with the Pulitzer papers, and both sent reporters to Cuba to file sensational stories which had the effect of inflaming public opinion in the United States. The *Maine* incident was the final factor.

[4]OTAN *Organización del Tratado del Atlántico del Norte*—the North Atlantic Treaty Organization or NATO in English.

B. Responda a las siguientes preguntas personales.

1. ¿Sigue Ud. las noticias internacionales? ¿Dónde consigue la mayoría de su información?
2. ¿Cree que hay medios de comunicación libres de prejuicios? ¿Cuáles son?
3. ¿Cree que las cadenas *(networks)* de televisión presentan las noticias sin prejuicios políticos? Explique.
4. ¿Cuáles son los países con los que los Estados Unidos tienen tradicionalmente las mejores relaciones?

II. Los Estados Unidos y las nuevas naciones americanas

 demás del reconocimiento diplomático de Cuba, los Estados Unidos se ocuparon durante el siglo XIX de las fronteras con Texas y California, que todavía restringían   restringían *restricted*

5 la expansión norteamericana, por pertenecer a México. La Doctrina Monroe fue ampliada para incluir no sólo una prohibición de la colonización sino también de cualquier intervención diplomática. Esto se hizo porque el Presidente Polk temía que los europeos se metieran en el pro-   se metieran *would meddle*

10 blema de Texas, pero fue el principio de una política dominadora de los Estados Unidos hacia México. Los Estados Unidos ayudaron a los texanos y también a los ciudadanos de California que buscaban la independencia de México. Al lograr la independencia, Texas pidió

15 incorporarse a los Estados Unidos. La petición fue aceptada y México—aunque no se hallaba en condiciones de sostener esta lucha—inmediatamente declaró la guerra contra los Estados Unidos. Por el tratado de Guadalupe Hidalgo (1848),[5] que puso fin a la guerra, los mexicanos

20 se vieron obligados a aceptar la pérdida de casi la mitad de su territorio nacional, incluidos Texas, California, Nuevo México, gran parte del estado de Arizona y toda la región al norte de estos estados. Cinco años más tarde, por el Tratado de Gadsden, los Estados Unidos compraron otra

25 faja de tierra en el sur del estado de Arizona porque   faja *strip* ofrecía una ruta hacia el Océano Pacífico, algo que el gobierno consideraba necesario para el desarrollo de California. Como consecuencia, el gobierno mexicano quedó

---

[5]*Tratado de Guadalupe Hidalgo*   This treaty, signed in 1848, ended the war between the United States and Mexico. Most of what is now the western United States was ceded by Mexico. The Treaty of Paris ended the Spanish-American War in 1898. Puerto Rico became a colony of the United States and its citizens were granted most of the rights and privileges of U.S. citizenship, including unrestricted immigration to the mainland.

en pésimas condiciones, lo que preparó la situación para
30 la primera verdadera prueba de la Doctrina Monroe.

Debido al costo de la guerra contra los Estados
Unidos, el gobierno mexicano bajo Benito Juárez se vio
obligado a suspender el pago de los préstamos que le
habían hecho varios gobiernos europeos. Inglaterra,
35 Francia y España se pusieron de acuerdo sobre la necesidad de intervenir con una fuerza militar para proteger
sus intereses.[6] En realidad, veían la posibilidad de establecer una colonia en América. El más interesado era
Napoleón III, que tramó el plan y mandó a Maximiliano
40 a México. A pesar de que la Doctrina Monroe prohibía tal
invasión, los Estados Unidos, que en ese momento se
hallaban en medio de la Guerra Civil, no pudieron
evitarla y los mexicanos tuvieron que defenderse solos sin
la ayuda de los Estados Unidos.
45 Durante la segunda mitad del siglo XIX, los Estados
Unidos siguieron una política de expansión. Una tentativa
de conseguir más territorio de México fracasó cuando el
Congreso rechazó el tratado. El gobierno de la República
Dominicana pidió ser incorporado al territorio de los
50 Estados Unidos y éstos pasaron unos años tratando de
conseguir la isla.[7] El Presidente Grant justificó este paso
en términos comerciales y humanitarios: quería detener la
importación de esclavos africanos en el Caribe. Pero la
única empresa que tuvo éxito fue la compra de Alaska de
55 los rusos.

Otra cuestión que interesaba a los Estados Unidos en
esta época era la posibilidad de construir un canal en
Centroamérica. El mejor lugar para el canal era el istmo
de Panamá, que formaba parte de Nueva Granada, ahora
60 Colombia. El tratado con Nueva Granada en 1846 y el
Tratado Clayton-Bulwer con Inglaterra en 1850 tenían
como propósito asegurar los derechos de los Estados
Unidos sobre cualquier canal o ferrocarril que fuera cons-
truido en la región. El tratado con Inglaterra también
65 buscaba imponer límites al establecimiento de colonias
inglesas en la región y comprometía a los Estados Unidos
a garantizar la neutralidad de un futuro canal. Proclamó,
además, que cualquier canal del futuro no sería propiedad
de los Estados Unidos.

---

en pésimas condiciones *in a terrible situation*
prueba *test*

se... a *had to* / préstamos *loans*

tramó *conceived*

rechazó *rejected*

paso *step*

empresa *undertaking, venture*
rusos *Russians*

istmo *isthmus*

propósito *purpose, intent*

---

[6]*para proteger sus intereses* Default on debt payments was mainly an excuse. Napoleon III sent Maximilian, Archduke of Austria, to take over and become Emperor of Mexico. A large group of Mexican
conservatives supported this ill-fated move.

[7]*la isla* The island of *Hispaniola* consisted of the former Spanish colony, the Dominican Republic, and
the former French colony of Haiti. Because Haiti served as a base for French colonial pretensions, and
because the island was a strategically important naval base, the United States was continually trying to
take it.

70   Así era la situación a fines del siglo XIX. Hasta ese momento las relaciones entre todos los países americanos habían demostrado cierta unidad contra las continuas amenazas europeas. La Doctrina Monroe no parecía ser un documento imperialista, sino uno que afirmaba la
75 independencia de todas las naciones americanas. La última década del siglo, sin embargo, abrió una nueva época en las relaciones interamericanas, caracterizada por declaraciones de unidad cada vez más fuertes y por actos   cada... fuertes *stronger and* cada vez más agresivos de parte de los Estados Unidos.   *stronger*

Comprensión

A. Complete según el texto.

1. El tratado de Guadalupe Hidalgo puso fin a _____.
2. Los Estados Unidos ganaron una ruta hacia el Océano Pacífico por _____.
3. Napoleón III era el líder europeo más interesado en _____.
4. En el siglo XIX los Estados Unidos se interesaban en _____ en Panamá.
5. El Tratado Clayton-Bulwer buscaba imponer límites al _____ en Centroamérica.
6. La Doctrina Monroe parecía afirmar _____.

B. Responda a las siguientes preguntas.

1. ¿Cree Ud. que las relaciones interamericanas merecen más o menos atención del gobierno? Explique.
2. ¿Cree que las relaciones con México son más importantes que las relaciones con los otros países hispanoamericanos? ¿Por qué?
3. ¿Con qué país hispano parecen ser las relaciones mejores hoy día? ¿peores? ¿Por qué?
4. ¿Cree Ud. que las economías hispanoamericanas van a mejorarse en el futuro cercano? Explique.

III. El Panamericanismo y «El coloso del norte»

 En 1889, a petición de los Estados Unidos, tuvo lugar la primera reunión panamericana en Washington. Hubo otras en 1902 en México, 1906 en Río de Janeiro y en 1910
5 en Buenos Aires. Aunque el gobierno norteamericano siempre apoyó estas reuniones, sus acciones no contribuyeron a una idea de amistad y alianza. Primero, los Estados Unidos participaron en la guerra contra España, que resultó en la adquisición de Puerto Rico por parte de

10 los norteamericanos y la ocupación de Cuba por un tiempo no determinado. Esto, junto con el hecho de que los Estados Unidos no daban indicios de terminar la ocupación, aumentó la desconfianza de los estados hispanoamericanos.

no… de *gave no indication of*

15 Otro aspecto de la política norteamericana hacia Cuba fue la declaración en 1901 de ciertas prohibiciones contra el gobierno cubano:[8] 1) éste no permitiría fuerzas de otras naciones en la isla, 2) no contraería deudas excesivas, 3) daría a los Estados Unidos el derecho de inter-
20 vención para proteger la «independencia» del país, 4) vendería a los Estados Unidos la tierra necesaria para establecer una base en la isla. En pocas palabras, el gobierno norteamericano pensaba asumir el papel de «protector» del nuevo gobierno cubano.

éste *the latter (the Cuban government)*
no contraería *would not contract, acquire*

25 Debido a ciertas reclamaciones de parte de países europeos sobre deudas del gobierno dominicano, apareció la amenaza de otra invasión semejante a la que había ocurrido antes en México. Esta vez los Estados Unidos decidieron actuar primero, y en 1905 se apoderaron de la
30 aduana de la isla para distribuir el dinero a los gobiernos europeos.

reclamaciones *(f)* *claims*

semejante *similar*

se apoderaron de *they took over*
aduana *customhouse*

Los recelos hispanoamericanos aumentaron como resultado de una proclamación del Presidente Theodore Roosevelt en 1904 en la que se extendía la Doctrina
35 Monroe para incluir el derecho norteamericano de intervenir en los asuntos de los otros países en caso de una amenaza a su estabilidad y orden internos. Esta idea, llamada el «corolario de Roosevelt a la Doctrina Monroe» es clasificada por la mayoría de los historiadores como la
40 cumbre de la arrogancia norteamericana en las relaciones interamericanas. Roosevelt dijo que no había peligro de intervención en los países que «se portaran bien» y que mostraran su capacidad de gobernarse «de una manera eficaz y decente». En casos de «errores crónicos» los
45 Estados Unidos se verían obligados a actuar como «policía internacional» para restaurar el orden y la civilización en el país.

recelos *suspicions*

cumbre *(f)* *height*

se portaran bien *behaved well*
eficaz *efficient*

restaurar *to restore*

Haciendo uso de esta doctrina el Presidente Taft mandó fuerzas militares a varios países centroamericanos
50 que amenazaban sufrir algún problema interior. Uno de los efectos negativos de esta política era que tendía a

---

[8]*prohibiciones contra el gobierno cubano* This is known as the Platt Amendment (to the Military Appropriations Bill of 1904). It was symbolic of U.S. arrogance for many years in Latin America. It was mentioned in the Cuban Missile Crisis of 1962 since that case, too, involved threatened intervention. The 1979 U.S. protest against the presence of Soviet combat troops in Cuba was another invocation of this policy.

En 2000 Panamá tomará control del canal de Panamá. Ahora está controlado por los Estados Unidos. ¿Qué importancia militar y económica tiene el canal?

favorecer a los dictadores en lugar de a los partidos más democráticos.

Taft creó también la «diplomacia del dólar», una
55 tentativa de reemplazar las inversiones europeas en Hispanoamérica con dólares norteamericanos, lo que ayudaría a eliminar la amenaza europea a la soberanía de estos países. Si no pagaran las deudas, los únicos que se quejarían serían los financieros norteamericanos, y el
60 gobierno garantizaría las deudas. Los que se oponían a esta táctica declaraban que los países pequeños llegarían a ser casi propiedad de los Estados Unidos. La intervención resulta mucho más fácil cuando no hay necesidad de ponerse de acuerdo con otros gobiernos acreedores.

65 Otra, y probablemente la más importante, de las intervenciones de los Estados Unidos fue la construcción del canal de Panamá. Hacia fines del siglo pasado el canal asumió gran importancia en la política estadounidense a causa de la atracción comercial del Lejano Oriente y de la
70 necesidad militar de proteger las dos costas de los Estados Unidos. Después de conseguir de Inglaterra el derecho de construir y dirigir el canal por su propia cuenta, los Estados Unidos tuvieron que entrar en un acuerdo con Colombia, por cuyo territorio iba a pasar el canal. Sin
75 embargo, cuando iba a concluirse el tratado con Colombia el congreso de ese país rehusó aceptar los términos, porque querían aclarar algunos artículos

reemplazar las inversiones
replace investments

llegarían a ser *would
become*

acreedores *creditor*

estadounidense *of the U.S.*
Lejano Oriente *Far East*

por... cuenta *on its own*

rehusó *refused*

relacionados con los derechos reservados a su propio gobierno. Mientras se debatía el problema, estalló una revolución en la región de Panamá, una provincia de Colombia, para lograr la independencia. Los colombianos pensaron que los Estados Unidos habían fomentado la rebelión, ya que después de tres días, Roosevelt reconoció a la nueva república de Panamá y comenzaron las conversaciones sobre un tratado de concesión por el cual los Estados Unidos conseguían el derecho de construir el canal, de dirigirlo para siempre y de incorporar la tierra por la cual pasaba como territorio nacional. Esta situación prevaleció hasta 1979 cuando un nuevo tratado comenzó el proceso de dar el control del canal a Panamá.

estalló   *broke out*

Durante la presidencia de Woodrow Wilson la situación mejoró un poco. Wilson disminuyó el poder de la Doctrina Monroe, rechazando el concepto impuesto por Roosevelt. Además sugirió el principio de que ningún país debería permitir que fuerzas rebeldes de otros países se prepararan en el territorio del país vecino. Wilson también apoyó las fuerzas de la revolución en México, basándose en su idealismo acerca de las formas de gobierno.

permitir… prepararan   *allow rebel forces of other countries to be prepared*

Hubo otras intervenciones en la América Central durante la segunda década del siglo y no fue hasta 1936, durante la presidencia de Franklin Roosevelt—quien inició la política del «Buen Vecino»—que comenzó a haber cambios notables en las relaciones entre los Estados Unidos e Hispanoamérica. Esta política rechazó varias prácticas del pasado y condujo a algunos tratados: entre ellos, la prohibición de la intervención y de la guerra entre países del continente. Al estallar la guerra en Europa casi todos los países de América se declararon aliados, por lo que durante los años de la Segunda Guerra Mundial hubo paz y amistad entre los Estados Unidos y los países hispanoamericanos.

«Buen Vecino»   *"Good Neighbor"*

condujo a   *led to*

Al estallar   *Upon the outbreak of*

Comprensión

A.   Responda según el texto.

1.   ¿Qué pasó con Puerto Rico y Cuba en 1898 y por qué?
2.   ¿Por qué los Estados Unidos invadieron la República Dominicana?
3.   ¿Qué era la «diplomacia del dólar» y quién la creó?
4.   ¿Cuáles fueron algunos motivos por construir el canal de Panamá?
5.   ¿Cómo eran las relaciones interamericanas durante la Segunda Guerra Mundial?

B. Responda a las siguientes preguntas.

1. ¿Cree Ud. que los Estados Unidos se mostraron arrogantes hacia Hispano-américa? Explique.
2. ¿Cree Ud. que la política actual hacia Hispanoamérica es buena? ¿Por qué?
3. ¿Cómo podrían los Estados Unidos mejorar las relaciones generales en el mundo?
4. ¿Por qué cree Ud. que los hispanoamericanos llaman «coloso del norte» a los Estados Unidos?
5. ¿Cuáles son los elementos básicos que influyen en las relaciones internacionales?

IV. Las relaciones en la época de la posguerra

asi todas las relaciones norteamericanas después de la guerra fueron influenciadas por la «Guerra Fría» entre los Estados Unidos y la Unión Soviética. Los aliados
5 hispanoamericanos ocuparon un lugar importante en este juego diplomático porque casi todos tenían gobiernos conservadores, pero al mismo tiempo veían el nacimiento de nuevos movimientos izquierdistas. Por lo general, aunque estos movimientos mostraban una ideología de
10 izquierda, sus lazos con el movimiento comunista internacional eran débiles. Sus intereses tendían a ser nacionalistas, antinorteamericanos y anticapitalistas. Atraían frecuentemente la atención y a veces el apoyo de los partidos comunistas, lo que les ganaba la enemistad del
15 gobierno estadounidense.

En base a los acuerdos y tratados interamericanos, los Estados Unidos comenzaron a formular tratados de seguridad mutua. Los gobiernos conservadores firmaban con gusto estos acuerdos porque contenían garantías de
20 estabilidad interna e iban acompañados de ofertas de ayuda económica en forma de armas modernas. Puesto que estos dictadores generalmente mantenían su poder gracias a las fuerzas militares, las armas representaban una ayuda efectiva contra cualquier grupo rebelde. De
25 nuevo, la política norteamericana aparecía como una política dominadora que exigía cierta conducta de los países vecinos a cambio de la ayuda económica y la amistad. Esta nueva actitud fue formalizada en el Tratado de Río de Janeiro[9] de 1947. Se trataba en realidad de una

izquierdistas   *leftist*

débiles   *weak*
Atraían   *They attracted*

En base a   *Based on*

con gusto   *with pleasure*
iban acompañados de   *were accompanied by /*
ofertas   *offers*

a cambio de   *in exchange for*

---

[9]*Tratado de Río de Janeiro*   Known as the Rio Pact. The full name: Inter-American Treaty of Reciprocal Assistance. It expressed adherence to the recently formed United Nations and declared the intention to settle disputes peacefully. It also declared that an armed attack against any American State constituted an attack against all.

30 alianza militar—la primera de este tipo para los Estados
Unidos desde 1778 cuando el nuevo gobierno había acep-
tado la ayuda francesa.

En 1948 los representantes de 21 repúblicas se
reunieron en Bogotá para el Noveno Congreso Interna-
35 cional de Estados Americanos. En medio de tumultos y   tumultos   *riots*
violencia[10] se formularon los principios de un nuevo
cuerpo: la Organización de Estados Americanos (OEA),
que primero se había llamado La Unión de Repúblicas
Americanas y luego El Sistema Interamericano. La nueva
40 organización, además de reconocer el alto nivel de acti-   además de   *in addition to*
vidad nacida durante la guerra, creó un consejo perma-   consejo   *council*
nente de defensa para coordinar la cooperación militar, es
decir, la venta de armas y el entrenamiento de oficiales.   entrenamiento   *training*
La Unión Panamericana fue designada como Secretariado
45 de la organización y el órgano principal de las relaciones
culturales.

Después de la formación de la OEA las relaciones
interamericanas sufrieron un largo período de descuido de   descuido   *neglect*
parte de los Estados Unidos, con excepción de aquellos
50 casos de crisis. Todos los tratados prohibieron explícitamente la intervención abierta al estilo de Taft y Coolidge,
pero, durante la década de 1950, el celo anticomunista del   celo   *zeal*
gobierno norteamericano lo llevó a mezclarse en los
asuntos internos de algunos países para que los comu-
55 nistas no ganaran ninguna ventaja.

El caso más notable fue el de Guatemala. El Partido
Comunista logró alguna influencia en el gobierno de
Jacobo Árbenz Guzmán, un presidente reformista con
ideología de izquierda. La oposición, encabezada por el   encabezada   *headed*
60 General Carlos Castillo Armas, estaba preparando una
revolución en el vecino país de Honduras. Árbenz aceptó
la ayuda ofrecida por la Unión Soviética, y eso despertó
el interés de los Estados Unidos. Éstos ofrecieron ayuda
secreta a Castillo Armas, en forma de armas y de entrena-
65 miento, que fue llevado a cabo por la Agencia Central de   llevado a cabo   *carried out*
Inteligencia. Esto hizo posible el triunfo de la revolución
en 1955, a la que han seguido 30 años de inestabilidad y
violencia. Aunque los Estados Unidos negaron sus   negaron   *denied*
acciones durante diez años, las admitieron después. Con
70 un caso comprobado, los hispanoamericanos comenzaron   caso comprobado   *proven*
a culpar a los Estados Unidos cada vez que ocurría un   *occurrence*
incidente semejante. Los Estados Unidos siempre han   culpar   *to blame*

---

[10]*tumultos y violencia*   Known as the *Bogotazo;* rioting and burning broke out when a popular political
leader was assassinated. The conference seemed to be part of the motive.

negado su interés en estas situaciones, pero ocurrieron otros casos, como el de la Bahía de Cochinos en Cuba en
75 1961, donde la misma táctica fue empleada, aunque sin éxito.

Desde 1959 Cuba ha sido el caso más importante en las relaciones interamericanas. Una de las razones es la misma de hace un siglo—la proximidad geográfica de la
80 isla a los Estados Unidos. Otra razón es que Fidel Castro ha sabido ganar la simpatía de Hispanoamérica explotando su papel de jefe de un país pequeño y débil, que ha podido burlarse de los deseos del gobierno norteamericano. Además, poco después de ocupar el gobierno,
85 Castro declaró su adhesión al marxismo y, más importante, al comunismo.

El Presidente John F. Kennedy formuló una nueva política hacia Latinoamérica llamada «La Alianza para el Progreso». El nuevo programa consistía en un esfuerzo
90 continental de cooperación, cuya base era la oferta de ayuda económica en casos donde el gobierno local demostrara algún esfuerzo propio, es decir, donde se pudiera formar una alianza entre la ayuda norteamericana y el capital nativo para un programa de desarrollo. Este
95 plan atrajo mucho interés entre los intelectuales americanos por su indiscutible idealismo. En la práctica, sin embargo, logró muy poco.

En los últimos años ha crecido la atención al desarrollo de las grandes compañías multinacionales. Algunos
100 observadores han notado que éstas tienden a crear su propia política; el caso de la ITT en Chile es un ejemplo. Estas compañías, con sus presupuestos de muchos miles de millones de dólares, son mayores que algunos gobiernos y constituyen nuevas instituciones en las rela-
105 ciones interamericanas.

Con la llegada al poder de los sandinistas en Nicaragua, Centroamérica volvió a ocupar la atención del gobierno norteamericano porque prestaban apoyo a los guerrilleros de los vecinos países como El Salvador. Los
110 dos países eran la escena de violencia constante durante la década de 1980. En 1990 los sandinistas perdieron las elecciones y su poder político. En 1992 los guerrilleros salvadoreños y el gobierno moderado llegaron a un acuerdo que puso fin a la lucha armada por el momento.
115 Panamá fue la escena de la invasión más reciente del gobierno estadounidense cuando intervino a finales de 1989 para poner en el gobierno los candidatos que habían ganado las elecciones. Otro propósito fue derrocar al dictador, Manuel Noriega, porque participaba en el
120 narcotráfico. Es evidente que los hispanoamericanos

Bahía de Cochinos   *Bay of Pigs*

burlarse   *to mock*

adhesión   *loyalty*

esfuerzo   *effort*

presupuestos   *budgets*

prestaban   *they lent*

llegaron a un acuerdo   *agreed* / *puso fin*   *put an end to* / *lucha*   *struggle*

intervino   *intervened* / *a finales de*   *at the end of*

derrocar   *overthrow*

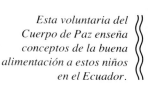

*Esta voluntaria del
Cuerpo de Paz enseña
conceptos de la buena
alimentación a estos niños
en el Ecuador.*

vieron esta acción como otra más en la larga historia de
intervenciones en la región.

    El caso de la guerra en 1982 entre la Argentina y
Gran Bretaña sobre las Islas Malvinas[11] muestra otro
125 aspecto de la complejidad de las relaciones interamericanas. De un lado un antiguo aliado de Europa y del otro
una nación americana quieren el apoyo de los Estados
Unidos. La Doctrina Monroe y el Tratado de Río no impi-
dieron que el gobierno norteamericano apoyara a los   no impidieron   *didn't stop*
130 ingleses. El hecho de que el gobierno militar argentino
estaba casi totalmente desacreditado en el continente   desacreditado   *discredited*
añadió otro factor a la decisión.

    Resumiendo, las relaciones entre los Estados Unidos
y los países hispánicos han tenido una historia de
135 conflictos y problemas. Es una lástima que no hayan
podido establecer entre ellas un tono de confianza y   confianza   *trust*
respeto mutuos. Es interesante notar que un latinoameri-
cano o español y un norteamericano pueden llegar fácilmente a ser buenos amigos a pesar de sus diferencias
140 culturales, religiosas o económicas. Pero, cuando estas
diferencias se elevan al nivel nacional se vuelven verda-   se elevan   *are raised*
deros obstáculos para la paz y comprensión que todo el
mundo, en el fondo, desea.   en el fondo   *basically*

---

[11]*Islas Malvinas* Called the Falkland Islands in English. Argentina has long claimed sovereignty over
these islands but Great Britain has refused to give them up. In 1982 Argentina attempted to take them by
force but was unsuccessful in the face of an all-out British defense.

Comprensión

A. Responda según el texto.

1. ¿Por qué eran importantes los países hispanoamericanos en la «Guerra Fría»?
2. ¿Cuál es la misión de la OEA?
3. ¿Qué es el Tratado de Río de Janeiro?
4. ¿Cuáles eran las bases de la «Alianza para el Progreso» y quién la propuso?
5. ¿Cuáles son los problemas principales en Centroamérica?
6. ¿Cómo se llaman las Islas Malvinas en inglés y qué pasó allí en 1982?

B. Responda a las siguientes preguntas.

1. ¿Cree Ud. que puede haber mejores relaciones entre los Estados Unidos y los países hispánicos? ¿Cómo?
2. ¿Cuál es su opinión sobre las organizaciones internacionales como las Naciones Unidas y la OEA? ¿la OTAN?
3. ¿Cree Ud. que puede haber una prohibición total de armas nucleares? ¿Cómo?
4. ¿Cuáles son los países más agresivos hoy día?

PRÁCTICA

I. Ejercicios de vocabulario

A. Complete las oraciones.

1. El comunismo es una política _____.
2. Cuba ha sido importante por su _____ geográfica.
3. La «_____ para el Progreso» fue muy popular entre los intelectuales norteamericanos.
4. Los Estados Unidos recibieron California por el _____ de Guadalupe Hidalgo.
5. La Doctrina Monroe fue una respuesta a las _____ europeas de volver a colonizar América.

B. Complete con una palabra relacionada a la palabra entre paréntesis.

1. (prohibir) El tratado contiene _____ contra la intervención.
2. (Estados Unidos) La política _____ se basaba en la «Guerra Fría».
3. (ideal) Ese programa es caracterizado por un tono _____.
4. (ideología) El movimiento tiene semejanzas _____ con el comunismo.
5. (colonia) España fue un país _____.

II. Puntos de contraste cultural

1. ¿Cuáles son las causas de la enemistad entre los gobiernos hispanoamericanos y los Estados Unidos?

2. ¿Qué diferencias hay entre los motivos básicos de la política internacional de los Estados Unidos y los de un país hispánico?

3. ¿Cree usted que es posible tener unidad en el hemisferio occidental? ¿Por qué?

III. Debate

La influencia de las grandes compañías multinacionales es mala en los países en vías de desarrollo.

IV. El arte de escribir: repaso

Escriba una composición en la que exponga su opinión sobre la idea de que todos los habitantes de este hemisferio deben hablar tanto el español como el inglés. Incluya ideas que apoyen su opinión.

V. Las noticias

Lea los siguientes artículos y coméntelos entre los miembros de la clase.

Bush propone una zona de libre comercio con Latinoamérica

Estados Unidos ha propuesto un plan de tres puntos destinado a ayudar a las caóticas economías latinoamericanas y del Caribe, que incluye la creación de una zona de libre comercio interamericana y una condonación de la deuda que los países del continente al sur del río Grande tienen con el Gobierno norteamericano. Sin embargo, el plan no prevé la concesión de ayudas directas a las naciones latinoamericanas...

condonación *forgiving*

prevé *foresee*

La iniciativa presidencial consta de tres partes: una condonación sustancial de la deuda oficial de los países latinoamericanos con el Gobierno de Estados Unidos, que asciende en la actualidad a 12.000 millones de dólares... el establecimiento de una zona de libre comercio entre todos los países del continente, que, según Bush, constituye «la mejor receta para conseguir un mayor crecimiento y unos mayores niveles de vida en América latina; y, en tercer lugar, un esfuerzo común para conseguir que los países del centro y sur de América liberalicen sus economías con el fin de hacer atractivas las inversiones extranjeras...

consta *consists of*

asciende... a *rises to /*
actualidad *present time*

receta *prescription*
crecimiento *growth /*
niveles *(m)* de vida
standard of living
esfuerzo *effort*
inversiones *investments*

El País Internacional
(Madrid)

Forman un fondo multilateral de inversiones para América latina

El fondo Multilateral de Inversiones, una idea lanzada por el presidente George Bush en su Iniciativa de las Américas, fue establecido ayer en una ceremonia en la Casa Blanca, pero sin llegar a reunir los 1.500 millones de dólares proyectados...

El Fondo, que será administrado por el Banco Interamericano de Desarrollo, tiene la finalidad de contribuir a un fuerte aumento en las inversiones en América latina y el Caribe...

Los mayores contribuyentes al Fondo son Estados Unidos y Japón, cada uno con 500 millones de dólares... Los alemanes pusieron 30 millones, los italianos 30, los franceses 15 y los portugueses 4, además de España, que, con 50 millones de dólares, ha sido el mayor contribuyente europeo...

La Prensa (Buenos Aires)

lanzada *advanced*

reunir *put together*
proyectados *projected*

finalidad *purpose*
fuerte *strong*

contribuyentes *contributors*

VI. Situación

Ud. acaba de ser elegido(a) presidente de los Estados Unidos. En la campaña electoral Ud. prometió mejorar las relaciones interamericanas. Ahora tiene que cumplir con su promesa. ¿Qué va a hacer en ese campo?

La presencia hispánica en los Estados Unidos

Uno de los lugares más famosos en Los Ángeles, California, es la calle Olvera. ¿En qué aspectos se ve la influencia hispana?

◙ VOCABULARIO ÚTIL

Estudie estas palabras antes de leer el ensayo.

Verbos

adaptarse   to adapt to
asimilar   to assimilate
emigrar   to emigrate,
   move out of a country
estallar   to break out,
   erupt, explode
incorporar   to incorporate
inmigrar   to immigrate,
   move into a country
labrar   to carve (wood,
   stone, etc.)

Sustantivos

la ascendencia   ancestry
los centenares   hundreds
la disposición
   disposition, readiness

el ferrocarril   railroad
el ganadero   cattleman
el ganado   cattle;
   la cría de ganado   cattle raising
la mayoría   majority
la migración   migration, movement from one
   area to another
la minoría   minority
el, la obrero, -a   worker
el suroeste   southwest

Adjetivos

anglosajón, -ona   Anglo-Saxon
dispuesto, -a   disposed to, ready
étnico, -a   ethnic
pacífico, -a   peaceful
poblado, -a   populated

◙ ENFOQUE

**Por varias razones históricas, la población actual de
los Estados Unidos contiene casi 9% de personas de
ascendencia hispana. Se calcula que hay unos 13,5
millones de personas de antecedentes mexicanos, 2,7
millones de puertorriqueños, 1 millón de cubanos y
unos 5 millones de otros países hispánicos, muchos de
Centroamérica. A diferencia de otros grupos étnicos,
la mayor parte de éstos nunca inmigró a los Estados
Unidos, y no son descendientes de inmigrantes a este
país. En el suroeste de los Estados Unidos, las
personas fueron incorporadas a los Estados Unidos a
través del Tratado de Guadalupe Hidalgo en 1848.
Los puertorriqueños se convirtieron en ciudadanos
por el Tratado de París de 1898. En otras palabras, la
mayoría de las personas de habla hispana en los
Estados Unidos son los habitantes de territorios
ocupados en dos guerras.**

    **Generalmente el inmigrante llega a una nueva
tierra dispuesto a asimilar la cultura, a aprender una
lengua, a adaptarse a las costumbres y a los valores del
país, muchas veces con un entusiasmo extremado.**

puertorriqueños   *Puerto
Ricans*

Pero cuando se ve incorporado por la fuerza a otra cultura, no siente esta disposición. Más bien tiende a resistirse y a tratar de preservar su cultura original como un tipo de defensa. Un caso comparable es el de la provincia de Quebec, en Canadá, donde la situación de los habitantes de cultura francesa se asemeja a la de los de origen hispánico en los Estados Unidos. Es indispensable conocer este contexto para comprender las actitudes contemporáneas de esta minoría étnica.

por la fuerza   *by force*

ANTICIPACIÓN

Con un(a) compañero(a) de clase, haga una lista de los problemas con que se encuentran los hispanos en los Estados Unidos y algunas soluciones posibles. Prepárese para presentar su lista a la clase.

I. Orígenes de «La Raza»

«La Raza»   *"The Race"*

ientras que el porcentaje de personas de ascendencia hispánica en el país entero es de casi 9%, en los estados del suroeste ese porcentaje es dos o tres veces mayor. La
5 causa básica de esta concentración tiene su origen en algunos hechos de la primera mitad del siglo XIX.

A principios del siglo XIX nació en los Estados Unidos el concepto que se llamó «destino manifiesto». Según éste, el destino de los anglosajones era ampliar su
10 territorio, a expensas del pueblo hispánico, en el continente americano. Existía cierta confusión en cuanto a los límites de esta expansión: algunos pensaban que debía incluir todo el hemisferio; otros sólo veían la necesidad de abarcar la tierra entre Nueva Inglaterra y el Océano Pací-
15 fico. Antes de invadir abiertamente los territorios, los estadounidenses preferían animar a los habitantes de las regiones fronterizas a que se separaran de México y después pidieran incorporarse a la Unión Americana. Los Estados Unidos ya habían comprado el territorio de
20 Luisiana en 1803 y la Florida en 1819, de manera que sólo quedaba por anexar el área entre Texas y California.

Hubo entonces una migración constante de estadounidenses hacia estas dos provincias mexicanas tan poco pobladas, con el propósito de fomentar una revolución
25 en favor de la independencia. O sea que, aunque el gobierno de los Estados Unidos no estuviera cometiendo actos agresivos contra México, su política favorecía esta

A principios   *In the early part*
ampliar   *to increase*

abarcar   *to take in* / Nueva Inglaterra   *New England*
animar... separaran   *to encourage . . . to separate themselves*

fomentar   *to stimulate*

agresión, ya que aprobaba de antemano la incorporación
de esos territorios como nuevos estados. Por razones
30 económicas, la política mexicana también favorecía esta
inmigración, ofreciendo tierra a inmigrantes tales como
Stephen F. Austin, quien estableció la primera colonia
anglosajona en Texas.

El resultado de esta política fue un choque cultural.
35 Como estaba cerca de los Estados Unidos, Texas se llenó
de anglos; en 1834 se calculaba que había allí 301.000
anglosajones y sólo 500 mexicanos. En 1836, los ciudadanos de Texas se declararon independientes de México.
Después de la famosa derrota de la misión del Álamo, el
40 ejército texano, bajo el mando de Sam Houston, pudo
vencer al ejército mexicano en San Jacinto. Se inició
inmediatamente una petición de anexión a los Estados
Unidos, pero por razones políticas internas ésta fue apro-
bada en 1845.

45 En las provincias de California y Nuevo México la
política fue semejante, pero el número de anglos no
alcanzó el nivel necesario para imitar el proceso texano.
Los Estados Unidos tuvieron que declarar la guerra en
1846 para conseguir esos territorios. Con la ocupación de
50 la ciudad de México en 1847, el gobierno mexicano se vio
forzado a aceptar la pérdida de la mitad de su país y el
Tratado de Guadalupe Hidalgo fue firmado en 1848.

Por este motivo, a más de 100.000 habitantes mexicanos de esa región se les dio a elegir entre irse a México
55 o quedarse como ciudadanos estadounidenses sin perder
ni los bienes ni los derechos que tenían. Sin embargo, el
gobierno norteamericano no se mantuvo completamente
fiel a esa promesa. Dos días después de haberse firmado
el tratado llegó la noticia del descubrimiento de oro en
60 California, lo que contribuyó a aumentar la población de
anglosajones de ese estado. En Texas los anglos se aprovecharon de las leyes norteamericanas para confundir la
cuestión de la validez de los títulos de propiedad aun
cuando éstos tenían origen en la época colonial de
65 México.

El territorio de Nuevo México, que era la región
menos poblada, no comenzó a recibir inmigración de los
Estados Unidos hasta después de 1848, y no fue hasta
fines del siglo que los anglos llegaron a constituir una
70 mayoría. La región desde Santa Fe hasta San Luis, Colorado, estaba poblada por españoles que habían estado allí
desde el siglo XVII y que en realidad no se habían sentido
mexicanos después de la independencia. La región tenía
un fuerte sentimiento español, y el hecho de que las
75 misiones católicas habían sido su único lazo con el mundo

de antemano   *beforehand*

choque *(m)*   *clash*

mando   *command*
vencer   *to overcome*
anexión   *annexation*

fue firmado   *was signed*

no... fiel   *did not remain . . .*
    faithful

se aprovecharon   *took*
    advantage of
confundir   *to confuse*
validez *(f)*   *validity*

exterior dio carácter de conflicto religioso entre católicos y protestantes a las luchas entre «anglos» e «hispanos» que hubo durante el siglo XIX.

80　Sólo en el sur del estado de Arizona existió cierta paz y amistad entre los dos grupos. Tal vez porque los ganaderos mexicanos y anglos tenían que enfrentar a otros enemigos, como el clima severo del desierto y los indios apaches, no se dedicaron a la lucha cultural o racial que caracterizó al resto del suroeste. Pero, hacia fines del

85　siglo, con la llegada del ferrocarril y el descubrimiento de minerales valiosos, también estalló un conflicto en ese territorio.

Esta larga época de conflictos dio origen a una serie de anécdotas sobre héroes culturales. En California, un

90　minero chileno o mexicano[1] se rebeló contra las condiciones en que sus compañeros mexicanos vivían y emprendió una campaña de venganza; su nombre, Joaquín Murieta, ha venido a simbolizar la resistencia del pueblo mexicano. En Texas un bandido llamado Juan

95　Nepomuceno Cortina dominó una gran región del sur del estado entre 1860 y 1875; para asegurarse del apoyo del pueblo adoptó una ideología antianglo. En Nuevo México, Elfego Baca, que era miembro de la policía territorial en Socorro, apresó a un texano—cosa inaudita—y

100　tuvo que resistir solo, durante dos días, el ataque de varios amigos del prisionero. Se cree que ese acto puso fin a la migración de texanos belicosos al territorio.

La reacción de los anglos fue la venganza organizada de los «vigilantes» (es interesante—e irónico—el origen

105　del nombre). Se calcula que hubo centenares de «linchamientos» de mexicanos en esta época. Los mexicanos muertos a manos de los anglos llegaron a números espantosos puesto que en la opinión de muchos eso no era un acto criminal.

110　No sorprenderá que esta tradición violenta no haya conducido a una asimilación pacífica. Si los mexicanos hubieran sido inmigrantes, se podría esperar la adaptación tradicional. Si ellos mismos hubieran pedido la incorporación de su tierra a los Estados Unidos, también

115　se podría esperar que tuvieran una actitud favorable. Si se hubiera seguido el artículo octavo del tratado, no habrían tenido reclamaciones contra el gobierno norteamericano.

enfrentar　*to face*

emprendió　*undertook* /
campaña　*campaign* /
venganza　*revenge*

apresó　*captured* /
inaudita　*unheard of*

belicosos　*hostile*

linchamientos　*lynchings*

puesto que　*since*

reclamaciones　*claims*

---

[1]*un minero chileno o mexicano*　The nationality of Joaquín Murieta is obscure. Many Chileans who had mining experience in Chile were attracted to California during the Gold Rush of the mid-nineteenth century. They, of course, tended to join the Mexican population so that all were considered Mexicans by the Anglo authorities.

Si se les hubiera dado la oportunidad de adaptarse, hoy tal vez no habría problemas. Pero la historia es muy clara: 120 fueron incorporados a la fuerza, desposeídos de sus tierras y relegados a los trabajos más bajos. El resultado fue inevitable.

desposeídos *dispossessed*
relegados *relegated*

Comprensión

A. Responda según el texto.

1. ¿Cómo es la población hispana del suroeste comparada con el resto de los Estados Unidos?
2. ¿Cuáles eran los dos puntos de vista sobre el significado del concepto del «destino manifiesto»?
3. ¿Qué batalla siguió a la del Álamo y cuál fue el resultado?
4. ¿Cuál fue el resultado para México de la ocupación de la capital por el ejército estadounidense?
5. ¿Qué resultado tuvo en la región el descubrimiento del oro en California?

B. Responda a las siguientes preguntas.

1. ¿Cree Ud. que el concepto del «destino manifiesto» era una política justa? ¿Por qué?
2. ¿Recuerda Ud. algunos aspectos de la batalla del Álamo? ¿Cuáles?
3. Si otro país invadiera y ocupara la parte de los Estados Unidos donde Ud. vive, ¿qué haría? ¿Iría a una parte no ocupada o se quedaría? ¿Cuáles son algunas ventajas y desventajas de las dos posibilidades?
4. ¿Qué cosas, en su opinión, justificarían una invasión por parte de los Estados Unidos de algún otro país?

II. Presencia de la cultura hispánica en el suroeste

 ualquier persona que haya viajado por los estados de Texas, Nuevo México, Colorado, Arizona y California habrá visto que existe una fuerte influencia hispánica en los 5 toponímicos, los apellidos, la arquitectura, la comida y aún en la lengua oída en la calle o en la radio y en la plaza central de los pueblos pequeños. Si una ciudad lleva un nombre inglés, se puede estar seguro de que su origen es reciente. Un ejemplo es Phoenix, en el estado de Arizona. 10 Fue fundada a fines del siglo XIX como parada del ferrocarril, mucho después de Casa Grande, Mesa, Ajo, Yuma, etcétera. Los nombres de montañas—Guadalupes, Sangre de Cristo, Sierra Nevada—y de ríos como el Río Grande (llamado el Río Bravo en México), el 15 Brazos y el Pecos demuestran el origen de sus descubridores. Varios nombres españoles de accidentes

toponímicos *place names*

parada *stop*

geográficos, como cañón, arroyo o mesa, han pasado al inglés por referirse a fenómenos de esa región.

20 Tal vez es en el campo lingüistico donde ha existido más intercambio pacífico entre las dos culturas. Una serie de palabras españolas fueron incorporadas al inglés como resultado de ciertas condiciones comunes a todos los habitantes del suroeste. En la cría de ganado los mexi- canos habían establecido una terminología que fue adop-
25 tada por los anglos: *ranch* (rancho); *lasso* (lazo); *lariat* (la reata); *buckeroo* (vaquero); *burro* (burro); *corral* (corral); *hoosegow* (juzgado); *calaboose* (calabozo); *vamoose* (vamos). Muchas palabras españolas son usadas común- mente en inglés: patio, rodeo, plaza, fiesta, siesta,
30 tornado. La lista incluye también los nombres de plantas indígenas (quinina, saguaro), de animales (puma, coyote), de platos típicos (tacos, chile con carne), de materiales de construcción (adobe), etcétera.

Claro que el español del suroeste muestra igual
35 influencia del inglés. Muchas palabras inglesas son usadas en la lengua diaria y también hay docenas de angli- cismos, o sea palabras tomadas del inglés y modificadas. Las palabras asociadas con el automóvil—brecas, troca, parquear—frecuentemente derivan del inglés. Otro fenó-
40 meno es el uso de una traducción literal cuando algo no tiene equivalente adecuado en español: por ejemplo, «escuela alta» *(high school),* «chanza» *(chance)* o «yarda» *(yard).*

La influencia hispánica también se ve en la arquitec-
45 tura del suroeste. Es muy común allí el estilo «español» en los edificios que fueron construidos entre 1910 y 1930, cuando el estilo estaba de moda en California. Sin embargo, existen numerosos ejemplos de auténtica arqui- tectura española en las iglesias antiguas y en algunos
50 edificios preservados. Los elementos básicos de esta arquitectura son el adobe, los techos de tejas y vigas de madera labrada, que no se cubren. Paredes de adobe encierran el patio. El decorado suele ser sencillo porque el adobe no se presta a las elaboraciones típicas de los
55 edificios del sur de México. Las ventanas tienden a ser pequeñas y las paredes exteriores gruesas, tanto en las regiones cálidas como en las frías.

La influencia española, en la lengua y en la arquitec- tura, es muy notable en todos los estados del suroeste y
60 existe, aunque en menor grado, en los estados de más al norte. Se pueden encontrar marcadas distinciones entre una región y otra. Hay por lo menos cinco regiones cul- turales hispánicas en el suroeste, debido a los antece- dentes históricos coloniales y luego al movimiento de los

---

brecas *brakes* / troca *truck*
parquear *to park*

de moda *in style*

techos *roofs* / tejas *tiles* /
     vigas *beams*
encierran *enclose* /
     decorado *decor*
no se presta *does not lend
     itself*
gruesas *thick*
cálidas *warm*

debido a *due to*

Se llama a los Estados Unidos un crisol (melting pot). ¿Qué indicaciones del crisol hay en este barrio de Nueva York?

65 pobladores norteamericanos del siglo XIX. Geográfica-
mente, estas regiones pueden identificarse así: 1) el sur de
Texas; 2) la región que se extiende desde el noroeste de
Texas hacia el sur de Nuevo México, Arizona y California; 3) la costa de California; 4) los grandes centros
70 urbanos, creaciones del siglo XX; 5) la región del norte
de Nuevo México y el sur de Colorado.

    La primera de estas regiones fue poblada en la época
colonial por los españoles. Como tenía tierra fértil, atrajo
a los primeros anglosajones. Por su proximidad al centro
75 de México, fue la región más disputada en la guerra de
1846.

    La segunda región, concentrada, en la cría de
ganado, tuvo un desarrollo más tardío, pero la llegada del
ferrocarril lo aceleró. Es el sitio de las grandes haciendas,
80 como el *King Ranch*. La región también se caracterizaba
por los conflictos entre los nuevos pobladores, anglos y
mexicanos, contra los indios guerreros.

    La costa de California era el lugar más poblado por
los españoles y por los mexicanos después de 1824. Su
85 accesibilidad por mar contribuyó a la actividad, tanto
comercial como misionera, de la colonia. Este mismo
hecho facilitó la inmigración anglosajona a raíz del descubrimiento del oro en 1848, resultando demás en la destrucción de gran parte de la cultura antigua.

90   Las grandes ciudades del suroeste, Los Ángeles,
Tucson, Albuquerque, Denver, El Paso, Laredo, San
Antonio, reflejan una cultura hispánica nueva, formada
por elementos y acontecimientos del siglo XX.

pobladores   *settlers*

tardío   *late*

guerreros   *warlike*

La región entre Santa Fe, Nuevo México y San Luis,
95 Colorado, es la que ha preservado en su estado más puro
la antigua cultura española. Estimulado por las historias
de Cabeza de Vaca,[2] en 1539 el Virrey mandó a Fray
Marcos de Niza acompañado por el moro Estebanillo en
busca de las ciudades fabulosas de Cíbola y Quivira. Al
100 año siguiente, la expedición de Coronado continuó la
búsqueda, llegando hasta Kansas, antes de decidir que las   búsqueda *search*
leyendas eran mitos o mentiras de los indios. La región   mitos *myths* / mentiras
fue olvidada hasta 1598 cuando un rico de Zacatecas,   *lies*
Juan de Oñate, emprendió la colonización.
105   Santa Fe existió como una colonia segura pero
aislada de México. A causa de esta separación se creó una   aislada *isolated*
sociedad basada en las prácticas y costumbres del siglo
XVII que cambió muy poco en años siguientes por falta
de contactos culturales. El viaje de ida y vuelta desde   falta de *lack of* / de ida y
110 Santa Fe hasta Chihuahua llevaba más de cinco meses, y   vuelta *round trip*
a veces era usado como prueba para el joven que pidiera
la mano de una señorita de la colonia. La población creció   pidiera la mano *asked for*
más por la asimilación de indios que por la llegada de   the hand
nuevos colonizadores. Después de 1848, cuando el terri-
115 torio se incorporó a los Estados Unidos, entró en contacto
con la cultura anglosajona, aunque los habitantes persis-
tían, como lo hacen hoy, en seguir su vida tradicional.
        Los estudios folklóricos en esta región revelan la
existencia de poesías y canciones procedentes de la
120 España medieval. También muestran todavía ejemplos de
artes coloniales: los tejidos de Chimayó y los santeros[3]
que labran imágenes de madera. Estas imágenes ejempli-
fican la mezcla de las culturas española e indígena. Los
que han estudiado la lengua de la región notan la
125 presencia de formas antiguas que ya no existen en el
español moderno.

Comprensión

A. Responda según el texto.

1. ¿Cuáles son algunas palabras españolas usadas en inglés?
2. ¿Cuáles son algunas palabras inglesas usadas en el español de la frontera
    del suroeste?

---

[2]*Cabeza de Vaca* Shipwrecked off the coast of Texas, Cabeza de Vaca wandered through much of the
Southwest, living with the Indians and learning their legends, including that of the Seven Cities of Cíbola,
all made of gold. He finally made it back to Mexico where he reported his adventures and stimulated
further official expeditions.

[3]*los santeros* carvers of saints. A traditional art form involving the creation of images of saints either
from wood or as paintings, frequently on metal. The *santeros* of northern New Mexico show the isolation
from the mainstream of Mexican culture and the strong indigenous influence of the region.

3. ¿Cuántas regiones distintas de cultura hispánica hay en el suroeste? ¿Cuáles son?
4. ¿Por qué era más poblada la costa de California?
5. ¿Quién fue Cabeza de Vaca? ¿Por dónde viajó?
7. ¿Por qué cambió relativamente poco la vida de Santa Fe?
6. ¿Cuándo y por quién fue colonizada la región de Santa Fe?

B. Responda a las siguientes preguntas.

1. ¿Cuántos nombres españoles de lugares norteamericanos puede Ud. mencionar?
2. ¿Ha viajado Ud. por el suroeste de los Estados Unidos? ¿Por dónde? ¿Le gustó? ¿Ha vivido allí? ¿Dónde?
3. ¿Cómo y cuándo vinieron sus antepasados al Nuevo Mundo?
4. ¿Ha mantenido su familia algunas costumbres étnicas? ¿Cuáles?
5. ¿Cree Ud. que es mejor que los grupos étnicos mantengan su propia cultura? Explique.

III. Nuevas influencias del siglo XX

La época entre 1900 y 1930 se caracterizó por un intenso desarrollo económico en el suroeste y por una gran necesidad de traba-jadores. La fuente natural era el norte de
5 México, donde vivían miles de mexicanos desempleados. La construcción del ferrocarril, las cosechas del algodón, de frutas y legumbres en las tierras regadas por el Río Grande y de betabeles en Colorado y California, fueron realizadas por obreros mexicanos, como ya lo había sido
10 el establecimiento de las industrias minera y ganadera. No sólo fue el trabajo de los mexicanos, sino también sus conocimientos tecnológicos lo que facilitaron este pro-greso. Los angloamericanos no conocían la técnica del riego que los españoles habían aprendido de los árabes ni
15 las técnicas mineras que se habían desarrollado en México en el siglo XVI. El ferrocarril[4] tuvo que seguir las rutas ya descubiertas por los mexicanos. Todo el progreso del suroeste habría sido imposible o mucho más lento sin la ayuda de la población hispánica.
20 En las tres primeras décadas del siglo la población mexicana de Texas creció en un mil por ciento. El contra-bando más importante de toda la frontera consistía en

desempleados   *unemployed*
cosechas   *harvests* /
   algodón *(m)   cotton*
legumbres *(f)   vegetables* /
   regadas   *irrigated*
betabeles   *(Mex.) sugar*
   beets
como... sido   *as had been*

---

[4]*El ferrocarril*   Unlike most railroads, the Southern Pacific was built not following other development but preceding it. The company stimulated the development of the region.

obreros mexicanos; hubo guerras de contrabandistas en
las cuales se robaban a los obreros como si fueran ganado.
25 Hasta 1930 los mexicanos tenían fama de trabajadores
dóciles que hacían cualquier tarea sin quejarse. En la
década del treinta, sin embargo, bajo la influencia de
organizadores sindicales, estallaron varias huelgas de
obreros agrícolas en California. El único resultado de las
30 huelgas fue la supresión violenta.

dóciles *submissive /*
quejarse *complaining*
sindicales *union*

    Los sindicatos nacionales, dirigidos por los trabaja-
dores del este del país, no ofrecieron mucho apoyo a los
mexicanos. Al contrario, ayudaron a mantener el nivel de
vida como estaba, al establecer sueldos bajos para la
35 gente de color y los mexicanos. En toda la región se prac-
ticaba esta clase de discriminación racial. Carteles en las
tiendas y restaurantes prohibían la entrada a los mexicanos. Su situación se parecía mucho a la de los negros en
el sur.

sueldos *salaries*

Carteles *(m) Signs*

40   Durante la Segunda Guerra Mundial muchas
personas de la comunidad hispánica[5] sirvieron en las
fuerzas armadas de los Estados Unidos con mucha distinción. Los que no fueron a la guerra se quedaron a trabajar
en las fábricas y agencias de defensa. Por primera vez
45 tuvieron contactos con la sociedad anglosajona en un
nivel de igualdad nacida de la necesidad del momento.
Todo esto despertó en ellos una nueva conciencia de sus
derechos y posibilidades. Los veteranos volvieron menos
dispuestos a tolerar la discriminación racial y con ganas
50 de mejorar su suerte. Además, durante la guerra, el
gobierno federal, que necesitaba mantener buenas relaciones con México, había tratado de evitar la discriminación en el suroeste. Se deseaba evitar la posibilidad de
incidentes como el que ocurrió cuando un restaurante en
55 Texas se negó a servir al cónsul mexicano en Houston.
Estos incidentes sirvieron para crear un clima más
propicio para la protesta y para la organización de las
minorías.

nacida *born*

ganas *desire*
suerte *(f) fortune*

se negó a *refused to*

propicio *favorable*

    Sin embargo, hubo poca actividad organizada hasta
60 1965 cuando en California se oyó de nuevo el grito de

de nuevo *again* / grito *cry*

---

[5]*personas de la comunidad hispánica* There is no universally applicable name either in English or
Spanish for the people of Spanish ancestry in the United States. Many have been used, Mexican-American
being perhaps the most widely accepted. Mexican, Hispano, Spanish-American and Latin American all
are ambiguous because of their confusion with foreign areas; *Chicano* and *«La Raza»* imply a somewhat
political grouping unacceptable to some members. Government agencies tend to use ''Spanish-
surnamed'' because of its factual basis. In some areas *mexicano* is acceptable, in others not. Both *mexica-
noamericano* and *mexicoamericano* are sometimes used and recently *latino* has begun to return to use in
some circles. As with other minority groups, the situation is generally in flux.

El descubrimiento de las Américas cambió la civilización occidental. Se celebra el Día de la Raza en toda Hispanoamérica. ¿Cómo lo conmemoran los hispanos en nuestro país?

«¡Huelga!» entre los obreros argícolas. Bajo la dirección tanto práctica como espiritual de César Estrada Chávez, el 16 de septiembre de 1965 (el día de la independencia mexicana)[6] fue proclamado el Plan de Delano. La huelga
65 de los trabajadores campesinos despertó el interés de miles de personas, especialmente entre los jóvenes. El Plan era un documento sencillo que proclamaba la solidaridad de los campesinos mexicanos. Marcó el principio de una serie de acciones dedicadas a mejorar las condiciones
70 del obrero. Chávez formó un sindicato de campesinos unidos en una gran fuerza espiritual e idealista. «La Causa» rápidamente ganó el apoyo de muchos habitantes urbanos y creó el término «chicano», de origen desconocido, que fue utilizado para referirse a los adherentes al
75 movimiento.

Al extenderse el movimiento a otras regiones del suroeste se adoptó otro término antiguo: «La Raza». Según algunos, el origen de la expresión se encuentra en la misión dada a los españoles en la época de la conquista
80 de formar «La Santa Raza», es decir, de llevar la fe

campesinos   *of the farms*

---

[6]*el día de la independencia mexicana*   Mexico declared its independence from Spain on September 16, 1810. A priest in Dolores, *Padre Hidalgo,* gave what is called *«El grito de Dolores»* on that day. Many Mexican-American groups in the United States celebrate that day as a show of cultural independence.

católica a los pueblos de América. Como quiera que sea, el término «La Raza» se ha aplicado genéricamente a la tradición hispánica para distinguirla de la anglosajona. La expresión tiene un significado semejante en toda Hispa-
85 noamérica, donde se celebra el día 12 de octubre (que en los Estados Unidos se llama *Columbus Day*) como «El Día de la Raza».

Más o menos al mismo tiempo que el movimiento de Chávez los estudiantes universitarios también comen-
90 zaron a participar en la lucha por la justicia. Un grupo de jóvenes formularon el «Plan Espiritual de Aztlán» en 1969. En la leyenda azteca Aztlán era el lugar de origen de la tribu y se ha teorizado que era más o menos el suroeste de los Estados Unidos. Este plan tuvo el fin de
95 crear cierta unidad geográfica, racial y cultural en el movimiento. Al mismo tiempo proclamaba sentimientos separatistas que algunos encontraron inaceptables. De todos modos representó una actividad cultural de valor.

Después de estos hechos importantes ha venido el
100 trabajo, aburrido pero necesario, de miles de personas que se ocupan de llamar la atención del público y de las autoridades cuando ocurren actos discriminatorios. También comenzó el esfuerzo por ejercer la influencia política que tiene una minoría numerosa dentro del
105 sistema democrático. Implica educar a la gente para que voten a favor de candidatos que apoyen la causa.

Como quiera que sea
However, at any rate

aburrido   boring

ejercer   exercise

Implica   It involves

Comprensión

A. Decida si las siguientes frases son verdaderas o falsas. Corrija las falsas.

1. El norte de México sirvió como fuente natural de trabajadores entre 1900 y 1930.
2. El progreso del suroeste hubiera sido más fácil sin la población hispánica.
3. Hasta 1930 los mexicanos tenían mala fama como trabajadores.
4. El resultado de las huelgas iniciales en California fue la supresión.
5. Los sindicatos nacionales ayudaron a mejorar el nivel de vida de los mexicanoamericanos.
6. La guerra hispanoamericana dio a los mexicanos el primer contacto con los anglos como iguales.
7. La huelga de César Chávez ocurrió en México.
8. «La raza» viene del nombre del descubridor de América.

B. Responda a las siguientes preguntas.

1. ¿Ha sentido Ud. alguna forma de discriminación o la ha visto alguna vez? Describa la situación.
2. ¿Qué concepto tiene Ud. de los trabajadores mexicanos en los Estados Unidos hoy? ¿Ha cambiado su opinión en los años recientes?

3. ¿Cuáles son algunas causas del prejuicio? ¿Cree que es posible eliminar totalmente el prejuicio? ¿Cómo?

4. ¿Cuáles son algunos de los efectos de los cambios en la ley sobre la inmigración en los Estados Unidos?

IV. La variedad de la minoría hispánica

Por lo general, los otros grupos hispánicos de los Estados Unidos son más recientes. Los puertorriqueños, que principalmente se concentran en el este del país, se vieron
5 incorporados como ciudadanos norteamericanos después de 1898 cuando su isla fue capturada en la guerra con España. Desde 1917 han podido viajar libremente entre su territorio y el continente. Su motivo en migrar a Nueva York y a las otras ciudades del este es básicamente econó-
10 mico y el número que viene tiende a reflejar el estado económico tanto de la isla como de los Estados Unidos. Hay años en que más personas vuelven a la isla y otros en que más vienen al continente.

    Su experiencia en el país no ha sido muy buena.
15 Probablemente constituyen uno de los grupos más pobres de la nación. Frecuentemente son personas del campo tropical de la isla y al encontrarse en el norte—urbano, industrializado y frío—se sienten bastante desorientadas. No poseen las capacidades necesarias para encontrar
20 buenos puestos y se resignan a las tareas más básicas.

    Al fin, sin embargo, debe haber alguna atracción fuerte porque de todos los grupos hispánicos en los Estados Unidos, éste es el único que puede volver fácilmente a su tierra si lo quieren. Es decir que, por malas que
25 sean sus condiciones en Nueva York, habrán sido peores en la isla.

    En los años 70 la inmigración cambió de dirección y más puertorriqueños volvieron a la isla que vinieron al continente. Esto ha creado ciertos problemas culturales.
30 Las familias que han pasado algún tiempo en Nueva York u otra gran ciudad estadounidense han cambiado parte de su propio «estilo de vida» y algunas de sus costumbres. Además, han adquirido ciertas capacidades nuevas que los ponen a la cabeza de aquellos que buscan trabajo. Esto
35 puede causar reacciones negativas entre los que nunca han dejado la isla.

    Existen en la isla tres facciones políticas principales. Una quiere que Puerto Rico sea el estado número 51 de los Estados Unidos. Otra prefiere dejar la relación como

se vieron found themselves

capacidades skills

40 ha sido desde 1952—un Estado Libre Asociado. Esta
denominación significa que no tienen representación con
voto en el congreso ni en las elecciones presidenciales.
Tampoco pagan impuestos federales, pero sí sirven en las
fuerzas armadas. El tercer grupo busca la independencia
45 completa. Sólo los dos primeros han tenido influencia
notable.

De todos modos, la gran mayoría de los puertorriqueños opinan que la relación estrecha que han tenido con
los Estados Unidos ha favorecido su economía que es la
50 más desarrollada de la región. Al mismo tiempo hay
cierta preocupación por el daño cultural que puede
resultar de la mezcla de culturas—tanto en la isla como
en el continente.

El tercer grupo hispánico de importancia lo consti-
55 tuyen los cubanos que vinieron a los Estados Unidos
cuando Fidel Castro formó un gobierno marxista y
comenzó a hacerles la vida difícil a las personas que
habían tenido una posición importante en el campo
económico, político o social antes de la revolución. Estas
60 personas fueron aceptadas en los Estados Unidos como
refugiados políticos durante la década del 60.

Vinieron principalmente a vivir en el sur de la
Florida. En muchos casos ya habían visitado antes la
región y algunos tenían en el área parientes que habían
65 salido de Cuba en épocas anteriores.

Hay unas diferencias profundas en el caso de los
cubanos—eran principalmente de la clase media o alta en
Cuba. En el caso de los inmigrantes tradicionales la
mayoría de los que inmigran son de los grupos más pobres
70 y menos capacitados, pero los cubanos eran gente
educada (y frecuentemente habían estudiado en los
Estados Unidos)—profesionales, abogados, médicos,
ingenieros, etcétera. Aunque en muchos casos no podían
practicar inmediatamente su antigua profesión, eran
75 personas acostumbradas a prepararse y podían aprender
otra. Además, frecuentemente hablaban inglés al llegar.
Todo esto explica por qué los cubanos han tenido mucho
más éxito económico y social en su nueva patria y se
encuentran hoy en todas partes del país en puestos altos
80 de la banca, de los negocios y de la educación.

Los cubanos vivían en relativa paz hasta la llegada
del último barco lleno de presos de las cárceles cubanas.
Algunos eran presos políticos pero otros eran sencillamente criminales—a veces violentos. Este grupo ha
85 comenzado a causar problemas tanto para la comunidad
cubana como para el resto de la sociedad con acciones
como los recientes tumultos en las cárceles.

barco *boat* / presos
prisoners

Debido a los problemas políticos centroamericanos, el número de refugiados de esa región crece diariamente. También, a causa de la economía pésima de Mexico, el número de inmigrantes mexicanos sin documentos sigue aumentando a pesar de las tentativas de fines de la década de 1980 de normalizar el estado de muchos de los indocumentados. Se puede esperar que las nuevas relaciones económicas entre los dos países mejore esa situación.

refugiados *refugees*
pésima *very bad*

Con todo esto, es fácil entender que la minoría hispánica promete ser la minoría más numerosa para el año 2000 y tal vez antes. Es obvio que la cultura hispánica, cuya presencia se ha hecho sentir desde la independencia, seguirá siendo un elemento importante en la población de los Estados Unidos en el futuro.

Comprensión

A. Responda según el texto.

1. ¿Quiénes son los dos otros grupos grandes de hispanos en los Estados Unidos?
2. ¿Cómo llegaron los puertorriqueños a ser ciudadanos estadounidenses?
3. ¿Por qué algunas veces emigran más al continente y otras veces a la isla?
4. ¿Cuáles pueden ser los problemas de las familias que vuelven a la isla?
5. ¿Cuáles son las tres facciones políticas en la isla?
6. ¿Cuándo y por qué vinieron la mayoría de los cubanos a los Estados Unidos?
7. ¿Quiénes eran principalmente?
8. ¿Cuál ha sido la diferencia mayor entre ellos y los inmigrantes tradicionales? Explique.
9. ¿De qué otras partes vienen inmigrantes hispánicos? ¿Por qué?

B. Responda a las siguientes preguntas.

1. Si Ud. fuera a vivir en otro país, ¿cómo cambiaría su vida?
2. ¿Cuántos nombres de hispanos notables en los Estados Unidos puede Ud. mencionar?
3. ¿Ha visitado Ud. el Caribe alguna vez? ¿Qué países ha visitado? ¿Cuándo? Si no lo ha visitado, ¿quisiera hacerlo?

PRÁCTICA

I. *Ejercicios de vocabulario*

A. Dé dos palabras relacionadas.

Modelo tierra *territorio* *terreno*

1. poblar _____ _____
2. migración _____ _____

3. incorporar   _____   _____
4. adaptar   _____   _____
5. obrar   _____   _____

B. Indique los sinónimos.

1.	sueldo	a.	declarar
2.	destino	b.	afición
3.	proclamar	c.	letrero
4.	adherentes	d.	guerrero
5.	cartel	e.	exigir
6.	bienes	f.	salario
7.	reclamar	g.	aumentar
8.	ampliar	h.	miembros
9.	belicoso	i.	propiedad
10.	inclinación	j.	suerte

C. Complete con una palabra relacionada a la palabra entre paréntesis.

1. (incluir) Es común la _____ de palabras españolas en el inglés.
2. (geografía) Hay cinco regiones_____.
3. (espíritu) Formularon el Plan _____ de Aztlán.
4. (ganado) Estimularon la industria_____.
5. (frontera) Poblaron las provincias _____ de la región.
6. (folklore) Han hecho estudios _____.
7. (por ciento) Hay un gran _____ de personas desempleadas.
8. (oscuro) La palabra «mexicano» _____ la nacionalidad estadounidense de la persona.

II. Puntos de contraste cultural

1. ¿Cree usted que se debe exigir a la gente de habla hispana en los Estados Unidos la misma actitud que se exige a otros inmigrantes?
2. ¿Por qué existe tanto intercambio lingüístico en la frontera entre dos culturas?
3. El relativo aislamiento de la región de Santa Fe desde el siglo XVII ayudó a impedir el desarrollo de la lengua. ¿Sabe usted de alguna región de los Estados Unidos donde haya ocurrido algo semejante con el inglés?
4. ¿Cree usted que se debe observar hoy día el derecho a la tierra que tuvo su origen en las mercedes reales del siglo XVII?

III. Debate

Los Estados Unidos tenían el derecho de aumentar su territorio en el siglo XIX aunque tenían que quitarles la tierra a otras personas como los hispanos y los indios.

IV. El arte de escribir: repaso

Escriba una composición exponiendo sus opiniones sobre la existencia o no de la discriminación en los Estados Unidos hoy día. Trate de convencer al lector de su posición.

V. Las noticias

Lea estos artículos y prepárese para comentarlos con los compañeros de clase.

El español se extiende a los municipios

municipios / *city governments*

La Cámara de Representantes de Puerto Rico volvió a enmendar el proyecto que establece al español como idioma oficial del gobierno de la isla a fin de extender el alcance de la medida a los municipios del país.

enmendar *amend*

alcance *(m) reach*

El proyecto ya había pasado a la firma del gobernador, tras concluirse el trámite legislativo en ambos cuerpos, cuando la Cámara pidió a La Fortaleza su devolución para «corregir» el estilo y redacción de su exposición de motivos…

firma *signature*
trámite *(m) process*
devolución *return*
corregir *correct /*
redacción *editing*

Con tal acción le sale al paso a una resolución adoptada por la Asamblea Municipal de San Juan, controlada por el PNP,[7] en la que declara tanto al inglés como al español idiomas oficiales del municipio.

Un ejemplo de fidelidad cultural

fidelidad *loyalty*

El ex presidente de México, Miguel de la Madrid, afirmó en San Juan, que Puerto Rico ha dado un ejemplo de «fidelidad de identidad nacional y de cultura hispanoamericana». De la Madrid se refirió a la legislación que hará del español el idioma oficial de Puerto Rico.

El ex presidente mexicano expresó su profundo aprecio «por el vigor que ha tenido el pueblo de Puerto Rico para conservar su cultura, fundamentalmente hispanoamericana, a pesar de sus ligas muy importantes y respetables con Estados Unidos como Estado Libre Asociado.»

ligas *ties*

El diario/La prensa
(Nueva York)

VI. Situación

Imagine que Ud. es nativo del planeta Marte y acaba de inmigrar a la tierra por razones económicas. ¿Cuáles son las cosas que tendría que hacer al llegar aquí? ¿Cómo van a reaccionar los terrestres al hecho de que Ud. es de color verde claro y que mide tres metros y pico? ¿Qué les va a responder? ¿Cuáles van a ser sus mayores problemas?

---

[7]PNP *Partido Nuevo Progresista*, a Puerto Rican party that supports statehood for the island.

Vocabulario

This vocabulary does not include Spanish words that are exact cognates of English ones. The gender of nouns is listed except masculine nouns ending in **-o** and feminine nouns ending in **-a, -dad, -tad, -tud,** or **-ión**. Adverbs ending in **-mente** are not listed if the adjectives from which they are derived are included.

Abbreviations

adj	adjective	*part*	participle
adv	adverb	*pl*	plural
Am	American	*pret*	preterite
f	feminine	*pron*	pronoun
fig	figurative	*refl*	reflexive
m	masculine	*subj*	subjunctive
n	noun		

A

abajo below
abandonar to abandon
abarcar to include, comprise
abertura opening
abierto open; opened
abogado,-a attorney, advocate
abolir to abolish
abrir to open
abrumador overwhelming, wearying
absoluto absolute
absorber to absorb
abstracción abstraction
abstracto abstract
abuela grandmother
abuelo grandfather; **los abuelos** grandparents
abundancia abundance, plenty
abundante *m* or *f* abundant, plentiful
abundar to abound, be plentiful
aburrido bored; boring
abusar to abuse
abuso abuse

acabar to end up; **acabar de** to have just
académico academic
acariciar to caress
acceder to accede, give in; to have access to
accesibilidad accessibility
acceso access
acción action; act
acelerar to speed up, accelerate
aceptar to accept, admit
acerca de about, regarding
acercamiento bringing near
acercarse to approach
aclarar to clarify
acompañar to accompany; go along
acontecer to happen, occur
acontecimiento event, occurrence
acorazado battleship
acortar to shorten, cut short
acostar (ue) to put to bed
acostumbrado accustomed; customary

acostumbrarse (a) to be used to; to customarily (+ verb); to become accustomed to

actividad activity

activo active

acto act; action

actriz *f* actress

actual current, present, contemporary

actualidad current time, the present

actuar to act, act as

acueducto aqueduct

acuerdo accord; **de acuerdo a** according to; **de acuerdo con** in agreement with; **estar de acuerdo** to be in agreement; **ponerse de acuerdo** to reach an agreement

acumulación accumulation

acumular to accumulate

acusar to accuse, blame

adaptarse to become adapted, adapt

adecuado adequate

adelante ahead; **más adelante** later on

además moreover, besides, in addition; **además de** in addition to

adherente *m* or *f* supporter, adherent

adhesión support, belief in

administrar to administer, run

administrativo administrative

admirable wonderful, awesome

admitir to admit; to allow; to accept

adobe *m* *adobe* (brick made of clay and straw)

adoptar to adopt, take up

adorar to worship

adorno decoration, adornment

adquirir (ie) to acquire

adquisición acquisition

aduana customhouse; customs

adueñarse to take over, acquire

adulto,-a *n* and *adj* adult

advertirse (ie) to be noted

aéreo *adj* air

aeropuerto airport

afectar to affect

afición inclination; fondness; taste

afiliarse to join

afinidad affinity, resemblance

afirmación assertion, affirmation

afirmar to affirm, assert

afuera *adv* outside

afueras *f pl* outskirts

agencia agency, bureau

agotar to exhaust, dry up, run out

agrario agrarian, agricultural

agravarse to become worse

agresión aggression

agresivo aggresive

agrícola *m* or *f* agricultural

aguardiente *m* brandy, liquor

águila eagle

ahogado,-a drowned person

ahorrar to save (as money)

aire *m* air; **al aire libre** outside, in the open air; **aire acondicionado** air conditioning

aislado isolated

aislamiento isolation

ajedrez *m* chess

ajuste *m* adjustment

alcachofa artichoke

alcalde *m* mayor

alcanfor *m* camphor

alcanzar to reach; to achieve; to gain; to catch up with

alcázar *m* castle; fortress

alcoba bedroom, alcove

alegar to allege, claim, offer

alejarse to move away, leave

alemán,-ana *n* and *adj* German

alentar (ie) to encourage, inspire

alfabetismo literacy

alfabeto alphabet

alfombra carpet

alfombrar to carpet

algo something; *adv* somewhat

algodón *m* cotton

alguien *pron* someone

alguno,-a someone; **algunos,-as** some

aliado,-a *adj* allied; *n* ally

alianza alliance

aliarse to side with, ally with

aliento vigor, activity, breathing

alimentar to feed

alimento food, nourishment

aliviar to alleviate, lessen

alma soul, spirit

almacén *m* department store; warehouse

almohada pillow, cushion

almuerzo lunch

alpinismo mountain climbing, hiking

alquimia alchemy

alrededor (de) around

alternativa *n* alternative

alto   high, tall
altura   altitude, height
alumno,-a   pupil, student
alza   rise (in price)
allegado   *m*   having arrived
allí   there, over there
amante   *m* or *f*   lover, mistress
amar   to love
amarillo   yellow
ambiente   *m*   environment; atmosphere
ambigüedad   ambiguity
ambos,-as   both
ambulante   *adj m* or *f*   walking, strolling
amenaza   threat
amenazar   to threaten
amistad   friendship
amo,-a   master, mistress
amontonamiento   crowding
amor   *m*   love
amoroso   amorous
ampliado   widened, broadened, enlarged
ampliar   to widen, broaden, enlarge
Anáhuac   *m*   Aztec name for valley
   around Mexico City
anciano   old, elderly
ancho   wide
andaluz,-a   of or from **Andalucía;**
   Andalusian
andino,-a   Andean
anécdota   anecdote, story
anexar   to annex
anexión   annexation
anglicismo   Anglicism, word borrowed
   from English
anglo,-a   person of English descent
anglosajón,-ona   Anglo Saxon
ángulo   angle
anhelo   desire, eagerness
animar   to stimulate, encourage
anonimidad   anonymity
anónimo,-a   anonymous
antagónico,-a   antagonistic, contrary
ante   before, in the presence of
antemano: de antemano   beforehand
antepasado,-a   ancestor, predecessor
anterior   *m* or *f*   previous, preceding;
   former
antes (de)   before, earlier; **antes que**
   before, rather than
anticipar   to anticipate, expect
antiguo,-a   old, ancient, antique; former,
   prior

antropología   anthropology
antropólogo,-a   anthropologist
anunciar   to announce
anuncio   announcement, advertisement
añadir   to add
año   year
aparato   apparatus, machine
aparecer   to appear
aparentemente   apparently
aparición   appearance
apariencia   appearance
apartado,-a   distant; separated
apartamento   apartment
aparte   *adv*   separate
apegado,-a   close
apellido   surname, family name
apenas   barely, hardly, just, only
apertura   opening
apetito   appetite
aplicar   to apply
apoderarse   to take control
aportación   contribution
aportar   to contribute, add
apoyar   to support, uphold, aid
apoyo   support, aid
aprecio   appreciation
aprender   to learn
apresar   to take prisoner
aprobación   approval
aprobar (ue)   to approve; to pass (a
   course, etc.)
apropiado,-a   appropriate
aprovechar(se) (de)   to take advantage of
apuntar   to point out
aquel, aquella   that; **aquellos,-as**   those
aquí   here
árabe   *m* or *f*   Arabic;   *n*   Arab
arabesco   arabesque
arábigo,-a   *adj*   Arabic, Arabian
árbol   *m*   tree
área   region, area
arenal   *m*   sandy ground
árido,-a   arid, dry, barren
arma   weapon;   *pl*   arms
armado,-a   armed
arqueólogo,-a   archaeologist
arquitecto,-a   architect
arquitectura   architecture
arraigado,-a   rooted, deep seated
arrepentirse (ie)   to repent
arriba   above, up
arriesgar   to risk

arrogancia arrogance
arroyo stream, brook
arte *m* or *f* art; skill
artículo article
artista *m* or *f* artist
artístico,-a artistic
asamblea assembly
ascendencia origin, ancestry
ascender (ie) to rise to
asegurar to assure; **asegurarse** to make sure of; to satisfy oneself
asemejarse to be similar
asentar (ie) to place, seat; *refl* to settle
asesinar to murder
asesinato murder
asesino,-a murderer
así thus, in this manner, so, that way; **así que** therefore
asignatura (school) subject
asilo asylum
asimilar to assimilate, incorporate
asistencia attendance
asistente *m* or *f* one who attends
asistir (a) to attend
asociarse to associate, be related
asombrado,-a surprised
asombro awe, wonder
asonada demonstration
aspecto aspect, look
aspirar to aspire
astrología astrology
astronomía astronomy
astronómico,-a astronomical
asumir to assume, take upon oneself
asunto matter, subject, affair
asustar to scare, startle
atacar to attack
ataque *m* attack
ataúd *m* coffin
Atenas *m* Athens
atentado attack
atmosférico,-a atmospheric
atractivo,-a attractive; *n m* attraction
atraer to attract
atrajo *pret of* **atraer**
através de across, through
atribuir to attribute
atributo attribute, characteristic
atrocidad atrocity
aula classroom
aumentar to increase, augment, grow

aumento increase, growth
aun even
aún still, yet
aunque although, even though
ausencia absence
auspiciar to sponsor
austeridad austerity
autocrático,-a autocratical
autonomía autonomy, independence
autonómico,-a of an autonomous region (in Spain)
autónomo,-a autonomous
autor,-a author
autoridad authority; *pl* officials
autoritario,-a authoritarian
autorización authorization, permission
autorizar to authorize, permit
avance *m* advance
avanzado,-a advanced
avenida avenue
aventura adventure
averiguar to find out
ayuda help, aid
ayudante *m* or *f* assistant, helper; *adj* *m* or *f* helping
ayudar to help, aid, assist
azar *m* whim; **al azar** at random
Aztlán *m* legendary place of origin of the Aztecs—sometimes thought to be the southwestern U.S.
azúcar *m* sugar
azucarero,-a relating to sugar
azucena lily
azufre *m* sulphur
azul blue, azure
azulado,-a colored blue
azulejo glazed tile

B

bachiller *m* or *f* bachelor (holder of degree)
bachillerato bachelor's degree
bahía bay
baile *m* dance
baja fall (in price)
bajar to descend, go down, lower
bajo,-a low; **bajo** *adv* beneath, under
bancario,-a relating to banking; financial
banco bank, financial institution; bench
banda band (music)
bandido bandit
barato,-a inexpensive, cheap

barba beard

barbarie *f* barbarousness; ignorance

barril *m* barrel

barrio neighborhood, section or district of a city

basarse (en) to be based on

base *f* base, basis

básico,-a basic, fundamental

bastante *m* or *f* enough, sufficient; *adv* quite, rather

batalla battle

bautismo baptism

bautizado,-a baptized

beber to drink

bebida drink

belicoso,-a warlike, bellicose

belleza beauty

bello,-a beautiful, pretty

beneficiar to benefit

beneficio benefit

benévolo,-a benevolent, beneficial

betabel *m* beet

biblioteca library

bien well; **más bien** rather; **los bienes** wealth, goods

bienestar *m* well-being

bilingüe *m* or *f* bilingual

billón *m* billion

blanco,-a white; *n m* target

boca mouth

bocanada mouthful

boda wedding

bomba bomb

bosque *m* forest, woods

botánica botany; **botánico,-a** *adj* botanical

bravo,-a wild, savage

brecas *n f pl dialect* brakes

brecha breach, gap

breve *m* or *f* brief; **en breve plazo** shortly

brillante *m* or *f* brilliant, shining

brillar to shine

brillo shine, brilliance

brote *m* outbreak, bud

buen, bueno,-a good; *interjection* well

burguesía bourgeoisie

burlarse (de) to mock, laugh at

burocracia bureaucracy

burro donkey

busca search; **en busca de** in search of

buscar to look for, seek, try to

búsqueda search

C

cabeza head

cabo end; **llevar a cabo** to carry out, complete

cada *m* or *f* each, every; **cada vez más** more and more

cadáver *m* corpse, dead body

caer to fall

café *m* coffee; café

caída fall; downfall

calabozo dungeon, jail

calavera skull

calcular to calculate, figure

calendario almanac, calendar

calidad quality

cálido,-a warm, tropical

califa *m* caliph, Moslem ruler

calificar to grade (exams, etc.)

calor *m* heat, warmth

calle *f* street

callejero,-a *adj* street

cambiar to change; to exchange

cambio change; **a cambio de** in exchange for; **en cambio** on the other hand

caminante *m* or *f* walker, traveller

caminar to walk, travel, go

camino road, street, way

campaña campaign; countryside

campesino,-a *n* or *adj* peasant, rural

campestre *adj m* or *f* rural, country

campo country, field; campus

canalizado,-a channeled

canción song

candidato,-a candidate

canoa canoe

canonizado,-a canonized, admitted to sainthood

cantar *m* song

cantar to sing

cantidad quantity

caña sugar cane

cáñamo hemp

cañón *m* canyon

capacidad capacity; ability

capital *m* capital, money; *f* capital city

capitalista *m* or *f* capitalist

capítulo chapter

cara face; side
carácter *m* character, nature
característico,-a *adj* characteristic;
　n f trait
caracterizar to characterize
carbono carbon
cárcel *f* jail
carga load, burden
cargar to carry; to load
caribe *m* the Caribbean
caridad charity
cariño affection
carisma *m* charisma, personal
　magnetism
carismático,-a charismatic
carnaval *m* carnival, esp. the week
　before Lent, Mardi Gras
carne *f* meat, flesh
carnicería meat market
caro,-a expensive, dear
carrera career; race; course
carta letter; decree
cartel *m* poster
casa house; home; firm
casarse to marry, get married
casi almost, nearly
caso case, occurrence
castellano,-a Castilian; *n m* Spanish
　language
castidad chastity
castigo punishment
castillo castle
cataclismo disaster, cataclysm
catalán,-ana Catalonian; *n m* the
　language of Catalonia
catedral *f* cathedral
catedrático professor
categoría category; status, rank
catolicismo Catholicism
católico,-a Catholic
caudal *m* abundance; volume of water
caudaloso,-a abundant, voluminous
causa cause, movement; **a causa de**
　because of
causar to cause
cautivo,-a captive
cayera *past subj of* **caer**
ceder to cede, turn over; give in
celebrar to celebrate; to praise
celestial *m* or *f* heavenly, celestial
celo zeal
celtíbero,-a Celtiberian

cementerio cemetery, graveyard
cena dinner, supper
cenar to eat dinner
ceniza ash; *pl* ashes
censo census
censurar to censure; to criticize
centenar *m* hundred; *pl* hundreds
centenario centenary, 100th anniversary
centro center; downtown; middle;
　headquarters
Centroamérica Central America—the
　region from Guatemala to Panama
cerámica ceramics
cerca (de) nearly, close to; **de cerca**
　closely, close
cercano,-a nearby
cercar to fence in
ceremonia ceremony
cero zero
cerrar (ie) to close, shut
certificado certificate
ciclo cycle
cielo sky, heaven
ciencia science
científico,-a scientific
ciento hundred; **por ciento** per cent
cierto,-a certain, sure, a certain; **es
　cierto** it is true; **lo cierto** the truth
cifra number; cipher
cine *m* movies, movie theater
cinismo cynicism
cinturón *m* belt
circo circus
circular to circulate
círculo circle
circunstancia circumstance
cirugía surgery
cita date, appointment
citado,-a cited
ciudad city
ciudadano,-a citizen
cívico,-a civic, civil
claro,-a clear; light (color); **claro que**
　of course
clase *f* class, type, kind
clásico,-a classic, classical
clasificar to classify, characterize
clavar to plunge (a knife, sword, etc.)
clave *f* key (to a map, puzzle, etc.)
clero clergy, clergyman
cliente *m* or *f* customer
clima *m* climate

coalición coalition
cocina kitchen
códice *m* codex; an original manuscript
coexistencia coexistence
coincidir to coincide, happen simultaneously
colega *m* or *f* colleague, cohort
colegio secondary school
colibrí *m* hummingbird
colocar to place, locate
colombino,-a of or belonging to Columbus; **precolombino,-a** before the arrival of Columbus
Colón Columbus
colonia colony
colonización colonization, settlement
colonizar to colonize, take or settle colonies
colono colonist, settler
color *m* color; **gente de color** blacks
colorado,-a *adj* red
coloso colossus, giant
columna column
combate *m* combat
combatir to fight
combinar to combine, join
comenzar (ie) to begin, start
comer to eat
comercio commerce, business
comestible *m* foodstuff, edible substance
cometer to commit
comida food; meal
como as, like, about; **¿cómo?** how? what?
comodidad comfort
cómodo,-a comfortable
compañero,-a companion, comrade
compañía company
comparación comparison
comparar to compare
compartir to share; to divide
compatibilizar to come together
competencia competition
competir (i) to compete
competitivo,-a competitive
complejidad complexity
complejo,-a complex, complicated
completar to complete
completo,-a complete, whole
componer to compose, make up; to fix
comportarse to behave oneself, act

compra purchase
comprar to buy, purchase
comprender to understand
comprensión comprehension, understanding
comprobar (ue) to prove, verify
comprometer to compromise; to commit
compromiso commitment
común *m* or *f* common, ordinary, customary
comunal *m* or *f* communal
comunidad community; commonness
comunismo communism
comunista *m* or *f* communist
concebir (i) to conceive
conceder to concede
concentración concentration
concentrar to concentrate
concepto concept
concesión concession, grant
conciencia conscience; consciousness
concierto concert; agreement
concluirse to conclude, come to an end
concha seashell, shell
condenar to condemn
condominio condominium
condonación forgiving
conducir to conduct, lead
conducta conduct, behavior
condujo *pret of* **conducir**
conectar to connect, join
conferencia meeting, lecture
confesar (ie) to confess, admit
confianza confidence, trust
conflicto conflict, struggle
confundir to confuse, confound
congestionado,-a congested, crowded
conjunto group, system, aggregate
conocer to know, be acquainted with
conocido,-a known, well-known
conocimiento knowledge, skill
conquista conquest, conquering
conquistador,-a conqueror; *adj* conquering
conquistar to conquer, subdue
consagrar to consecrate, hallow, dedicate
consciente *m* or *f* conscious, aware
consecuencia consequence
conseguir (i) to attain, get, obtain, succeed in
consejero,-a adviser, counselor

consejo advice
consentir (ie) to consent, agree
conservador,-a conservative
conservar to conserve, preserve
considerar to consider, think over
consistir to consist, be made up of
consolador,-a consoling
consolar (ue) to console
constante n f constant; adj m or f
constant, continual
constar to consist of
constituir to constitute, make up
construcción construction
construir to build, construct
consuelo consolation
consulta consultation
consultar to consult
consumir to consume
consumo consumption
contacto contact
contaminación pollution
contaminado,-a contaminated
contar (ue) to count; to relate; contar
con to depend on, rely on
contemporáneo,-a contemporary,
current
contener to contain
contenido n contents
contestar to answer, respond
contexto context
contiguo,-a adjoining
continente m continent
continuar to continue
continuo,-a continuous
contra against
contrabandista m or f smuggler
contrabando contraband, smuggled
goods
contraer to contract; to acquire
contrario,-a contrary, opposed
Contrarreforma Counter-Reformation
contrastar to contrast, distinguish
contraste m contrast, difference
contratar to make a contract
contribución contribution
contribuir to contribute
contribuyente m or f contributor
control m control
controlar to control, dominate
convencer to convince
convenio agreement, compact
convenir (ie) to suit, fit

convertir (ie) to convert, change
convivencia act of living together
convivir to live together
convocar to convoke
cooperación cooperation
cooperar to cooperate, join in
coordinar to coordinate
copla couplet, verse
corazón m heart; nerve center
corolario corollary
corona crown; monarch
corral m corral, yard
corregir (i) to correct
corresponder to correspond, fit
correspondiente m or f corresponding
corrida bullfight
corriente f current; adj m or f
common, current
corrupción corruption
cortar to cut
corte f royal court
cosa thing; matter, affair
cosecha crop, harvest
cosmopolita n m or f cosmopolite;
adj cosmopolitan
costa coast
costar (ue) to cost
costo cost
costumbre f custom, habit, tradition
cotidiano,-a everyday, daily
cráneo skull
creación creation
creador,-a creator
crear to create
crecer to grow, increase
creciente m or f growing
crecimiento growth
crédito credit
creencia belief
creer to believe
cría raising, breeding, rearing
criar to raise (a crop)
crimen m crime
criollo,-a Creole, person born in the
colonies of Spanish parents
cristianización conversion to Christianity
cristianizar to convert to Christianity
criterio criterion, opinion
crítica criticism
criticar to criticize
crítico,-a critic
crónico,-a chronic

cronista *m or f* chronicler, historian

cruce *m* intersection

cruento,-a bloody

cruz *f* cross

cruzada crusade

cuadrado,-a square

cual which, as, like; **el (la) cual** the one who, who; **¿cuál?** which? which one? what?

cualquier,-a *adj or pron* any, whichever, any one

cuando when, whenever; **¿cuándo?** when?

cuanto,-a as much as; *pl* as many as; **¿cuánto?** how much?, *pl* how many?

cuaresma Lent

cuarto room; **cuarto,-a** *adj* fourth

cubrir to cover

cuchillo knife

cuenta account; **darse cuenta de** to realize

cuentista *m or f* writer of short stories

cuento story, short story

cuerpo body; group, corps

cuestión matter, subject, question

cuidado care, caution

cuidadoso,-a careful, cautious

cuidar to care for, take care of

culpa blame, fault

culpar to blame, place guilt

cultivación cultivation

cultivar to grow, farm, develop

cultivo cultivation, farming

culto,-a cultured, sophisticated; *n m* cult

cultura culture; politeness

cumbre *f* summit, top, height

cumpleaños *m* birthday

cumplir to fulfill, perform, obey

cuna cradle

cuñao *dialect* **cuñado** brother-in-law

cuota fee

cupo quota, maximum number

cura *m* priest

curado,-a cured

curiosidad curiosity

curioso,-a curious

cursar to follow a course

curso course; degree requirements

custodia custody

cuyo,-a whose

CH

chabola shack, hut

Chaco area of jungle around border between Paraguay and Bolivia

chanza *dialect* chance

charlar to chat

che *Argentina* pal, buddy

chicano,-a word used to refer to person of Mexican heritage in the U.S.

chico,-a youngster, youth; *adj* small

chileno,-a Chilean

choque *m* shock, collision, clash

D

danza dance (style or type)

daño harm

dar to give, render

dársena harbor, dock

datar to date, set in time

debatir to debate, discuss

deber to owe; must, ought; *n m* debt, duty, obligation

debido (a) due (to)

débil *m or f* weak

debilidad weakness

década decade

decadencia decadence, decay

decaer to decay

decididamente decidedly

decidir to decide

decir (i) to say; *n m* saying; **es decir** that is to say; **querer decir** to mean

decisión decision

decisivo,-a decisive

declaración declaration

declarar to declare

decorado decoration, adornment

decorativo,-a decorative

dedicar to dedicate

deducir to deduce

defecto defect

defender to defend

defensa defense

deficiencia deficiency

definición definition

definir to define, outline

defunción death, demise

dejar to leave, permit, let

delante ahead, in front; **por delante** in front of

demanda demand
demandar to demand
demás: lo demás the rest
demasiado *adv* too, too much;
   demasiado,-a *adj* too much
demócrata *m or f* democrat
democrático,-a democratic
demográfico,-a demographic
demostrar (ue) to demonstrate, show
denominar to call, give a name to
densidad density
dentro (de) in, into, inside (of)
dependencia dependence
depender (de) to depend (on)
deponer to depose
deporte *m* sport
depositar to deposit
depósito deposit
deprimido,-a depressed
derecho legal right, privilege, law
derivar to derive, trace (from the origin)
derribar to overthrow, tumble, tear
   down
derrocar to overthrow
derrota defeat
derrotar to defeat
desacostumbrar to break of a habit
desacreditado,-a discredited
desafiar to challenge
desafío challenge, duel; struggle
desagradable disagreeable
desalentar (ie) to discourage
desaparecer to disappear
desaprobar (ue) to fail, condemn
desarrollar to develop, improve
desarrollo development, evolution; **en
   vías de desarrollo** developing
desastre *m* disaster
desastroso,-a disastrous, wretched
descansar to rest
descanso rest
descender (ie) to descend, come from
descendiente *m or f* descendent;
   adj descending
descifrar to decipher
desconfianza mistrust, suspicion
desconfiar to mistrust, lack confidence in
desconocido,-a unknown
descontento discontent, unhappiness
describir to describe
descripción description
descrito *past part of* **describir**

descubierto,-a discovered
descubridor,-a discoverer
descubrimiento discovery
descubrir to discover, find
descuidar to neglect, forget
descuido neglect, lack of care
desde since, from, after; **desde hace**
   for
deseable desirable
desear to want, desire
desempleado,-a unemployed
desempleo unemployment
desenfrenado,-a unchecked, wild
deseo desire, want, wish
deserción dropout
desfavorecer to slight, disfavor
desgracia misfortune; **por desgracia**
   unfortunately
desgraciadamente unfortunately
desierto desert
designado,-a designated, named
designar to designate, name
desigualdad inequality
desilusionarse to become disillusioned
desligar to loosen, untie
desocupar to vacate; to empty
desorganizar to break up, disperse
desorientado,-a disoriented
despectivo,-a pejorative
despertar (ie) to awaken; *refl* to wake
   up
desplazar to move, displace
desposeído,-a dispossessed
despótico,-a despotic
despreciar to scorn, look down on
después (de) after, afterward
desregulación deregulation
destacado,-a outstanding, prominent
destacar to emphasize; *refl* to stand
   out, be prominent
destinado,-a destined (for)
destino destiny, future, fortune
destrucción destruction
destruir to destroy
desventaja disadvantage
detalle *m* detail
detener (ie) to detain, stop
determinar to determine
deuda debt
devenir (ie) to become
devolución return
devolver (ue) to return

día *m* day; **de día a día** day by day; **hoy día** nowadays
diablo devil
diario,-a daily
dibujar to draw, sketch
dibujo sketch, drawing
dictador,-a dictator
dictadura dictatorship
dictar to teach, lecture
dicho saying; *past part of* **decir; lo dicho** what was said
diferencia difference
diferir (ie) to differ
difícil *m* or *f* difficult, unlikely
dificultad difficulty
dificultar to make difficult
difunto,-a dead person, deceased one
dignidad dignity
digno,-a worthy
dijo *pret of* **decir**
dilema *m* dilemma, difficult choice
dinamita dynamite
dinero money
dios,-a god, goddess
diplomacia diplomacy
diplomático,-a diplomatic; diplomat
dirección direction; address
directo,-a direct
dirigente *m* or *f* director, leader
dirigir to direct, lead, manage
discriminación discrimination
discriminar to discriminate
disminución decrease
disminuir to diminish, decrease
disparidad disparity
disponibilidad availability
disponible *m* or *f* available
disposición disposition, inclination
dispuesto,-a disposed, ready
disputar to dispute, fight for
distar to be distant
distinción difference; distinction
distinguir to distinguish, differentiate
distinto,-a distinct; different
distribución distribution
distribuir to distribute
diversidad diversity, variety
diversificar to diversify
diversión entertainment, amusement
diverso,-a diverse, various
divertir (ie) to amuse; *refl* to have fun

dividir to divide
divorcio divorce
divulgar to divulge; to popularize
doble *m* double; *adj* twice as much
docena dozen
dócil *m* or *f* tame, docile
doctrina doctrine
documento document, paper
dólar *m* dollar (esp. U.S.)
doméstico,-a domestic; **animal doméstico** pet
dominación domination
dominador,-a dominating
dominancia dominance
dominante *m* or *f* dominant, domineering
dominar to dominate
dominio dominion; control, rule
donde where, in which; **¿dónde?** where?
dormido,-a asleep, sleeping
dormirse (ue) to fall asleep
duda doubt
dudoso,-a doubtful
dueño,-a owner, possessor
dulce *adj m* or *f* sweet
duplicar to duplicate, double
duración duration
durante during
durar to last, go on, endure
duro,-a hard, difficult

E

eclesiástico,-a of or relating to church
economía economy
económico,-a economic, economical
edad age
edificio building, edifice
educar to educate, raise
educativo,-a educational
efectivo,-a effective
efecto effect, result
efectuar to effect, cause to happen
eficacia efficiency
eficaz *m* or *f* efficient
egipcio,-a Egyptian
eje *m* axis; axle
ejemplificar to exemplify, serve as an example
ejemplo example; **por ejemplo** for example
ejercer to exercise, practice

ejército army
elaboración working out, elaboration
elaborar to decorate; to work out
elección election; choice
electoral *adj* electoral, election
elegante *m* or *f* elegant, luxurious
elegir (i) to elect, choose
elemento element; aspect
elevar to elevate, raise, increase
eliminar to eliminate
embargo: sin embargo nevertheless, however
emigrar to emigrate, migrate
emperador *m* emperor
emperatriz *f* empress
empleado,-a employee
emplear to hire, employ
empleo job
emprender to undertake, engage in
empresa enterprise, business
empresario,-a businessperson
enajenación alienation
enamorado,-a person in love, lover
encabezar to head, lead
encadenarse to chain together; to link arms
encarcelado,-a jailed, imprisoned
encender (ie) to light (candle, fire, etc.)
encerrar (ie) to enclose, close up, confine
encima (de) above, on top of; **por encima** over
encomendero,-a holder of an **encomienda**
encomienda Spanish colonial land grant
encontrar (ue) to find, discover; *refl* to find oneself in a state or condition
encuentro encounter, meeting
encuesta survey, poll
endémico,-a endemic
enemigo,-a enemy, opponent
enemistad enmity, hostility, hatred
energía energy
énfasis *m* emphasis, stress
enfermarse to become sick
enfermedad sickness, illness
enfermo,-a ill
enfocar to focus, concentrate
enfrentamiento confrontation
enfrentar to confront, face
engrandecer to glorify; to make larger or greater

enmendar (ie) to amend
enorgullecer to make proud; *refl* to be proud
enorme *m* or *f* enormous
enriquecer to enrich; *refl* to become rich
ensayista *m* or *f* essayist, writer
ensayo essay; rehearsal
enseñanza teaching
enseñar to teach; to show, point out
entender (ie) to understand
entendimiento understanding
entero,-a entire, whole, complete
enterrar (ie) to bury
entidad establishment, place
entierro burial, funeral
entonces then; **hasta entonces** up to that time
entrada entrance; admission; access
entrañas *f pl* innards, insides
entrar to enter
entre between, among; within
entregar to deliver, hand over
entrenado,-a trained
entrenamiento training
entusiasmo enthusiasm
envenenado,-a poisoned
envenenamiento poisoning
épico,-a epic, heroic
época epoch, period, age, era
equidad equity
equilibrado,-a balanced
equilibrio balance
equivalente *m* or *f* equivalent, the same (as)
equivaler to be equivalent
erótico,-a erotic, sexual
escala scale
escalar to climb, scale
escapar(se) to escape; to avoid
escarlata scarlet
escasez *f* scarcity, shortage
escena scene; view
esclavo,-a slave
escoger to choose, select
escolar *adj m* or *f* of or relating to school, scholastic
escombro ruins, rubble
esconder to hide
escribano,-a scribe
escribir to write
escrito,-a *past part of* **escribir**

escritor,-a writer
escritura writing
escuela school
escultura sculpture
ese, esa that; **esos, esas** those; **eso** that
esfera sphere; area
esforzarse (ue) to make an effort
esfuerzo effort; try
eslabón *m* link (of a chain)
espacio space
espantar to scare, frighten
espanto scare, fright
espantoso,-a scary, frightening
español,-a *adj* Spanish; *n* Spaniard
especial *m or f* special
especialización specialization, major
especializarse (en) to specialize, major (in)
especie *f* species, kind, sort
espectacular *m or f* spectacular, notable
espectáculo spectacle, show
esperanza hope
esperar to hope; to wait; to expect
espíritu *m* spirit
espiritual *m or f* spiritual, of the spirit
espiritualidad spirituality, fervor
esquela note, notice
esqueleto skeleton
esquina corner
estabilidad stability
estabilizar to stabilize
establecer to establish
establecimiento establishment
estaca stake, piling
estadística statistics
estado state, condition; political subdivision; *past part of* **estar; los Estados Unidos** the United States
estadounidense *m or f* of or relating to the United States
estallar to explode
estanciero,-a owner of an **estancia** (large ranch)
estaño tin
este *m* east
este, esta this; **estos, estas** these; **esto** this
estela stele, inscribed stone slab
estera straw mat
estética esthetics; **estético,-a** *adj* esthetic

estilo style, way; **al estilo** in the manner of
estimar to estimate
estimular to stimulate
estímulo stimulus
estratégicamente strategically
estrecho,-a narrow; *n m* strait
estrella star
estrictamente strictly
estructura structure
estudiantado student body
estudiante *m or f* student
estudiantil *m or f* of or relating to students
estudiantina student musical group
estudiar to study
estudio study, investigation; studio
etapa stage; station
eterno,-a eternal, unending
étnico,-a ethnic
evadir to evade, avoid
evasión flight
evitar to avoid; to shun
exacto,-a exact, precise
exagerar to exaggerate
examen *m* examination, test
examinar to examine, test
excavar to excavate
excepción exception
excesivo,-a excessive
excitar to rouse, stir up
exclamatorio,-a exclamatory
exclusivo,-a exclusive
exigencia demand, exigency
exigir to demand, require, need
exilado,-a exiled
exilio exile
existencia existence
existente *m or f* existing
existir to exist, be
éxito success; **tener éxito** to be successful
éxodo exodus, emigration
exótico,-a exotic, foreign, strange
expansión expansion
expedición expedition
expensas expenses; **a expensas de** at the expense of
experiencia experience; experiment
experimentar to experience; to try, experiment
explicación explanation

explicar   to explain
explícito,-a   explicit
explosivo,-a   *adj* explosive;   *n m*
  explosive
explotación   exploitation
explotar   to exploit; to work, develop
exportación   export, exportation
exportador,-a   exporting
exportar   to export
expresar   to express
expresión   expression
expropiación   expropriation
expropiar   to expropriate, confiscate
expulsar   to expel, throw out
extender (ie)   to extend;   *refl* to stretch
  out; to extend to
extenso,-a   extensive, extended
exterior   *n m, adj m* or *f* exterior,
  outside; **relaciones exteriores**
  foreign relations, affairs
extranjero,-a   foreigner, stranger, alien;
  el extranjero abroad
extraordinario,-a   extraordinary
extremado,-a   extreme
extremaunción   extreme unction, last
  rites
extremo,-a   extreme

F

fábrica   factory
fabricado,-a   manufactured
fabricar   to manufacture, make
fabuloso,-a   fabled, legendary
facción   faction
fácil   *m* or *f* easy, likely
facilitar   to facilitate, make easy
factible   *m* or *f* possible, feasible
factor   *m* factor, element
facultad   faculty, school or college of a
  university
fachada   façade, front of a building
faja   strip
falencia   weakness
falta   lack
faltar   to be lacking, be needed
falla   fault
fama   fame, reputation
familiar   *adj m* or *f* familiar; family;
  n m or *f* family member
famoso,-a   famous, well-known
fantasma   *m* ghost
farmacia   pharmacy, drugstore

fascinar   to fascinate, enchant
fatalismo   fatalism, determinism
favor   *m* favor; **por favor** please
favorable   *m* or *f* favorable, in favor of
favorecer   to favor, promote
favorito,-a   favorite, preferred
femenino,-a   feminine
feminidad   femininity
feminista   *m* or *f* feminist
fenómeno   phenomenon
feria   fair, carnival
ferretería   hardware store
ferrocarril   *m* railroad
fértil   *m* or *f* fertile
fertilidad   fertility, fecundity
festejar   to celebrate
festivo,-a   festive, gala
feudalismo   feudalism, medieval
  economic system
fidelidad   fidelity
fiel   *m* or *f* faithful, loyal
fiera   beast
fiesta   party, celebration, holiday,
  festival, feast
figura   figure; image
figurar   to figure in, show up
figurativo,-a   figurative, symbolical
fijar   to fix; to establish
filología   philology, historical study of
  language
filólogo,-a   philologist
filosofía   philosophy
filosófico,-a   philosophical
filósofo,-a   philosopher
fin   *m* end; **a fin de** in order to, with
  the motive of; **a fines de** at the end
  of; **al fin** finally, in the end
finalidad   goal, purpose
financiación   financing
financiamiento   financing
financiar   to finance, fund
financiero,-a   *adj* financial;   *n*
  financier, supporter
firma   signature
firmar   to sign
físico,-a   physical
flojo,-a   loose, lazy
flor   *f* flower
florecer   to flourish; to flower
florecimiento   flowering, flourishing
florido,-a   flowery; choice, select
flotar   to float

fluir to flow
fluvial *adj m* or *f* of a river, river
fogón fire
fomentar to forment; to develop, further
fondo *n* bottom, base; *pl* funds
fonético,-a phonetic
forma form, shape
formación formation, shaping
formalizado,-a formalized
formar to form, shape, make up
formativo,-a formative
formular to formulate
foro forum
fortuna fortune, luck
forzado,-a forced
fracasar to fail
fracaso failure
francés,-esa *adj* French; *n* French person
Francia France
frase *f* phrase, sentence
fraternidad fraternity, brotherhood
fraudulento,-a fraudulent, phony
frecuencia frequency; **con frecuencia** frequently
frecuentar to frequent
frecuente *m* or *f* frequent
frenar to slow, brake
frente *m* front; **al frente de** in charge of; **frente a** in the face of
fresco,-a cool, fresh
friolento,-a shivering
frontera border, frontier
fronterizo,-a of or relating to frontier
frustración frustration
frustrar to frustrate
fruta fruit
frutería fruit store or stand
fuente *f* fountain, source; spring (of water)
fuera (de) outside of, besides
fuere: sea cual fuere whichever it may be
fuerte *m* or *f* strong
fuerza force, strength; **por la fuerza** by force
función function; performance
funcionamiento functioning
funcionar to function, work, perform
funcionario,-a functionary, official
fundación foundation, founding
fundador,-a founder

fundar to found, establish
fundirse to fuse, blend
funerario,-a funerary, of or relating to funerals
fútbol *m* soccer, football
futuro future; *adj* future, coming

G

galería gallery
gallego,-a *n* or *adj* Galician
gana desire; **con ganas** willingly
ganadero,-a of or relating to cattle raising; *n* cattleman
ganado cattle
ganancia profit
ganar to earn, win, gain
garantía guarantee
garantizar to guarantee, assure
gasolina gasoline
gastar to spend
gasto expense, expenditure
gaucho Argentine cowboy
generación generation, time period
generador,-a creator
general *m* or *f* general; **por lo general** generally
genérico,-a generic, general
género type, kind
generoso,-a generous
gente *f* people
geografía geography
geográfico,-a geographical
germánico,-a germanic
germen *m* seed
gitano,-a gypsy
gloria glory, fame
glorioso,-a glorious
gobernador,-a governor, one who governs
gobernar (ie) to govern
gobierno government
golpe *m* blow, coup
gorra cap, hat
gótico,-a Gothic
gozar to enjoy
gracia grace; **gracias** thanks
grado grade, title, degree
graduado,-a graduate
gramática grammar
gran, grande great, large, vast
grandeza greatness, vastness
gratis *adv* free

gratuito,-a free
grave *m* or *f* serious
gravedad seriousness, gravity
gregario,-a gregarious, out-going
griego,-a *n* or *adj* Greek
gris *m* or *f* gray
grito shout, yell
grueso,-a thick
grupo group
guardar to guard, keep
guardia guard
guerra war
guerrero,-a warrior, fighter
guerrilla skirmish; party of **guerrilleros**
guerrillero,-a guerrilla fighter
gustar to please, be pleasing to
gusto taste; pleasure; **a gusto** at ease

H

haber *auxil verb* to have; **hay,** there
 is, there are
hábil *m* or *f* able, capable, skillful
habitante *m* or *f* inhabitant
habitar to inhabit, dwell
hábito habit
habla *f* speech, language; **de habla
 española** Spanish-speaking
hablar to speak, talk
hacer to do, make; **hace cinco años**
 five years ago; **hace un mes que** for
 a month
hacia toward; around
hacienda ranch
hallar to find
hambre *f* hunger
hasta until, up until; even
hay there is, there are
hectárea hectare (10,000 sq. meters)
hecho deed, fact; *past part of* **hacer;**
 de hecho in fact
hemisferio hemisphere
heredar to inherit
heredero,-a heir, heiress, inheritor
hereditario,-a hereditary
herencia inheritance, legacy
herido,-a *adj* wounded; *n* wounded
 person
hermano,-a brother, sister
hermoso,-a beautiful
hermosura beauty
hervir (ie) to boil

heterodoxo,-a heterodox, varied,
 unorthodox
heterogéneo,-a heterogeneous
hidráulico,-a hydraulic, moved or
 operated by water pressure
hierba grass
hierro steel, iron
higiene *f* hygiene, sanitation
hijo,-a son; daughter; child; *pl*
 children
hincapié: hacer hincapié en to
 emphasize
hipócrita *m* or *f* hypocrite
historia history; story
historiador,-a historian
histórico,-a historical
hogar *m* home, hearth
holandés,-esa *adj* Dutch; *n* Dutch
 person
hombre *m* man; mankind
homogéneo,-a homogeneous
hondo,-a deep
honrar to honor
hora hour; time; **¿Qué hora es? ¿Qué
 horas son?** What time is it?
horario schedule
hostil *m* or *f* hostile
hoy today
huelga labor strike
hueso bone
huir to flee
humanidad humanity, mankind
humanitario,-a humanitarian, humane
humano,-a human
humilde *m* or *f* humble, simple
hundirse to be submerged

I

ibérico,-a Iberian
ida going, outward trip; **de ida y
 vuelta** round trip
identidad identity
identificación identification
identificar identify
ideográfico,-a ideographic
ideología ideology
ideológico,-a ideological
idioma *m* language
iglesia church
igual *m* or *f* equal; **igual que** like
igualado,-a similar, alike, even

igualdad equality
igualitario,-a egalitarian
ilícito,-a illegal
ilustrado,-a illustrated
ilustre *m* or *f* illustrious, famous
imagen *f* image; appearance
imaginar to imagine
imán *m* magnet; attraction
imitar to imitate
impedir (i) to impede, stop
imperio empire
implicación implication, meaning
implicar to imply, implicate
implícito,-a implicit
imponer to impose
importación importation
importador,-a importer
importancia importance
importante *m* or *f* important
importar to import; to matter; **no
    importa** it doesn't matter
impresionante *m* or *f* impressive
impresionar to impress, make an
    impression
impuestos *pl* taxes
impulso impulse, urge
inaceptable *m* or *f* unacceptable
inapropiado,-a inappropriate
inaudito,-a unheard of, strange
inaugurar to inaugurate, dedicate
incaico,-a Incan, of or relating to Incas
incapacidad inability, lack of skill
incapaz *m* or *f* incapable, unable
inclinación inclination, tendency
incluir to include
incluso,-a included; *adv* including
incomodar to make uncomfortable,
    bother, upset
incómodo,-a uncomfortable, uneasy
incorporar to incorporate
increíble *m* or *f* incredible,
    unbelievable
incrementar to increase
indebido improper
independencia independence
independentista *m* or *f* person who is
    in favor of or fights for independence;
    of or relating to independence
Indias Indies, original name given to the
    New World
indicar to indicate, point out

índice *m* index
indicio indication, sign, mark
indígena *m* or *f* indigenous, native;
    (Am.) Indian
indio,-a Indian
indiscutible unquestionable
individuo *n* individual
indudablemente undoubtedly
industria industry
industrialización industrialization
industrializado,-a industrialized
ineficaz *m* or *f* inefficient
inestabilidad instability
inevitable *m* or *f* inevitable, unavoidable
inexistente nonexistent
infancia infancy, childhood
inferior *m* or *f* inferior; lower
infierno inferno; hell
inflación inflation
influencia influence
influenciar to influence
influir to influence
informar to inform; to shape
informe *m* report
infrecuente *m* or *f* infrequent, seldom
ingeniería engineering
ingeniero,-a engineer
Inglaterra *f* England
inglés,-esa *adj* English; *n* English
    person
ingresar to enter
ingreso entrance; admission; income
iniciar to begin, initiate
iniciativa initiative
injusto,-a unfair, unjust
inmediato,-a immediate; **de
    inmediato** immediately
inmenso,-a immense, large
inmigración immigration
inmigrante *m* or *f* immigrant
innecesario,-a unnecessary
innegable *m* or *f* undeniable
innovación innovation
inquisición inquisition, hearing
inscripto,-a registered
inseguridad insecurity, uncertainty
insistir to insist
insoportable unbearable
inspirar to inspire
institución institution
instituto institute

instrucción   instruction; schooling
insultar   to insult
insulto   insult
integración   integration
intelecto   intellect
intelectualidad   intellectuality
inteligencia   intelligence
inteligente   *m or f*   intelligent
intencionado,-a   intentioned
intensificar   to intensify
intensivo,-a   intensive, intense
intenso,-a   intense, concentrated
intentar   to try
interacción   interaction
intercambio   exchange, interchange
interés   *m*   interest; stake
interesante   *m or f*   interesting
interesar   to interest, be interesting
interino,-a   interim, temporary
interno,-a   internal, inner
interpretar   to interpret
interrupción   interruption
intervención   intervention
intervenir (ie)   to intervene, to interfere
intimidar   to intimidate
íntimo,-a   intimate
intrigar   to intrigue, arouse interest
introducir   to introduce, insert
inundación   flood
inútil   *m or f*   useless
invadir   to invade
invasión   invasion, attack
invencible   *m or f*   invincible, unbeatable
inventar   to invent; to create
invento   invention
inversión   investment
invertir (ie)   to invest
investigación   investigation, research
investigar   to investigate, to research
invitar   to invite
irónico,-a   ironic, sarcastic
irrigación   irrigation
isla   island
islámico,-a   Islamic, Moorish
istmo   isthmus
izquierdista   *m or f*   leftist
izquierdo,-a   left;   *n f*   the left (political or direction)

J

jactarse   to brag, boast
jamás   never

jardín   *m*   garden; yard
jarope   *m*   syrup
jefe   *m*   chief, boss, leader
jerarquía   hierarchy
jeroglíficos   *pl*   hieroglyphics
jesuita   *m*   Jesuit
jornada   working day
joven   *m or f*   young; youthful person
juego   game;   **Juegos Olímpicos**   Olympics
jugar (ue)   to play (a game or sport)
juguete   *m*   toy
juntar   to join;   *refl*   to join with, ally with
junto,-a   together;   **junto con**   along with, together with
jurisdicción   jurisdiction; territory
jurisprudencia   jurisprudence, law
justicia   justice
justificar   to justify, explain
justo,-a   just, fair
juvenil   *m or f*   juvenile, of or relating to youth
juventud   youth; young people
juzgado   court of justice;   **juzgado,-a**   *adj*   person judged
juzgar   to judge, adjudicate

L

labio   lip
laboratorio   laboratory
labrar   to carve (wood); to work (iron)
lado   side;   **por todos lados**   on all sides, everywhere
ladrillo   brick
lago   lake
laguna   lagoon, small lake
lamentar   to lament, regret
lana   wool
lanzado,-a   advanced, put forth
largo,-a   long
lástima   pity
latir   to beat
laúd   *m*   lute
lavar   to wash
lazo   tie, bond; lariat
lealtad   loyalty
lectura   reading
lechería   milk store, dairy
leer   to read
legalidad   legality
legalmente   legally

legislación legislation
legislativo,-a legislative
legumbre *f* vegetable
lejano,-a distant, far
lejos *adv* far away, far; **lejos de** far from
lema *m* motto, slogan
lengua language; tongue
lento,-a slow
letra letter (of the alphabet); *pl* letters; literature
letrero sign, poster
levantar to raise; *refl* to get up, rise up
leve *m* or *f* gentle, light
ley *f* law; *pl* law studies
leyenda legend
liberalizar to liberalize
liberar to free, liberate
libertad freedom, liberty
libre *m* or *f* free
libro book
licenciado,-a attorney; used also as equivalent of Master's Degree in other fields
liceo lyceum, high school
líder *m* leader
liga tie
ligado,-a tied, attached
ligero,-a light (weight, food, clothing, etc.)
limitarse to be limited
límite *m* limit, boundary
limpiar to clean
linaje *m* lineage, ancestry
linchamiento lynching
línea line
lingüístico,-a linguistic; *n f* linguistics
lino linen
lirismo lyricism
lista list, roll
listo,-a ready
literal *m* or *f* literal, to the letter
literario,-a literary
literatura literature
liviano,-a of light weight
lobo wolf
lodo mud
lograr to achieve, get, manage to
logro achievement, accomplishment
Londres *m* London

loza pottery, clay
lucha struggle, fight, conflict
luchar to struggle, fight
luego then; later, afterward; presently
lugar *m* place; **en lugar de** instead of; **lugar común** *m* commonplace, cliché; **tener lugar** to take place
lujo luxury
luna moon
lustro lustrum, period of five years
luto mourning; **guardar** *or* **llevar luto** to be in mourning
luz *f* light

LL

llama llama
llamar to call; *refl* to be called, named
llegada arrival
llegar to arrive; **llegar a ser** to come to be
llenar to fill
lleno,-a filled, full
llevar to carry; to wear; to take lead to; **llevar a cabo** to carry out
llorón,-a whiner; *f* legendary ghost, used to scare children as is "the bogeyman"
lluvia rain

M

machismo virility, manliness
madera wood
madre *f* mother; **madre patria** motherland, mother country
madrileño,-a person or thing from Madrid
maduro,-a mature
maestro,-a teacher, instructor
magnífico,-a magnificent
maíz *m* corn, maize
mal *adv* badly, poorly; *n m* evil
malcriado,-a ill-mannered
malo,-a bad, evil; sick
mandar to order, send
mandatario leader, chief, president
mandato command, mandate
mando rule, command
manera way, manner; **de manera que** so that, so as to

manifestación manifestation, demonstration

manifestar (ie) to show, manifest

manifiesto,-a manifest, evident

mano hand; *fig* control; **a manos de** at the hand of; **en manos de** in the hands of, controlled by; **mano de obra** workers

mantener (ie) to maintain, support, keep

manual *m* manual, handbook; *adj m* or *f* manual, by hand

manufacturado,-a manufactured

maquinaria machinery

mar *m* or *f* sea, ocean

maravillarse to marvel at

maravilloso,-a marvelous, awesome

marca brandname

marcar to make, stamp; to note

marcha march

margen *m* margin, edge

marido husband

marina *n* navy

marinero,-a sailor

marítimo,-a *adj* sea, maritime

masa mass

masculinidad masculinity

masculino,-a masculine, male

matanza killing, slaughter

matemáticas *usually pl* mathematics

materia subject, matter, topic; **materia prima** raw material

materno,-a maternal

matrícula registration (in school)

matricularse to register in school

matrimonio matrimony, marriage

mausoleo mausoleum, burial structure

mayor larger, greater; **el (la, los, las) mayor(es)** the largest, greatest; older, oldest

mayorazgo primogeniture, practice of leaving family goods to the oldest son

mayoría majority

mecánica mechanics

mecanismo mechanism, device

mecanizado,-a mechanized

mediados: a mediados de about the middle of, midway

mediano,-a medium

mediante by means of, through

médico,-a doctor of medicine

medida measure; means

medio,-a half, mid-; *n m* middle; means, way; **en medio de** in the midst of; **por medio de** by means of

mediodía *m* noon, midday

medir (i) to measure

mejor better; **el (la, los, las) mejor(es)** the best; **mejor dicho** rather

mejora improvement, betterment

mejorar to improve, better

melancólico,-a melancholic, sad

mencionar to mention, name

menor smaller, younger, less; **el (la, los, las) menor(es)** the smallest, youngest

menos *adv* less, minus; **al menos** at least; **por lo menos** at the least; **más o menos** more or less; **menos que** *or* **de** less than

mentira lie

mercado market

mercancía merchandise

merced *f* grant, favor, gift

merecer to deserve

mes *m* month

mesa table; mesa, land plateau

meta goal

meterse to go into, get into

método method

metro meter (39.37 in.)

metrópoli *f* city, capital

mezcla mixture, mix

mezclado,-a mixed

mezclarse to mix into, take part

miedo fear

miembro *m* or *f* member

mientras (que) while, as long as

migración migration

migrar to migrate

mil *m* a thousand

militar *m* or *f* military

milla mile

millón *m* million

mina mine

mineral *adj, n m* mineral

minero,-a *adj* referring to mining; *n* miner

miniatura *n* miniature

mínimo,-a minimum

ministro minister (of government)

minoría minority

mirar to look at

misa mass

miseria misery

misión mission

misionero,-a missionary

mismo,-a same, equal; **el mismo** he himself; **lo mismo** the same thing

misterio mystery

misterioso,-a mysterious

místico,-a *n* mystic; *adj* mystical

mitad *f* half, middle

mito myth

moda fashion, mode; **de moda** in style, fashionable

modalidad area; type, sort

modelo model, pattern; *m* or *f* fashion model

moderado,-a moderate

modernidad modernity

moderno,-a modern

modificación modification, change

modificar to modify, change, adjust

modo way, manner; **de modo que** so that, in order that

mojado,-a wet; wetback

molestar to bother

molesto,-a annoying, bothersome

momento moment

monarca *m* or *f* monarch, king, queen

monarquía monarchy

monasterio monastery

moneda coin

monetario,-a monetary

monopolio monopoly

monopolístico,-a monopolistic

monóxido monoxide

montado,-a mounted; **montado a caballo** on horseback

montaña mountain

monumento monument

moralidad morality

mórbido,-a morbid

morir (ue) to die

moro,-a *n* Moor; *adj* Moorish

mortal mortal, fatal

mortalidad mortality, death rate

mosca fly; **mosca muerta** one who pretends meekness; hypocrite

mostrar (ue) to show; to prove; *refl* to show oneself to be

motivación motivation

motivo motive, reason; impulse; motif

mover (ue) to move (something); *refl* to move

móvil *m* or *f* mobile, movable

movilidad mobility

movimiento movement

muchacho,-a boy, girl

mucho,-a much, a lot; *pl* many

mudarse to move, change lodging

muerte *f* death, demise

muerto,-a *adj* dead; *n* dead person

muestra sign, sample

mujer *f* woman, female

multinacional *m* or *f* multinational

mundial *m* or *f* of the world, worldwide

mundo world; **el Nuevo Mundo** the New World, the Western Hemisphere

municipio municipality

muralista *m* or *f* muralist

museo muesum

música music

musulmán,-ana Mussulman, Moslem

mutuo,-a mutual

N

nacer to be born

nacido,-a born

nacimiento birth

nación nation

nacional *m* or *f* national

nacionalidad nationality

nacionalismo nationalism

nacionalista *m* or *f* nationalist

nada nothing, anything, nothingness

nadie no one, nobody

natalidad birth, birth rate

nativo,-a native

naturaleza nature

navaja razor; knife

Navidad Christmas

necesario,-a necessary

necesidad necessity

necesitar to need

necio,-a foolish

negar (ie) to deny

negativo,-a negative

negociar to negotiate

negocio business deal; *pl* business

neolatino,-a neo-Latin, romance

nepotismo nepotism

neutralidad   neutrality
nevado,-a   snow-covered
ningún, ninguno,-a   no, none, not any
niño,-a   child, little boy, girl
nivel   *m*   level
noble   *m*   nobleman
nocturno,-a   nocturnal, night
noche   *f*   night
nómada   *m* or *f*   nomadic
nombramiento   nomination, naming (to a position)
nombrar   to name; to nominate
nombre   *m*   name; noun; reputation
nopal   *f*   prickly-pear cactus
normal; escuela normal   school for training teachers
normalizar   to normalize
normativo,-a   regulations
noroeste   *m*   northwest
norte   *m*   north
norteamericano,-a   North American (used for a person or thing from the United States)
nota   grade (in a class)
notable   *m* or *f*   notable, noteworthy
notar   to note, take note of
noticia   notice;   *pl*   news
novela   novel
novelista   *m* or *f*   novelist
noveno,-a   ninth
nube   *f*   cloud
núcleo   nucleus
nuestro,-a   our
nuevo,-a   new
número   number
numeroso,-a   numerous
nunca   never, not ever

O

obedecer   to obey
obispo   bishop
obituario   obituary
objeto   object
obligación   obligation, duty
obligado,-a   obliged
obligar   to oblige; obligate
obligatorio,-a   obligatory, required
obra   work; labor
obrar   to work, toil
obrero,-a   worker
observador,-a   observer
observar   to observe, watch

observatorio   observatory
obsesión   obsession
obsesionar   to obsess;   *refl*   to become obsessed
obstaculizado,-a   impeded
obstáculo   obstacle, barrier
obstante: no obstante   nevertheless, notwithstanding
obtener (ie)   to obtain, get
obvio,-a   obvious
ocasión   occasion
occidental   *m* or *f*   occidental, western
occidente   *m*   the West
océano   ocean
octavo,-a   eighth
ocupar   to occupy, hold
ocurrir   to occur, happen
ochenta   eighty
oeste   *m*   west
ofender   to offend
ofensa   offense, crime
ofensivo,-a   offensive
oferta   offer
oficina   office, workshop
oficio   trade, task, business
ofrecer   to offer
ofrenda   offering, gift
ofrendar   to offer up
oído,-a   heard
oligarquía   oligarchy
olvidarse (de)   to forget
operar   to operate; to fund
opinión   opinion
oponerse   to oppose, be opposed to
oportunidad   opportunity
oposición   opposition
opresión   oppression
opuesto,-a   opposed; opposite
oración   sentence, prayer
orden   *m*   order
ordinario,-a   ordinary
organización   organization
organizador,-a   organizer
organizar   to organize
órgano   organ; medium
orgullo   pride
orientación   orientation, direction
oriental   *m* or *f*   oriental, eastern
oriente   *m*   the East
origen   *m*   origin
originalidad   originality
originarse   to originate

ornamentación ornamentation, decoration
oro gold
ortodoxo,-a orthodox
oscurecer to get dark, darken, obscure
oscuro,-a dark, obscure
ostentar to show
otorgar to grant, give, donate
otro,-a another, other, the other

P

paciencia patience
pacífico,-a peaceful, gentle
padre *m* father; priest; *pl* parents
padrino,-a godfather, godmother; *pl* godparents
pagar to pay
pago payment
país *m* country, nation
pájaro bird
palabra word, term
palacio palace
pampa *Argentina* plain
pan *m* bread, loaf of bread
panadería bread store, bakery
panteón *m* pantheon
Papa *m* Pope
papel *m* paper; role
papelería stationery shop
para for, in order to, towards, by; **para que** so that
parada stop (train, bus, etc.)
paraíso paradise
parar to stop; to stay
parcela parcel, piece
parcial *m* or *f* partial, part
parecer to seem, look as if
parecido,-a similar, alike
pared *f* wall
pariente,-ta relative, relation
parlamentario,-a parliamentary
parque *m* park
parquear to park (a car)
párrafo paragraph
parroquial *m* or *f* parochial
parte *f* part, portion; place; **de parte de** on behalf of; **por parte de** on the part of; **todas partes** everywhere
participación participation
participar to participate
particular *m* or *f* private, personal, particular

partida certificate (of birth, etc.)
partidario,-a partisan, supporter
partido political party; game, match; group
partir to leave; **a partir de** starting at
parto childbirth
párvulo,-a small child, preschool child
pasado,-a past; *n m* past
pasajero,-a passenger
pasante *m* or *f* passing
pasar to pass, go, pass through, go over to, come to; to spend (time)
pasear to stroll, take a walk, drive
paseo stroll, walk; drive, ride
pasivo,-a passive, inactive
paso step, mountain pass
paterno,-a paternal, fatherly
patio patio, yard, courtyard
patológico,-a pathological
patria native country, fatherland; **madre patria** motherland
patriarcal *m* or *f* patriarchal
patrimonio patrimony, inheritance
patriota *m* patriot
patrón,-a patron(ess), boss
paz *f* peace
peatón *m* pedestrian, walker
pecado sin
pedagógico,-a pedagogical
pedazo piece, shred
pedir (i) to ask for, request, solicit
pegarse un tiro to shoot oneself
pelea fight, quarrel
peligro danger
peligroso,-a dangerous
pena pain, sorrow; **bajo pena** under threat; **en pena** in purgatory
peninsular *adj m* or *f* (thing or person) of the peninsula
penoso,-a sorrowful
pensamiento thought
pensar (ie) to think; to intend
pensión boarding house
peor worse; **el (la, los, las) peor(es)** the worst
pequeño,-a small
perder (ie) to lose
pérdida loss
perdiz *m* partridge
perdurar to last
perfecto,-a perfect
periódico newspaper

período   period (of time), age, era
perjudicar   to prejudice, damage, impair
permanencia   permanence, stay
permanente   *m* or *f*   permanent
permiso   permission; permit
permitir   to permit, allow
perpetuo,-a   perpetual, eternal
perro,-a   dog
perseguir (i)   to persecute; to pursue
persistir   to persist
persona   person
personaje   *m*   personage, literary character
personalidad   personality
perspectiva   perspective; prospect
pertenecer   to belong, pertain
pesado,-a   annoying, heavy
pesar   to weigh; **a pesar de**   in spite of
pescadería   fish market
pese: pese a   despite
pesimista   *m* or *f*   pessimistic;   *n* pessimist
pésimo,-a   very bad, worst
peso   weight
petición   petition, request; **a petición de**   at the request of
petróleo   oil (crude), petroleum
petrolífero,-a   of or relating to oil
peyorativo,-a   pejorative, derogatory
pico   a bit
pie   *m*   foot; **a pie**   on foot
piedra   stone
pintor,-a   painter
pintoresco,-a   picturesque
pintura   painting
pirámide   *f*   pyramid
piso   floor, story; **piso bajo**   ground floor
pistola   pistol
placer   *m*   pleasure
plan   *m*   plan, scheme
plana   page (of a newspaper)
planear   to plan
planeta   *m*   planet
planta   plant
plantar   to plant; to put down
plantear   to propose
plata   silver
plataforma   platform
plato   plate; dish; **plato típico** traditional dish
plaza   plaza, square; marketplace

plazo   term, period; **a largo plazo**   long term
plenamente   fully
plomo   lead
población   population
poblador,-a   settler, colonizer
poblar (ue)   to populate, settle
pobre   poor;   *n m* or *f*   poor person;   *pl*   the poor
pobreza   poverty
poco,-a   little, scanty;   *pl*   a few, some;   *n m*   a little bit;   *adv*   a little, somewhat, slightly
poder (ue)   to be able to, can, may;   *n m*   power, authority
poderoso,-a   powerful, strong
poema   *m*   poem
poesía   poetry *(also pl)*
poeta   *m* or *f*   poet
polémica   polemic, debate
policía   *f*   police;   *n m*   policeman
policíaco,-a   of or by the police
político,-a   political,   *n f*   politics;   *n m*   politician
polución   pollution
polvo   dust
poner   to put, place;   *refl*   to become, turn; **ponerse de acuerdo**   to reach an agreement
popularidad   popularity
popularizar   to popularize, make popular
por   by, through; for, for the sake of, because of; **por eso**   for that reason; **por lo tanto**   therefore; **¿por qué?** why?; **por su cuenta**   on its own; **por tanto**   thus
porcentaje   *m*   percentage
porción   portion, part
porque   because, for, as
portarse   to behave, act
porteño,-a   person or thing from Buenos Aires
pos-   *prefix meaning* after
posado,-a   posed, perched
poseer   possess, have
posesión   possession
posibilidad   possibility
posición   position
posterior   *m* or *f*   later, behind, after
postura   posture, position
practicar   to practice, perform

práctico,-a practical; *n f* practice, act, habit
precio price
precioso,-a precious, dear
preciso,-a necessary
predecir (i) to predict
predicción prediction
predominantemente predominantly
preferencia preference
preferente preferred
preferible *m* or *f* preferable
preferir (ie) to prefer
premiar to reward
premio prize, premium
preocupación preoccupation, worry
preocuparse to worry
preparación preparation
preparar to prepare
prescrito,-a prescribed
presencia presence
presentar to present; to take (exams)
presente *m* present, present time
preservar to preserve, maintain
presidencia presidency
presidencial *m* or *f* presidential
presidente,-a president
presión pressure
presionar to pressure
preso,-a *n* prisoner; *adj* captured
préstamo loan
prestar to lend
prestigio prestige
presunción presumption; conceit
presupuesto budget
pretender to aim to; to endeavor
pretendido,-a pretended; object of love
prevalecer to prevail, dominate
prever to foresee
prima: materia prima raw material
primario,-a primary, elementary
primer, primero,-a first; **lo primero** the first thing
primitivo,-a primitive, early
primo,-a cousin
primogénito,-a first-born
principio principle; beginning; **al principio** at first
prisa hasta; **darse prisa** to hurry
prisionero,-a prisoner
privado,-a private
privatización privatization

privilegio privilege
probar (ue) to prove; to test
problema *m* problem
procedencia origin, source
procedente coming from
proceder to come from, originate
procedimiento procedure, process
procesión procession, pageant
proceso process
proclamación proclamation
proclamar to proclaim, pronounce
producción production
producir to produce
producto product, result
profesión profession
profesor,-a professor, teacher
profesorado professoriate, group of professors, faculty
profundo,-a deep, profound, radical
programa *m* program; plan of action
progreso progress, advancement
prohibición prohibition, forbidding
prohibir to prohibit, forbid
promedio *n* average, mean
promesa promise
prometer to promise
promover (ue) to promote
promulgar to promulgate, proclaim
pronosticar to predict
pronóstico prediction
pronto *adv* soon, promptly
pronunciar to pronounce, speak
propensión propensity, leaning
propicio,-a favorable, propitious
propiedad property
propietario,-a owner; proprietor; landowner
propio,-a one's own; appropriate
proponer to propose
proporción proportion
proporcionar to provide, make available
proposición proposal, proposition
propósito purpose, intention
protección protection
proteger to protect
protesta protest
protestante *m* or *f* protestant
protestantismo protestantism
protestar to protest
prototipo prototype, model
proveer to provide, furnish

provenir (ie) to arise, originate

provincia province, political division

provisión provision; *pl* supplies

provocar to provoke

proyectado,-a projected

proximidad proximity, nearness

próximo,-a next; near

prueba proof; test

publicar to publish; to publicize

público,-a public; *n m* (the) public

pueblo small town; the people, nation, citizenry

puente *m* bridge

puerto port

puertorriqueño,-a person or thing of Puerto Rico

pues then, since

puesto,-a put, placed; *n m* job, position; **puesto que** since

puma *m* puma, American panther

punto point, dot, period; **al punto de** on the point of; **punto de vista** point of view

pureza purity

purgatorio purgatory

puro,-a pure

Q

que that, which, who, whom, than; **el (la, los, las) que** the one(s) who; **lo que** that which; **¿qué?** what?, which?; **¿para qué?** what for?; **¿por qué?** why?

quedar(se) to remain, end up; **quedar** to be located

quejarse to complain

quemar to burn

querer (ie) to want, love; to try; **querer decir** to mean

querido,-a beloved, lover

quien who, whom; **¿quién?** who?; **¿a quién?** whom?

quinina quinine

quiosco kiosk, vending stand

quizás perhaps, maybe

R

racional *m* or *f* rational, reasonable

radical *m* or *f* radical, basic

radicar to live, settle

raíz *f* root; basis; **a raíz de** soon after, hard upon

rancho mess hall; hut; *S.W. U.S.* cattle ranch

rápido,-a rapid, fast

raro,-a rare, strange

rascacielos *m* skyscraper

rasero: medir con el mismo rasero to treat impartially

rasgo trait, characteristic

raso,-a flat, clear; **soldado raso** enlisted man, foot soldier, soldier of low rank

rastro trace, trail

ratificar to ratify

rato (a) little while, short time

rayo ray; lightning bolt

raza race; cultural group or people

razón *f* reason; **con razón** with reason, rightly; **sin razón** without reason, wrongly

reacción reaction

reaccionar to react

real *m* or *f* royal

realidad reality

realizado,-a realized, brought to fruition, fulfilled

realizar to complete

reata rope

rebelarse to rebel, rise up

rebelde *m* or *f* rebel

rebelión rebellion

recelo suspicion, misgiving

receta prescription

recibir to receive, get

reciente *adj* recent

reclamación claim, demand

reclamar to claim, demand, complain

recoger to gather

recomendar (ie) to recommend

recompensar to compensate, repay

reconciliar to reconcile

reconocer to recognize

reconocimiento recognition

reconquista reconquest

reconquistar to reconquer, retake

reconstruir to reconstruct, rebuild

recordar (ue) to remember, remind

recreacional *m* or *f* recreational

recreativo,-a recreational

recto,-a straight; **ángulo recto** right angle

recuerdo memory, reminder, remembrance

recurrir to recur, happen again

recurso resource

rechazar to reject, turn down

rechazo rejection, rebuff

redistribución redistribution

reducir to reduce

reemplazar to replace, substitute

referirse (ie) to refer to, have relation to

refinado,-a subtle, polished, refined

refinar to refine, purify

reflejar to reflect

reflejo reflection

reforma reform; Reformation; **reforma agraria** redistribution of land (in Spanish America)

reformar to reform, remodel

reformista m or f reformer, person or thing favoring reform

reforzar (ue) to reinforce, strengthen

refrescarse to cool off

refugiarse to take refuge

regado,-a sprayed, irrigated

regar (ie) to irrigate, spray

régimen m regime, political system

región region, area

regir (i) to rule, govern

registrarse to be noted, seen

regla rule, principle

regresar to return

regreso return

rehén m hostage

rehusar to refuse, decline

reina queen

reinar to reign, rule, govern

reino kingdom; reign

reiterar to repeat

relación relation, relationship

relacionar to relate; refl to be related, connected

relatividad relativity

relativo,-a adj relative

relegado,-a relegated; banished

religiosidad religiosity, religiousness

religioso,-a religious

remoto,-a remote

renacimiento rebirth

rendirse (i) to surrender, give in to

renovador,-a n renovator; adj renovating

renta income, profit

renunciar to renounce

repatriar to repatriate, return to one's country of origin

repente: de repente suddenly

repetir (i) to repeat, do again

representante m or f representative

representar to represent

represión repression

represivo,-a repressive

reproducir to reproduce, recreate

república republic

requerir (ie) to require, need

requísito requirement

resbalarse to slip out, down

rescate m ransom, ransom money

resentido,-a resentful, offended

reserva reserve

reservado,-a reserved, held back

residencia residence

residente adj m or f residing

residir to reside

resina resin

resistencia resistence

resistir to resist

resolver (ue) to resolve; to solve

respectivamente respectively

respecto respect; **al respecto** in that respect

respeto respect

respiratorio,-a respiratory

responder to respond, answer

responsabilidad responsibility

responsable m or f responsible

respuesta reply, answer, response

restaurante m restaurant

restaurar to restore

resto rest, remainder; pl remains

restricción restriction

restringir to restrain, restrict

resultado result

resultante m or f resulting

resultar to result, turn out

resumir to summarize

retener (ie) to retain, hold

retornar to return, come back

reunión meeting, reunion, gathering

reunirse to meet, gather

revelar to reveal, show

revista magazine, review

revolución revolution; revolt

revolucionario,-a revolutionary

rey m king

rico,-a rich; delicious

riego irrigation
riesgo risk
río river
riqueza riches, richness
ritmo rhythm
rito rite
ritual *m* or *f* ritual, ceremony
robar to rob, steal
robo robbery
rodear to surround; to round up
rodeo rodeo, round-up
romanizar to romanize, make like Rome
romano,-a Roman, esp. of ancient Rome
romántico,-a romantic; idealistic
ropa clothing, clothes
rosa rose
rueda wheel
ruido noise
ruidosamente noisily
ruina ruin
rumano,-a Romanian
ruso,-a Russian
ruta route, way

S

saber to know, know how (to); to find out
sabiduría knowledge, wisdom
sabio,-a wise; wise person
sabor *m* taste, flavor
sacar to take out, remove
sacerdocio priesthood
sacerdote *m* priest
sacrificar to sacrifice
sacrificio sacrifice
sagrado,-a sacred, holy
saguaro a type of cactus
sajón,-a Saxon
sala room, salon, hall
salario salary
saldo balance
salida exit, way out
salir to leave, go out, come out; **salir al paso** to come up against
salud *f* health
saludable *m* or *f* healthy
salvación salvation
salvar to save
San, Santo,-a Saint
sangre *f* blood
santero,-a maker of images of saints

satisfacer to satisfy
satisfactorio,-a satisfactory
sección section
secretariado secretariat
secretario,-a secretary
secreto *n* secret
secuestrar to kidnap, abduct
secuestro kidnapping, abduction
secundario,-a secondary
sede *f* seat, headquarters
sedentario,-a sedentary, settled
sedicioso,-a *adj* seditious, *n* rebel
segregación segregation
seguir (i) to follow; to continue, keep on
según according to
segundo,-a second
segundón *m* second son
seguridad security; certainty; **con seguridad** with certainty, surely
seguro,-a sure, safe
selección selection, choice
selva jungle
selvático,-a of the jungle
semana week
semejante *m* or *f* similar
semejanza similarity
semilla seed
senado senate
sencillo,-a simple
sensual *m* or *f* sensual, relating to the senses
sentido sense, meaning
sentimiento sentiment, feeling, sense
sentir(se) (ie) to feel, feel like
señalar to signal; to mark, stamp; to indicate
señor Mr.; sir
señora Mrs.; madam
señorío lordship, domain
señorita Miss, young lady
separación separation
separado,-a separate; **por separado** separately
separar to separate
separatismo separatism, secessionism
separatista *m* or *f* separatist, secessionist
sepulcro sepulchre, tomb
sepultura grave, burial place
ser to be; **a no ser** except; *n m* being, human being

serie *f* series

serio,-a serious; **tomar en serio** to take seriously

serpiente *f* serpent

servicio service

servir (i) to serve; **servir (de)** to serve as

severo,-a severe, harsh

sexo sex

sexto,-a sixth

sicología psychology

sicológico,-a psychological

sicólogo,-a psychologist

siempre always, ever

sierra mountain range

siesta nap, mid-day rest

siglo century, age

significado meaning

significar to mean, signify

siguiente *m* or *f* following, next

silencio silence

simbólico,-a symbolic

simbolismo symbolism

simbolizar to symbolize

símbolo symbol

simetría symmetry

simpatía support, fellowship

simpático,-a congenial, likeable

simple simple; mere; silly

sin without; **sin embargo** however, nevertheless

sinceramente sincerely

sindical *m* or *f* relating to a union

sindicato labor union

sino but, but rather, but also, except

sinónimo synonym

sintetizar synthesize, summarize

sistema *m* system

sitio site, place

situación situation

situar to situate, locate

soberanía sovereignty

sobre over, on, above; about; towards; **sobre todo** above all

sobrenatural *adj m* or *f* supernatural

sobresaliente *m* or *f* excellent, outstanding

sobresalir to excel

sobrevivir to survive

sobrino,-a nephew, niece

sociedad society

sociólogo,-a sociologist

sol *m* sun

solamente only

solar *m* or *f* solar, of or relating to the sun

soldado soldier

soledad solitude, loneliness

solemne *m* or *f* solemn, holy

soler (ue) to be in the habit of, used to, accustomed to

solidaridad solidarity

solitario,-a solitary, lonely

solo,-a alone; only, sole

sólo only

soltar (ue) to release

solución solution

someterse to submit oneself

sondeo survey, poll

soneto sonnet

soñar (ue) to dream

sor *relig* sister

sorprender to surprise

sosiego tranquility, quietness

sospecha suspicion

sostener (ie) to sustain

soviético,-a Soviet

subcultura subculture

súbdito,-a subject (as of a king)

subir to rise; to go up; to raise

subrayar to underline

subsuelo subsoil

subterráneo,-a subterranean, underground

suburbano,-a suburban

subversivo,-a subversive

subyugación subjection

subyugado,-a subjugated

sueldo salary, wages

suelo soil, ground, earth

sueño dream

suerte *f* luck, fortune

suficiente *m* or *f* sufficient, enough

sufrir to suffer; to undergo

sugerir (ie) to suggest

suicidarse to commit suicide

suicidio suicide

suma sum, total; **de suma importancia** very important; **en suma** in short, summary

sumar to add, total

superar to surpass; to pass

superior *m* or *f* superior, higher
supermercado supermarket
superstición superstition
supervivencia survival
supresión suppression
suprimir to suppress
sur *m* south
sureño,-a southern
sureste *m* southeast
surgir to break out, come forth
suroeste *m* southwest
suspender to suspend; to discontinue
suspensión suspension, interruption
sustantivo substantive; noun
sustento sustenance
sustituir to substitute
sutil subtle

T

tabaco tobacco
tabaquería tobacco shop
tabú *m* taboo
taco *Mexico* type of sandwich made
   with a tortilla
táctica tactics, policy, way of operating
tajante sharply
tal such, so, as; **tal vez** perhaps; **un (el)**
   tal a certain
talento talent
tamaño size
también also, in addition, too
tampoco either, neither
tan so, as
tango tango, dance which originated in
   Argentina
tanto,-a so much, as much; *pl* so
   many, as many
tardar to delay; be late, take a long time
tarde *f* afternoon; *adv* late; **más**
   tarde later
tardío,-a late
tarea task, homework
tasa rate
teatro theater
técnica technique
técnico,-a technical
tecnología technology
tecnológico,-a technological
techo roof; ceiling
teja tile (of clay)
tejedor,-a weaver
tejer to weave

tejido woven cloth, textile
tela cloth
televisor *m* TV set
tema *m* theme
temblar (ie) to tremble
temblor *m* earthquake, tremor
tembloroso,-a trembling
temer to fear, be afraid
temor *m* fear
templo temple
temprano,-a early; **temprano** *adv*
   early, early on
tenaza pincer
tendencia tendency
tender (ie) to tend to, have a tendency
   toward
tener (ie) to have, possess, hold; **tener**
   que to have to
tensión tension, strain
tenso,-a tense
tentativa attempt, try
tenue *m* or *f* tenuous, delicate, subtle
teocracia theocracy
teología theology
teoría theory
teórico,-a theoretical
teorista *m* or *f* theorist
teorizar theorize
tercer, tercero,-a third
tercio one-third
terminar to end, terminate, finish
término term
terminología terminology
terrenal *m* or *f* earthly
terreno parcel of land, terrain
terrestre *m* or *f* of the earth;
   "earthling"
terrible *m* or *f* terrible
territorio territory, region
terrorista *m* or *f* terrorist
tesoro treasure
texano,-a Texan
texto text
tiempo time; weather
tienda store, shop
tierra earth, land
tío,-a uncle, aunt
típico,-a typical, traditional
tipo type, kind, sort
tiránico,-a tyrannical
tiro shot, bullet
título title; degree

todavía still, yet

todo,-a all, everything; *pl* everyone; all of; **de todos modos** anyway; **del todo** completely; **todo el mundo** everyone, everybody; **todo un (el)** a (the) complete, a (the) whole

tolerable *m* or *f* tolerable, bearable

tolerancia tolerance

tolerante *m* or *f* tolerant, forgiving

tolerar to tolerate, allow

tomar to take; to drink

tono tone

toponímico place name, toponymic

torear to fight a bull

torero,-a bullfighter

tormento torment, anguish

toro bull

torre *f* tower

tortura torture

totalitario,-a totalitarian

trabajador,-a worker

trabajar to work

trabajo work, job

tradición tradition

traducción translation

traducir to translate

traer to bring, carry

tragedia tragedy

trágico,-a tragic

tramar to design, devise (a plot)

trámite *m* process

transformar to transform, change

tránsito traffic

transitorio,-a transitory, temporary

transmitir to transmit, relay

transportar to transport

transporte *m* transport, transportation

trasladar to transfer

traslado transfer, removal

tratado treaty, treatise, tract

tratamiento treatment

tratar to treat; to try

través: a través across, through

trazar to trace, draw

trébol *m* clover

tremendo,-a tremendous, huge

tren *m* train

tribu *f* tribe

tribunal *m* jury; panel

triste *m* or *f* sad

tristeza sadness

triunfante *m* or *f* triumphant

triunfar to triumph, win

triunfo triumph

trono throne

tropas troops

turbar to disturb

tumba tomb, grave

tumulto tumult, riot

tuna student musical group

Túpac Amaru Incan leader's name

Tupamaros *pl* Uruguayan guerrilla band

turístico,-a of or relating to tourism

U

ubicado,-a located, placed

ubicuo,-a ubiquitous

último,-a last, ultimate; **por último** finally

ultratumba *adv* from beyond the grave, the afterlife

único,-a only, unique

unidad unity; unit

unido,-a united; **Estados Unidos** United States

unión union; combination

unir to unite; *refl* to join

unitario,-a unitarian; *Amer* one who favors a strong central government

universalidad universality

universidad university

universitario,-a of or relating to the university

universo universe

urbanización urbanization

urbanizar to urbanize, group in cities

urbano,-a urban, living in cities

urbe *f* city

urgente *m* or *f* urgent

usar to use; to wear

uso use; **hacer uso de** to make use of

utensilio utensil, tool

útil *m* or *f* useful

utilidad utility, usefulness

utilitarismo utilitarianism

utilizar to utilize, use

V

vaca cow

vacilar to hesitate

vacuno: ganado vacuno beef cattle

vagar to wander

valerse (de) to make use of
validez *f* validity
válido,-a valid
valiente *m or f* valiant, brave
valioso,-a valuable
valor *m* value; bravery, valor
valorar to value, place a value on, appraise
valle *m* valley
vanguardia vanguard, advance guard, leaders of a movement
vaquero,-a cowboy, cowgirl
vara rod, line
variar to vary, mix
variedad variety
varios,-as various, several, some, a few
varón *m* man
vasco,-a Basque; **País vasco** Basque country
vascuence *m* Basque language
vaso glass, cup
vasto,-a vast, extensive
vecindad neighborhood
vecino,-a neighbor
vela candle
velorio wake, vigil
vellón *m* tuft
vencer to defeat, win
vendedor,-a seller, salesperson
vender to sell
veneración honor, veneration
venganza revenge
vengarse to take revenge
venidero,-a coming
venir (ie) to come
venta sale
ventaja advantage
ventana window
ver to see; *refl* to find oneself, to be
verbalmente verbally
verbo verb
verdad truth
verdadero,-a true, real
verificar to verify, confirm
verso line of verse, verse
verter (ie) to pour into, vest
vestido,-a dressed, clad
vez *f* time; turn; **a su vez** in its turn; **en vez de** instead of; **tal vez** perhaps
vía way; **en vías de desarrollo** developing; **por vía** by means, in a manner

viajar to travel
viaje *m* trip
viajero,-a traveller
vicepresidente,-a vice president
victoria victory
victorioso,-a victorious
vida life; **en vida** while living
viejo,-a old, elderly
viento wind
viga wooden beam
vigesimal *m or f* based on the number twenty
vigésimo,-a twentieth
vigilante vigilante, citizen police
vigilia vigil
vigor: en vigor in effect
vincular to tie, connect
violación violation
violencia violence
violento,-a violent
virreinato viceroyalty
virrey *m* viceroy
visigodo,-a Visigoth
visitante *m or f* visitor
visitar to visit
vista view; **punto de vista** point of view
vital vital; **promedio vital** life expectancy
vitalidad vitality
viudo,-a widower, widow
vivienda dwelling, housing
viviente *m or f* living, alive
vivir to live, dwell
vivo,-a alive
voluntad will
voluntario,-a voluntary; volunteer
voluntarioso,-a willful, arbitrary
volver (ue) to return
votivo,-a votive; offered by a vow
vuelta return; **ida y vuelta** round trip
vulgar *m or f* common, low, vulgar

Y

yarda *meas* yard; *dialect* lawn
yendo *pres part of* ir

Z

zanahoria carrot
zona zone, area of a city